Essencialidade Tributária

IGUALDADE, CAPACIDADE CONTRIBUTIVA E EXTRAFISCALIDADE NA TRIBUTAÇÃO SOBRE O CONSUMO

Conselho Editorial
André Luís Callegari
Carlos Alberto Molinaro
Daniel Francisco Mitidiero
Darci Guimarães Ribeiro
Draiton Gonzaga de Souza
Elaine Harzheim Macedo
Eugênio Facchini Neto
Giovani Agostini Saavedra
Ingo Wolfgang Sarlet
Jose Luis Bolzan de Morais
José Maria Rosa Tesheiner
Leandro Paulsen
Lenio Luiz Streck
Paulo Antônio Caliendo Velloso da Silveira

C213e   Canazaro, Fábio.

Essencialidade tributária: igualdade, capacidade contributiva e extrafiscalidade na tributação sobre o consumo / Fábio Canazaro. – Porto Alegre: Livraria do Advogado Editora, 2015.

165 p.; 23 cm.

Inclui bibliografia.

ISBN 978-85-7348-949-1

1. Direito tributário - Brasil. 2. Essencialidade tributária. 3. Impostos. 4. Consumo. 5. Extrafiscalidade. 6. Dignidade humana. 7. Poder judiciário. I. Título.

CDU 34:336.2(81)

CDD 343.8104

Índice para catálogo sistemático:

1. Direito tributário   34:336.2(81)

(Bibliotecária responsável: Sabrina Leal Araujo – CRB 10/1507)

Fábio Canazaro

Essencialidade Tributária

IGUALDADE, CAPACIDADE CONTRIBUTIVA E
EXTRAFISCALIDADE NA TRIBUTAÇÃO SOBRE O CONSUMO

Porto Alegre, 2015

© Fábio Canazaro, 2015

Edição finalizada em outubro/2014

Capa, projeto gráfico e diagramação
Livraria do Advogado Editora

Revisão
Rosane Marques Borba

Direitos desta edição reservados por
Livraria do Advogado Editora Ltda.
Rua Riachuelo, 1300
90010-273 Porto Alegre RS
Fone/fax: 0800-51-7522
editora@livrariadoadvogado.com.br
www.doadvogado.com.br

Impresso no Brasil / Printed in Brazil

Para Sabrina, Sara e Sophia.

Agradecimentos

A minha mãe, Vera, e ao meu pai, Garibaldi Canazaro (*in memoriam*) – professor de Direito Tributário da PUCRS por 32 anos – pelo incentivo, atenção e carinho.

À Sabrina, pelo apoio, dedicação e companheirismo, sempre.

Aos meus amigos, Professores Doutores, Heleno Taveira Torres, Juarez Freitas e Leandro Paulsen, os quais sempre estiveram ao meu lado, enriquecendo meu saber com sua genialidade.

A minha colega, Renata Bernaud, acima de tudo uma grande amiga, que não mediu esforços para colaborar na elaboração dessa obra.

Aos meus colegas e amigos da PUCRS e das Faculdades Integradas São Judas Tadeu.

Por fim, registro minha gratidão aos Professores Rosane Danilevicz e Abel Henriquei Ferreira, bem como às colegas Márcia Rosa de Lima e Ivanete Regoso, que de formas diversas me auxiliaram na realização da pesquisa.

Não ha, perante a lei republicana, grandes nem pequenos, senhores nem vassallos, patrícios nem plebeos, ricos nem pobres, fortes nem fracos, porque a todos irmana e nivela o direito.

[...]

E a desegualdade, além de injusta e injurídica, é impolitica. Em que fundamento se faria repousar uma organisação política, dando mais direitos, mais garantias, mais vantagens, a uns do que a outros membros da mesma communhão? Não seria n'um principio de direito. A ausencia d'esse principio, crea uma situação irritante, de desgosto, de animadversão, de hostilidade contra os favorecidos, contra os privilegiados.

João Barbalho Uchôa Cavalcanti

Ministro do Supremo Tribunal Federal (1897-1906)

(In: *Constituição Federal Brasileira*: Commentarios. 2. ed. Rio de Janeiro: Briguiet, 1924. p. 407)

Prefácio

Tenho a grata satisfação de apresentar a obra do Professor Fábio Canazaro, sobre *"Essencialidade tributária – igualdade, capacidade contributiva e extrafiscalidade na tributação sobre o consumo"*. E o faço com enorme alegria por distintos motivos. Por uma, devido à fraterna amizade que sempre nos uniu; por duas, por ter participado da sua banca examinadora de Doutorado na PUC-RS, quando tive o privilégio do testemunho da sua qualificada defesa; e por três, por compartilhar efusivamente da maior parte das suas premissas e conclusões. Dentre outros, pelo reconhecimento da aplicação do princípio de capacidade contributiva aos tributos indiretos, mensurada pelos critérios da proporcionalidade, da seletividade e da essencialidade. Está correto.

Fábio Canazaro tem muitos méritos. Pessoa magnânima, de apurados talentos e bons valores humanos, é um ser humano sempre generoso com os amigos e disponível a ajudar quem quer que o procure. Mas não só. Trata-se de um estudioso dedicado e excelente profissional. Foi um dos mais destacados entusiastas e fundador da Fundação Escola Superior de Direito Tributário – FESDT –, que é um orgulho para os tributaristas que a integram, assim como para todos que a conhecem.

A essencialidade tributária, de há muito, estava a merecer uma releitura, para descortinar seus meandros, dos princípios e fundamentos aos efeitos e realização material. Trata-se de princípio que acentua a instrumentalidade do tributo no estado social de direito, vocacionado a proteger os direitos individuais e sociais.

Em todos os países que adotam o IVA (ou *Value Added Tax*), a doutrina[1] tem debatido novos rumos para sua aplicação, em sucessivas tentativas de reformas. Dentre outros aspectos, impõe-se o debate sobre se

---

[1] Cf. DE LA FERIA, Rita. *The EU VAT System and the Internal Market*. Amsterdam: IBFD, 2009, 382 p.; BREDERODE, Robert F. van. *Systems of general sales taxation*: theory, policy and practice. Austin: Wolters Kluwer Law & Business, 2009, 365 p.; SCHENK, Alan; OLDMAN, Oliver. *Value Added Tax*: a compative approach. New York: Cambridge, 2007. 532p.; PALMA, Clotilde Celorico. *Estudos de imposto sobre o valor acrescentado*. Coimbra: Almedina, 2006. 287 p.; GREGGI, Marco. *Il principio d'inerenza nel sistema d'imposta sul valore aggiunto*: profili nazionali e comunitari. Espanha: Pacini Editore, 2012. 218p.

os tributos plurifásicos e não cumulativos devem ser "neutros" ou se são meios eficientes para promover políticas públicas ou para superar diferenças sociais. A questão da graduação da alíquota proporcional dos tributos sobre o consumo, bem como a aplicação de isenções segundo os produtos ou finalidades, segue na ordem do dia. No direito brasileiro, porém, a *essencialidade* foi alçada ao patamar constitucional e não só deve cumprir a tarefa de graduar aqueles tributos como critério de seletividade e proporcionalidade, mas concorrer para a redução de desigualdades sociais.

Diante das peculiaridades do nosso sistema tributário, Fabio Canazaro destaca, corretamente, que a essencialidade, na sua aplicação, é dotada de um conteúdo normativo, como "norma jurídica" (princípio constitucional) a ser concretizada pelo legislador ao graduar a tributação sobre o consumo, ao tempo em que visa à promoção da igualdade na divisão do ônus fiscal que recai sobre mercadorias e serviços. Esta é uma conclusão de notáveis repercussões práticas, pois antecipa o modelo analítico a ser adotado na sua aplicação. A propósito, é o que justifica suas críticas tanto à controvertida realidade normativa do ICMS estadual, quanto à Jurisprudência do STF na matéria, pelo pouco que favorecem a graduação coerente com suas motivações constitucionais.

Nesta obra, a "seletividade" equivale à adoção de parâmetros para a tributação segundo qualidades predefinidas pelo sistema, como "seleção", ou medida de comparação entre sujeitos (grupos de pessoas, mercadorias ou serviços), com vista à promoção de uma finalidade. Por outro lado, a "essencialidade" corresponde à qualidade daquilo que é essencial ou indispensável à existência digna das pessoas. E como a seletividade é apenas uma forma de separabilidade de situações ou mercadorias, caberá à *essencialidade* orientar o detentor da competência tributária para a graduação dos impostos sobre o consumo.

Louvável, pois, o esforço argumentativo para separar adequadamente as noções de "seletividade" e de "essencialidade", para que se possa empregar a graduação da tributação sobre o consumo em favor da realização concreta do direito fundamental à igualdade (essencialidade), afastada qualquer confusão com os meios aptos a cumprir qualquer propósito de extrafiscalidade. Daí a centralidade da tese, ao compreender a essencialidade como norma de promoção da igualdade no Direito Tributário, sempre sob o enfoque da prevalência da capacidade contributiva como pressuposto para sua efetividade.

De fato, a extrafiscalidade projeta-se como instrumento de intervencionismo na ordem econômica ou social, de modo a garantir reduções ou majorações de preços das mercadorias ou serviços, mas não converge para adequar a tributação aos anseios de isonomia ou de redução de desigualdades sociais. A essencialidade, de outra banda, visa a eliminar desigualdade entre pessoas, pela vinculação das mercadorias aos direitos sociais. Ou como aduz Canazaro: "o que dá fundamento à essencialidade tributária não é o princípio da capacidade contributiva, nem a necessidade de orientação de condutas por parte do cidadão por meio da extrafiscalidade, ou o princípio da dignidade da pessoa humana (...) estabelece-se, como norma, em razão do dever de promoção da igualdade, que na relação não deve ser levado a efeito apenas entre pessoas, mas também entre as mercadorias e os serviços que sofrem o ônus fiscal na tributação sobre o consumo." Este é o sentido mais coerente com o texto constitucional e sua efetividade.

Conforme os pressupostos antecipados acima, Canazaro define então a essencialidade tributária como "norma que visa a promoção da igualdade no que tange a distribuição do ônus tributário nos impostos sobre o consumo; norma que atua como critério de comparação, integrando a relação entre grupos de mercadorias e/ou serviços, para a promoção de um fim: um estado de igualdade na tributação". Assim, revela-se com clareza a essencialidade como típica limitação ao poder de tributar, na condição de meio para concretizar a igualdade, ao tempo que proíbe a utilização de fatores de diferenciação que não estejam em sintonia com o critério de comparação fundado na essencialidade.

Esta apresentação já vai demasiado longa. O essencial está por vir, que é a leitura atenta à obra aqui prefaciada. E, assim, ciente das virtudes deste estudo, desejo os melhores êxitos ao destino dessa obra, ao mesmo tempo em que cumprimento o insigne Autor e Editora pela oportuna edição, de inequívoca utilidade prática, mas de expressiva contribuição teórica para os estudos tributários.

Heleno Taveira Torres
Professor Titular do Departamento de Direito Econômico,
Financeiro e Tributário da Faculdade de Direito da
Universidade de São Paulo – USP. Advogado.

Sumário

Apresentação......19

Introdução......21

I – Parte propedêutica......27

1. A essencialidade e a tributação sobre o consumo no direito estrangeiro......27

  1.1. A tributação sobre o consumo e a essencialidade tributária na União Europeia......27

    1.1.1. A harmonização na União Europeia......29

      1.1.1.1. A dimensão normativa da harmonização......30

      1.1.1.2. A diretiva – instrumento para concretização da harmonização......32

    1.1.2. O Imposto sobre Valor Agregado – IVA......34

  1.2. Análise crítica. A eficácia da essencialidade tributária na União Europeia...37

2. A essencialidade tributária na visão da doutrina......38

  2.1. A capacidade contributiva – fundamento à essencialidade tributária......39

    2.1.1. A dimensão normativa da capacidade contributiva......39

    2.1.2. Capacidade contributiva e extrafiscalidade......40

    2.1.3. Análise crítica......42

  2.2. A extrafiscalidade – fundamento à essencialidade tributária......45

    2.2.1. Tributo – instrumento para promoção dos direitos fundamentais......45

    2.2.2. A fiscalidade e a extrafiscalidade – meios para atingir o fim do tributo......47

    2.2.3. Análise crítica......51

  2.3. A dignidade humana – fundamento à essencialidade tributária......54

    2.3.1. A dignidade humana – fundamento do sistema......54

    2.3.2. A eficácia da dignidade humana......56

    2.3.3. Análise crítica......57

II – Parte sistemática......61

1. A igualdade como fundamento da norma de essencialidade tributária......61

  1.1. As dimensões da igualdade......61

    1.1.1. A dimensão formal da igualdade......63

    1.1.2. A dimensão material da igualdade......64

  1.2. Elementos da igualdade......74

1.2.1. Os sujeitos da igualdade 75

1.2.2. O critério de comparação 76

1.2.3. O fator de diferenciação...79

1.2.4. O fim constitucionalmente protegido..81

1.3. A igualdade no sistema constitucional brasileiro....................................82

1.3.1. A igualdade nas constituições anteriores a 1988.............................82

1.3.2. A igualdade na Constituição de 1988..84

    1.3.2.1. A dimensão normativa da igualdade na Constituição
de 1988..87

    1.3.2.2. Princípios autônomos aptos à promoção da igualdade na
tributação – a igualdade tributária e a capacidade
contributiva...92

        1.3.2.2.1. O princípio da igualdade tributária 92

        1.3.2.2.2. O princípio da capacidade contributiva 95

2. A essencialidade tributária 99

2.1. A definição de essencialidade tributária 99

2.1.1. A essencialidade em constituições anteriores a 1988.......................99

2.1.2. A essencialidade na Constituição de 1988.......................................101

    2.1.2.1. Seletividade *versus* essencialidade tributária.....................102

    2.1.2.2. O conceito de essencialidade 104

        2.1.2.2.1. O conceito de essencialidade tributária...............106

        2.1.2.2.2. O conceito de mercadoria e serviço essencial
sob o ponto de vista jurídico 111

    2.1.2.3. A dimensão normativa da essencialidade tributária............112

        2.1.2.3.1. A essencialidade – critério................................113

        2.1.2.3.2. A essencialidade – regra...................................113

        2.1.2.3.3. A essencialidade – princípio 115

2.2. A realização da essencialidade tributária no sistema constitucional
brasileiro...116

2.2.1. A eficácia da essencialidade tributária nos impostos sobre o
consumo..116

    2.2.2.1. A eficácia da essencialidade tributária em relação ao
imposto sobre produtos industrializados e ao imposto sobre
operações relativas à circulação de mercadorias e sobre
prestações de serviços de transporte interestadual e
intermunicipal e de comunicação....................................117

    2.2.2.2. A eficácia da essencialidade tributária em relação ao
imposto sobre serviços...125

2.2.2. O modo de realização da essencialidade tributária........................127

2.2.3. Instrumentos de concretização da essencialidade tributária...........131

    2.2.3.1. A diversificação de alíquotas e a redução da base de cálculo
– instrumentos de concretização da essencialidade tributária..131

    2.2.3.2. A impossibilidade de utilização da progressividade como
instrumento de concretização da essencialidade tributária....134

2.2.4. Essencialidade tributária e extrafiscalidade..................................138

2.2.5. Os sujeitos da essencialidade tributária..143

2.2.5.1. A essencialidade tributária e os Poderes Legislativo e Executivo..143

2.2.5.2. A essencialidade tributária e o Poder Judiciário..................144

2.2.5.2.1. A essencialidade tributária, Poder Judiciário e tributação fiscal...145

2.2.5.2.2. A essencialidade tributária, Poder Judiciário e tributação extrafiscal.......................................147

Conclusões..149

Referências...157

Apresentação

A complexidade do Direito Tributário exige a abordagem de muitos temas que, de algum modo, sempre orbitam os valores da liberdade, da segurança e da justiça. O texto ora compartilhado pelo autor situa-se no âmbito da justiça tributária.

Fábio Canazaro dá um passo significativo nesse sentido ao extrair dos seus estudos de doutorado uma perspectiva realmente inovadora. Trabalha a igualdade e a capacidade contributiva tendo como critério a essencialidade, que defende consubstanciar, ela própria, um princípio tributário.

Expõe a seletividade como uma técnica de tributação que assume papel verdadeiramente voltado à promoção da justiça tributária quando inspirada no princípio da essencialidade. Desse modo, relevante é a essencialidade como valor, porquanto a seletividade, em si, é vazia de conteúdo. É a essencialidade, e não a seletividade em si, que provê conteúdo material à política tributária.

O que importa, efetivamente, não é a diferenciação tributária em si, mas suas razões, o critério da discriminação e seu escopo. E podemos dizer ainda mais: a adequação e a proporcionalidade entre a diferenciação produzida e o objetivo colimado.

Temos, portanto, a oportunidade de superar as estruturas formais para discutir o que realmente interessa, o que é verdadeiramente capaz de nos orientar com vista a uma tributação mais justa.

E mais importante ainda é que não trocamos um conceito indeterminado por outro, não passamos do seis para a meia-dúzia. O autor dá objetividade à análise ao destacar que o legislador "não é livre para identificar ou conceituar o que é e o que não é essencial". Ensina que "mercadorias e serviços essenciais, sob o ponto de vista jurídico, são aquelas cujos valores constitucionais denotam ser indispensáveis à promoção da liberdade, da segurança, do bem-estar, do desenvolvimento, da igualdade e da justiça, ou seja, das finalidades constitucionalmente prescritas", "são as mercadorias e serviços destinados à proteção e à manutenção da dignidade humana, à erradicação da pobreza e da marginalização, à educação, à saúde, à alimentação, ao trabalho, à moradia, ao lazer, à segurança, à proteção à maternidade e à infância, à assistência aos desamparados e à defesa do meio ambiente".

Enfim, o autor, advogado experiente, mestre, doutor e professor de Direito Tributário da Pontifícia Universidade Católica do Rio Grande do Sul, onde somos colegas, onde cultivamos nossa amizade e onde seguidamente tem o seu trabalho reconhecido através da sua escolha para paraninfo, merece toda a atenção da comunidade jurídica, porque apresenta um trabalho que vem enriquecer a abordagem das questões tributárias.

Ademais, a linguagem é primorosa: clara, objetiva e elegante. É perceptível que o texto foi muito bem trabalhado, o que se traduz na facilidade e no prazer da sua leitura.

Leandro Paulsen
Desembargador Federal do TRF4, Doutor em Direitos e
Garantias do Contribuinte e Professor da PUCRS

Introdução

Com o advento da Constituição de 1988, aumentaram os debates a respeito da eficácia dos direitos fundamentais nas relações que envolvem a tributação. Quando tal questão é debatida com vistas à definição do alcance das regras de competência tributária, a experiência da doutrina e a própria jurisprudência demonstram que há ainda um longo caminho a trilhar. A chave para a discussão de tal fenômeno está, segundo a nós parece, em identificar com a mais absoluta clareza os fundamentos para as normas limitadoras das regras que definem o poder de tributar.

A doutrina não tem deixado de proceder ao exame das normas que limitam a atuação do legislador ordinário. Em especial, a atenção, neste caso, tem-se voltado para o princípio da capacidade contributiva, em face da sua identificação como norma que orienta a repartição do encargo fiscal e, consequentemente, promove a justiça fiscal.[1]

No entanto, os estudos acerca da capacidade contributiva divergem substancialmente sobre a aplicação desse princípio em relação a alguns tributos. No que tange à tributação sobre o consumo, por exemplo, há quem defenda que a capacidade contributiva não deve ser considerada; porém, salvo raríssimas exceções,[2] os autores que adotam essa posição não encontram uma resposta para o seguinte questionamento: se a capacidade contributiva não limita o campo de atuação do legislador ao estabelecer as regras inerentes à tributação sobre o consumo, qual então o princípio que norteará a graduação do ônus em relação aos tributos que incidem sobre mercadorias e serviços?

Pois neste momento, e para responder a este e a tantos outros questionamentos, é necessário recorrer à interpretação sistemática – operação que prima pela atribuição da melhor significação às normas, com

---

[1] Neste sentido LICCARDO, Gaetano. *Introduzione allo Studio Del diritto tributario: Il Diritto Tributario nel Quadro Delle Scienze Giuridiche e Finanziarie.* Napoli: Casa Editrice Dott. Eugenio Jovene, 1962. p. 260.

[2] Dentre os poucos estudos que analisaram parte desta questão, pode-se destacar CARRAZZA, Elizabeth Nazar. *Progressividade e IPTU.* Curitiba: Juruá, 1996. p. 58.

Essencialidade Tributária

base em uma perspectiva aberta, ampla, hierarquizada e em sintonia com sistema.[3]

A partir de então, o que se identifica é que as normas que limitam o poder de tributar, a exemplo do próprio princípio da capacidade contributiva, derivam – ou existem para a promoção – de princípios gerais, princípios que se revelam como fundamentos para essas normas.[4]

Em larga escala, tem-se entendido que o fim a ser promovido quando o legislador considera a capacidade contributiva como critério para o dimensionamento do ônus fiscal, consequentemente limitando a sua competência, é a promoção da igualdade na tributação.[5] Logo, sob o ponto de vista aqui defendido, a igualdade apresenta-se para a capacidade contributiva como seu fundamento. Resta, porém, ainda um questionamento, que nos parece ser o ponto-chave neste assunto: e para os tributos em que não se considera a capacidade contributiva, não deve o legislador no exercício da competência constitucionalmente conferida, promover a igualdade?

A formulação dessa resposta surge a partir de um exercício de interpretação da Constituição, exercício no qual se conclui que a igualdade, como princípio fundamental, deve ser promovida, ainda que sujeita à ponderação frente a outros princípios – como nas hipóteses em que há uma norma de cunho extrafiscal –, em relação a qualquer tributo. Assim, nos casos em que se torna impossível a atenção à capacidade de contribuir do cidadão para a graduação do ônus fiscal por parte do detentor da competência tributária, a promoção da igualdade deve ocorrer com base na concretização de outras normas – a exemplo, na tributação sobre o consumo, da norma da essencialidade.

Convém destacar, por oportuno, que a essencialidade, tanto quando expressamente prevista como quando implícita em textos constitucionais, é dotada de um conteúdo normativo. É norma que deve ser concretizada pelo legislador ordinário ao graduar a tributação sobre o consumo. É princípio constitucional fundamental de tributação, que visa à promoção da igualdade na divisão do ônus fiscal que recai sobre mercadorias e serviços.

O que temos verificado, porém, é exatamente o inverso. Tanto o legislador ordinário quanto a doutrina[6] e até mesmo o Supremo Tribunal Federal (STF) não reconhecem a eficácia da norma da essencialidade.

---

[3] Cf. FREITAS, Juarez. *A interpretação Sistemática do Direito*. 4. ed. São Paulo: Malheiros, 2004. p. 80.

[4] PÉREZ LUÑO, Antonio Enrique. *Dimensiones de la Igualdad*. 2. ed. Madrid: Dykinson, 2007. P. 85.

[5] Nesse sentido: MAFFEZZONI, Frederico. *Il Principio di Capacità Contributiva Nel Diritto Finanziario*. Torino: Unione Tipografico Editrice Torinese, 1970. p. 373.

[6] Parte dos teóricos chegam a reconhecer a atenção à essencialidade das mercadorias e serviços como uma mera opção do legislador, uma sugestão, de difícil concretude dada as dificuldades de

O legislativo, como é possível observar diuturnamente, chega a aprovar leis que gravam com alíquotas maiores o que é mais essencial frente a outras mercadorias que se revelam completamente supérfluas – e não faltam exemplos para ilustrar tal afirmação, como o caso das bebidas de soja, cujo ônus fiscal, até pouco tempo atrás, era maior do que o incidente sobre a cerveja e os refrigerantes no estado do Rio Grande do Sul.

O STF, por sua vez, também não tem atribuído um significado jurídico autônomo à norma da essencialidade. Em pouquíssimos casos, é possível perceber que a Corte (i) não considera a essencialidade como princípio jurídico, ou (ii) considera-a indiretamente e apenas em casos limites, como nas hipóteses em que a alíquota ultrapassa 50%.[7]

Não bastasse isso, além da verificada ausência de eficácia à norma da essencialidade no que tange ao Direito Tributário, o que em verdade tem sido comprovado é a má utilização das expressões seletividade e essencialidade. Assim, ao longo da presente obra, mostra-se necessário também que se diferencie seletividade de essencialidade, para então verificar se a essencialidade, levada a efeito mediante a seletividade, é efetivamente a norma apta a orientar a atuação do legislador ordinário, em relação à graduação da tributação sobre o consumo, em prol da promoção do direito fundamental à igualdade.

O tema desta obra é o exame da essencialidade como norma de promoção da igualdade no Direito Tributário. Diante de tal panorama, chegamos à constatação de que é necessário formular uma teoria da essencialidade tributária que resulte do confronto e da superação das diversas concepções não tão adequadas, que ao longo do texto serão demonstradas.

O objetivo é, por meio de uma construção sistemática, identificar elementos que garantam a eficácia e a efetividade da norma da essencialidade, com base em uma análise crítica da doutrina e da jurisprudência, voltada para a prática, exatamente como meio para a garantia da igualdade na tributação sobre o consumo.

O objeto da pesquisa abrange o exame da igualdade e da própria essencialidade na relação tributária, tanto em perspectiva comparada – a exemplo da Comunidade Europeia, com ênfase na Itália, Espanha e Portugal –, quanto em relação à Constituição do Brasil. A intenção é aferir, através de uma investigação constitucionalmente orientada, elementos que justifiquem a existência de uma norma de essencialidade, como

---

se definir o que é efetivamente essencial. Nesse sentido: COÊLHO, Sacha Calmon Navarro. *Comentários à Constituição de 1988: Sistema Tributário*. 3. ed. Rio de Janeiro: Forense, 1991. P. 238.

[7] STF. *AI AGR-ED 515.168*. Primeira Turma. Rel. Min. Cezar Peluso. DJ de 21/10/2005. p. 26. Ementário Vol. 2210-06. p. 1061.

Essencialidade Tributária

limitação ao poder de tributar e, via de regra, como direito fundamental do contribuinte.

Para alcançar tal propósito, a presente obra encontra-se dividida em duas partes. A primeira, Propedêutica, tem o condão de apresentar o panorama atual acerca da essencialidade na tributação, tanto em relação ao Direito Tributário estrangeiro, quanto em relação ao que já foi construído pela doutrina nacional. A Propedêutica é dividida em duas subpartes. Na primeira, examinam-se as características do modelo de tributação sobre o consumo na Comunidade Europeia. O objetivo é verificar se países como Itália, Espanha e Portugal dimensionam a carga do imposto geral sobre o consumo de acordo com o grau de essencialidade das mercadorias e dos serviços.

Na segunda subparte, investigam-se os fundamentos já atribuídos pelos teóricos à essencialidade tributária: a capacidade contributiva, a extrafiscalidade e a dignidade da pessoa humana. Neste momento, não poderíamos nos furtar de uma análise crítica, o que não importa em desconsiderar tudo o que já foi construído graças ao sério labor da mais conceituada doutrina, mas sim em constatar que ainda existem espaços para serem preenchidos – e até mesmo para evolução de certas teorias –, frente ao longo caminho que anteriormente já foi trilhado.

A segunda parte, Sistemática, é o núcleo da pesquisa: a reunião dos elementos necessários para formular uma teoria acerca da essencialidade tributária. A segunda parte também se encontra dividida em duas subpartes. Na primeira, examina-se a igualdade como fundamento à essencialidade. Desde já, neste ponto, é relevante destacar que, entre as diversas perspectivas existentes para a igualdade, neste trabalho o exame restringe-se à igualdade jurídica, com ênfase especial aos elementos que integram a sua estrutura,[8] sem que deixássemos de apreciar duas das normas que derivam deste princípio fundamental: o princípio da igualdade tributária e o princípio da capacidade contributiva.

Na segunda subparte, demonstrado o efetivo fundamento à norma de essencialidade tributária, passamos ao exame de sua estrutura. Após a análise da previsão normativa acerca da essencialidade sob uma perspectiva histórica – anterior à Constituição de 1988 –, enfrentamos a questão nuclear do presente trabalho: identificar os elementos que garantem a eficácia e a efetividade da norma de essencialidade tributária como direito fundamental do contribuinte.

Calcado no direito de igualdade como fundamento à norma de essencialidade, é examinada primeiramente a questão relativa à termi-

---

[8] Tal perspectiva foi apresentada, originalmente, In: BANDEIRA DE MELLO, Celso Antônio. *O Conteúdo Jurídico do Princípio da Igualdade*. 3. ed. São Paulo: Malheiros, 2006.

nologia (seletividade), comumente adotada pela doutrina, para em seguida elaborar o conceito de essencialidade tributária.

Na segunda e última subparte da obra, identifica-se a dimensão normativa da norma de essencialidade tributária, bem como seus efeitos em face dos impostos sobre o consumo. Nesse ponto, é dever destacar que o presente estudo restringe-se apenas ao exame de três impostos: o Imposto Sobre Produtos Industrializados (IPI), o Imposto Sobre Operações Relativas à Circulação de Mercadorias e Sobre Prestações de Serviços de Transporte Interestadual e Intermunicipal e de Comunicação (ICMS) e o Imposto Sobre Serviços (ISS).[9]

Em sequência, examinam-se os modos de realização da essencialidade tributária, postos à disposição do legislador ordinário, bem como a concretização da essencialidade tributária em relação à utilização do tributo como meio extrafiscal. Por fim, são identificados os sujeitos da essencialidade tributária – primeiro, o Poder Legislativo e o Poder Executivo; e, em seguida, o Poder Judiciário, órgão que detém o dever de controlar a consideração da norma da essencialidade por parte daqueles que exercem a competência tributária constitucionalmente conferida.

---

[9] A expressão *tributação sobre o consumo*, ensina Xavier de Basto, "cobre uma larga gama de tributos, de natureza diversa, não sendo fácil abranger tão vasto e diversificado conjunto, com uma definição por compreensão totalmente satisfatória. Corre-se sempre o risco, com essa definição, de excluir espécies que pertencem ao conjunto e de incluir outras que dele não fazem parte. Com todas as cautelas devidas quando se formulam definições deste tipo, poderá dizer-se que os impostos de consumo 'são aqueles que se pagam no contexto da utilização de bens e serviços finais no país onde são consumidos'". In: BASTO, José Guilherme Xavier de. A Tributação do Consumo e a sua Coordenação Internacional: Lições Sobre Harmonização Fiscal na Comunidade Econômica Européia. In: *Ciência e Técnica Fiscal*, n° 361 e 362, janeiro – março e abril – junho. Centro de Estudos Fiscais. Lisboa: Direção Geral das Contribuições e Impostos, Ministério das Finanças, 1991.p. 11/12. Diante disso optou-se por analisar aqueles tributos que, de acordo com o sistema vigente, comumente são suportados pelo consumidor, casos em que, como já referido, deve-se garantir a igualdade, porém não através da concretização do princípio da capacidade contributiva. Por isso, não integra o presente estudo a investigação acerca da eficácia e da efetividade em relação ao Imposto de Importação, e as contribuições sociais, os quais algumas vezes também são classificados como tributos sobre o consumo.

I – Parte propedêutica

1. A essencialidade e a tributação sobre o consumo no direito estrangeiro

A busca por um significado para a essencialidade tributária não tem gerado, até o presente momento, grandes resultados. Pela importância que esta matéria assume no ordenamento jurídico, optamos por identificar a essencialidade como norma constitucional, tendo no princípio da igualdade seu fundamento. Como nessa esfera o leque de análise segue imenso, restringiremos a nossa atenção à dimensão jurídica da essencialidade em relação aos impostos sobre o consumo.

A par disso, de início é pertinente que se examine um sistema que muitas vezes vem sendo utilizado como modelo para estudar e compreender a tributação sobre o consumo: o Sistema Comunitário da União Europeia. A ideia, ainda neste primeiro momento, é verificar se e como os países integrantes desse bloco estão atribuindo eficácia à essencialidade tributária. E mais: identificar se existem parâmetros regulares e objetivos, ao alcance do legislador, na União Europeia, para a concretização da essencialidade na tributação sobre o consumo.[10]

1.1. A tributação sobre o consumo e a essencialidade tributária na União Europeia

Na União Europeia – estabelecimento baseado no aprofundamento de políticas comuns[11] –, o sistema de cessão de competências dos Estados

---

[10] Para uma introdução acerca do sistema de tributação sobre o consumo, inclusive baseado em um exame crítico sob ponto de vista da ciência econômica, em que tal é comparado com a imposição sobre a renda e considerado ofensivo à igualdade, vide na doutrina italiana: EINAUDI, Luigi. *Corso di Scienza Della Finanza*. 3. ed. Torino: Edizione Della Rivista, 1916. p. 175-340.

[11] MAZZUOLI, Valério de Oliveiro. *Curso de Direito Internacional Público*. 3. ed. São Paulo: Revista dos Tribunais, 2009. p. 584.

às instituições comunitárias não incluiu a matéria tributária. Em termos de regramento tributário, não houve transferência de competência dos Estados às instituições comunitárias europeias, permanecendo cada país com suas estruturas independentes. Todavia, a fim de realizar um dos objetivos da União Europeia – qual seja, promover o progresso econômico e social equilibrado e sustentável, mediante a criação de um espaço sem fronteiras internas, com o livre movimento de pessoas, mercadorias, serviços e capitais (as denominadas liberdades comunitárias[12]) – e com base no princípio da subsidiariedade,[13] previsto no art. 5º do Tratado da União Europeia, foi estabelecido um processo de aproximação[14] das legislações no que tange a aspectos concretos do tributo sobre o consumo – sem, no entanto, restringir a soberania fiscal de cada Estado.[15]

Diante desse contexto de harmonização, é possível afirmar que, entre os países integrantes do bloco econômico e em relação aos tributos incidentes sobre o consumo, não há uniformização da legislação tributária (restritiva da soberania fiscal), mas sim a harmonização dos sistemas.[16] Tal situação, em concreto, significa que cada Estado não se sujeita a uma legislação tributária única, imposta pela Comunidade; cada Estado observa, todavia, orientações emanadas pelos órgãos comunitários, tendentes à abolição de direitos aduaneiros e de encargos de efeito equivalente, bem como à proibição de impostos que discriminem as importações.[17]

---

[12] Nos termos do art. 2º do Tratado da União Europeia. Ainda sobre o tema: CAMPOS, João Mota de; CAMPOS, João Luiz Mota de. *Manual de Direito Comunitário*. 4. ed. Lisboa: Fundação Calouste Gulbenkian, 2004. p. 272. Também: CEREXHE, Etienne; SALGADO, António Mota (Trad.). *O Direito Europeu: As Instituições*. Lisboa: Editorial Notícias, 1970. p. 38.

[13] O princípio da subsidiariedade visa à busca de um estado ideal materializado mediante a promoção dos objetivos da União Europeia. No caso, ele garante a atuação da Comunidade, além das atribuições que lhe foram conferidas exclusivamente, ao efeito de promover, na medida do efetivamente necessário, os objetivos que não foram suficientemente implementados pelos Estados-Membros. Sobre o princípio da subsidiariedade, CAMPOS, João Mota de; CAMPOS, João Luiz Mota de. *Manual de Direito Comunitário*. 4. ed. Lisboa: Fundação Calouste Gulbenkian, 2004. p. 281/2. Na doutrina nacional vide breves anotações In: TORRES, Ricardo Lobo. Direitos Humanos e Direito Comunitário. In: TÔRRES, Heleno Taveira (org.). *Direito Tributário Internacional Aplicado*. Vol. II. São Paulo: Quartier Latin, 2004. p. 87.

[14] O art. 3º, "h" do tratado da Comunidade Europeia (Roma 25/03/1957) prevê a "A aproximação das legislações dos Estados-Membros na medida do necessário para o funcionamento do mercado comum". Documento Eletrônico disponível em: http://www.ecb.int/ecb/legal/pdf/ce32120061229pt00010331.pdf. Acesso em: 01 de março de 2012.

[15] O Protocolo nº 30 (1997), anexo ao tratado que institui a Comunidade Europeia, prevê, neste sentido, inclusive a observância do que denomina princípio da proporcionalidade; norma que, nos termos do referido instrumento, visa à promoção de um estado ideal de liberdade e de soberania, ao definir que a ação da Comunidade não deve exceder o necessário para atingir aos objetivos do tratado. Documento Eletrônico disponível em: http://www.ecb.int/ecb/legal/pdf/ce32120061229pt00010331.pdf. Acesso em: 01 de março de 2012.

[16] Cf. RAMOS, Rui Manuel Gens de Moura. *Das Comunidades à União Européia*: Estudos de Direito Comunitário. 2. ed. Coimbra: 1999. p. 241. CASELLA, Paulo Borba. *Comunidade Européia e Seu Ordenamento Jurídico*. São Paulo: LTr, 1994. p. 442.

[17] CRAUG, Paul; DE BÚRCA, Gráinne. *EU LAW – text, cases and materials*. Oxford: Oxford University Press, 2003. P. 580-613.

Tais orientações dirigidas aos Estados são levadas a efeito por meio da edição de diretivas harmonizadoras e de aproximação das legislações. No âmbito comunitário, a diretiva revela-se um relevante instrumento para orientação político-fiscal dos Estados,[18] cujo principal objetivo é a realização dos direitos fundamentais, em especial da liberdade e da igualdade, levados a efeito com a concretização dos princípios da concorrência leal, da não discriminação (em razão da nacionalidade)[19] e da harmonização.

1.1.1. A harmonização na União Europeia

A influência do sistema comunitário na esfera da tributação é bem definida: ela existe exclusivamente em prol da liberdade de circulação (pessoas, mercadorias, serviços e capitais), sem que reste por afetada a soberania nacional. Para a realização desse objetivo, é preciso, sobretudo, buscar a harmonização das legislações – estado que visa evitar a discriminação por meio da eliminação de fronteiras, orientando os integrantes da Comunidade para que adotem alíquotas, critérios de qualificação e elementos no sentido de formar bases de cálculo uniformes.

Por esse raciocínio, queremos mostrar que a ausência de harmonia nas legislações tributárias reflete-se diretamente na cobrança de tributos desalinhados frente aos objetivos da Comunidade, o que termina por cercear a liberdade econômica, dando lugar a um fenômeno denominado fronteira fiscal. Em virtude da ausência de padronização, é fácil deduzir que se terá objetada a livre circulação de mercadorias, serviços e capitais entre os Estados-Membros, o que esbarra nos próprios objetivos que justificam a criação e a manutenção de um mercado comum.

Buscando evitar o surgimento das denominadas fronteiras fiscais, a harmonização é imperativa ao processo de integração dos Estados-Membros da Comunidade. A harmonização não pode, todavia, ser considerada como um instrumento restritivo (ainda que parcial) da autonomia fiscal dos Estados-Membros.[20] Na realidade, a harmonização visa à preservação da autonomia, promovendo fins maiores definidos pelo sistema comunitário[21] – liberdade e igualdade. Trata-se de esferas de atuação dis-

---

[18] EZCURRA, Marta Villar. Constitución Europea y Fiscalidad. In: TÔRRES, Heleno Taveira (org.). *Direito Tributário Internacional Aplicado*. Vol. III. São Paulo: Quartier Latin, 2005. p. 410.

[19] CAMPOS, João Mota de; CAMPOS, João Luiz Mota de. *Manual de Direito Comunitário*. 4. ed. Lisboa: Fundação Calouste Gulbenkian, 2004. p. 272/6.

[20] O Professor Heleno Tôrres afirma ao contrário, no sentido de que a concretização da harmonização tributária importa em uma considerável redução da autonomia fiscal dos Estados-Membros. In: TÔRRES, Heleno. *Pluritributação Internacional Sobre as Rendas de Empresas*. São Paulo: Revista dos Tribunais, 1997. p. 516.

[21] A harmonização fiscal, ensina Xavier de Basto, "não é, na econômica do Tratado de Roma, um fim em si mesmo, mas apenas um meio de atingir os objetivos fundamentais do Tratado".

Essencialidade Tributária

29

tintas e, portanto, não concorrentes – uma de competência tributária dos Estados, e outra de competência dos objetivos do sistema comunitário.

Apenas para citarmos um exemplo, pensar que o Sistema Comunitário terminaria por restringir, ainda que parcialmente, as competências tributárias dos Estados-Membros seria o mesmo que de maneira análoga aceitar a ideia de que as normas gerais em matéria de legislação tributária, cuja regra de competência se encontra definida na Constituição brasileira, restringem a autonomia dos estados e dos municípios. Essa restrição inocorre. As normas gerais indicam, assim como a harmonização, objetivos muito maiores: os objetivos do sistema, os quais devem ser observados e preservados pelos organismos que o integram.

Para reforçar tal afirmativa, cabe lembrar que, mesmo após a assinatura do Tratado da União Europeia, as constituições dos Estados-Membros seguiram regulando a tributação sobre o consumo.[22] A Constituição da Espanha, por exemplo, em seu artigo 31, estabelece o dever fundamental de "sostenimiento de los gastos públicos", em observância aos princípios da capacidade contributiva e da igualdade, sem nada referir sobre essencialidade na tributação;[23] assim também estabelecem a Constituição da Itália[24] e a Lei Fundamental da Alemanha.[25] E a Constituição de Portugal, além de prever a igualdade como um princípio fundamental (art. 13), prevê também o dever de onerosidade maior para os consumos de luxo.[26]

1.1.1.1. A dimensão normativa da harmonização

A harmonização é princípio a ser promovido com vistas à promoção da liberdade na circulação de bens, pessoas e capitais, bem como da

---

BASTO, José Guilherme Xavier de. A Tributação do Consumo e a sua Coordenação Internacional: Lições Sobre Harmonização Fiscal na Comunidade Econômica Européia. In: *Ciência e Técnica Fiscal*, n° 361 e 362, janeiro – março e abril – junho. Centro de Estudos Fiscais. Lisboa: Direção Geral das Contribuições e Impostos, Ministério das Finanças, 1991. p. 107.

[22] A adoção da expressão "impostos sobre o consumo" refere-se, no âmbito da Comunidade Europeia, àqueles impostos que, conforme o definido pela OCDE, incidem sobre bens e serviços.

[23] Documento eletrônico disponível em: http://www.boe.es/aeboe/consultas/enlaces/documentos/ConstitucionCASTELLANO.pdf. Acesso em: 01 de março de 2012.

[24] Documento eletrônico disponível em: http://www.senato.it/documenti/repository/costituzione.pdf. Acesso em: 01 de março de 2012.

[25] A Lei Fundamental da Alemanha não reconhece, de forma expressa, a atenção à essencialidade na tributação sobre o consumo como um dever; todavia, outorga competência para, além da instituição do imposto sobre o consumo, a instituição de um imposto sobre o luxo. Neste caso, o sistema não busca nortear a graduação da tributação em atenção à essencialidade das mercadorias, mas sim orientar condutas, o que justifica um viés extrafiscal em relação a esse tributo.

[26] Artigo 104°. Impostos. 1. [...] 4. A tributação do consumo visa adaptar a estrutura do consumo à evolução das necessidades do desenvolvimento econômico e da justiça social, devendo onerar os consumos de luxo. Documento eletrônico disponível em: http://www.parlamento.pt/Legislacao/Paginas/ConstituicaoRepublicaPortuguesa.aspx. Acesso em: 01 de março de 2012.

igualdade no que tange ao regime jurídico comunitário entre os Estados integrantes da Comunidade.[27] Isto é: a igualdade e a proteção à livre circulação (i) são fins a serem perseguidos, cujo conteúdo é alcançado pela harmonização; e (ii) justificam a criação de normas comunitárias que asseguram a abertura de mercado e a livre concorrência entre os Estados-Membros.[28]

A partir de tal perspectiva, a harmonização revela-se como fundamento à promoção dos direitos fundamentais de conteúdo específico, materializando-se por meio da compatibilização das normas internas com o que foi previamente programado pelos tratados e órgãos comunitários; a finalidade é a de evitar distorções, eliminando todos os componentes de proteção contra as importações e contra o favorecimento artificial das exportações.[29] Nesse sentido, tem se posicionado a doutrina, a exemplo de Tôrres:[30]

> A harmonização tributária significa uma tentativa, em comum acordo dos Estados, de eliminação ou redução das contradições e dúvidas ou neutralização de divergências nas relações ou situações jurídicas em matéria tributária que envolvam mais de um ordenamento jurídico, sem implicar, necessariamente, em "unificação" das respectivas disposições normativas, mas, pelo menos, redução das divergências existentes , em favor da idéia de uma neutralidade tributária comunitária à produção de rendimentos que se perfaça no interior das "fronteiras comunitárias".

É possível inferir que, em relação à tributação sobre o consumo na União Europeia, a harmonização envolve uma dúplice dimensão: atua como instrumento de prevenção[31] e de supressão, em face das divergências quanto à estruturação dos sistemas jurídicos internos frente ao sistema do direito comunitário, sempre em prol da manutenção da igualdade e da liberdade.[32]

---

[27] João Mota de Campos e João Luiz Mota de Campos identificam o *desenvolvimento harmonioso* como objeto do princípio da coesão econômica e social, nos termos do art. 2º do Tratado da União Europeia. CAMPOS, João Mota de; CAMPOS, João Luiz Mota de. *Manual de Direito Comunitário*. 4. ed. Lisboa: Fundação Calouste Gulbenkian, 2004. p. 277.

[28] Nesse sentido: CALIENDO, Paulo. Princípio da Igualdade de Tratamento entre Nacionais e Estrangeiros em Direito Tributário. In: TÔRRES, Heleno Taveira (org.). *Direito Tributário Internacional Aplicado*. Vol. III. São Paulo: Quartir Latin, 2005. p. 33.

[29] DIALLO, Alfa Oumar. *Tributação do Comércio Brasileiro e Internacional*. São Paulo: Método, 2001. p. 147

[30] TÔRRES, Heleno. *Pluritributação Internacional sobre as Rendas de Empresas*. São Paulo: Revista dos Tribunais, 1997. p. 467.

[31] Nos termos do art. 95, 1, do Tratado da Comunidade Europeia (Roma 25/03/1957). Documento Eletrônico disponível em: http://www.ecb.int/ecb/legal/pdf/ce32120061229pt00010331.pdf. Acesso em: 01 de março de 2012.

[32] Nos termos do art. 96 do Tratado da Comunidade Europeia (Roma 25/03/1957). Documento Eletrônico disponível em: http://www.ecb.int/ecb/legal/pdf/ce32120061229pt00010331.pdf. Acesso em: 01 de março de 2012.

Essencialidade Tributária

1.1.1.2. A diretiva – instrumento para concretização da harmonização

A diretiva é o ato comunitário[33] adotado na União Europeia para a concretização da harmonização. Em especial, relativamente à tributação sobre o consumo, a adoção de diretivas tem-se mostrado bastante eficaz – em caráter ilustrativo, é possível referir a Primeira Diretiva do Conselho, de 11 de abril de 1967, que, objetivando a promoção de um estado de neutralidade em relação à tributação sobre o consumo, definiu as *nuances* do sistema de tributação sobre o valor agregado, como forma de suprimir a tributação "em cascata", e de eliminar o falseamento de condições concorrenciais.[34]

A diretiva não cria modelos tributários novos. Seu objetivo não é unificar as legislações internas, mas sim delimitar os fins a serem alcançados, sem determinar os meios para tanto. São, portanto, instrumentos que, em respeito à soberania e à liberdade de cada Estado, reconhecem a multiplicidade na Comunidade, indicando os objetivos a serem atingidos pelos destinatários, independentemente dos meios e das formas adotados.[35]

A diretiva, editada pelo Conselho, nos termos do art. 249 CE possui caráter vinculativo[36] quanto ao que propõe (resultados almejados), podendo ser dirigida a um, alguns ou todos os Estados-Membros. É ato imperativo, que impõe obrigações de resultados perante seus destinatários, e que se insere automaticamente, após sua entrada em vigor, na ordem jurídica interna dos Estados-Membros.[37] Não é, todavia, diretamente vinculativa – não possui aplicabilidade direta. Ela necessita, após sua aprovação, de implementação pelos Estados-Membros, o que ocorre por intermédio de ato interno.

Não obstante tais características, o Tribunal de Justiça da Comunidade Europeia tem entendido que, em certos casos, a diretiva tem efeito

---

[33] CAMPOS, João Mota de; CAMPOS, João Luiz Mota de. *Manual de Direito Comunitário*. 4. ed. Lisboa: Fundação Calouste Gulbenkian, 2004. p. 329.

[34] Nesse sentido, ou seja, pela vedação a distorções concorrenciais, bem como pela concretização da igualdade no tratamento de pessoas que realizam a mesma operação, a jurisprudência do Tribunal de Justiça da União Europeia: Acórdãos de 7 de Setembro de 1999, *Caso Gregg, cit.*, nº 19 e 20, de 26 de Maio de 2005, Caso *Kingscrest Associates e Montecello, cit.*, nº 29, e de 28 de Junho de 2007, Caso *JP Morgan Flemming Claverhouse*, Proc. C-363/05, Colect., p. I-5517, nº 46 e 47, bem como o Acórdão de 3 de Maio de 2001, Caso *Comissão/França*, Proc. C-481/98, Colect., p. I-3369, nº 22. PALMA, Clotilde Celorico. *IVA e Jurisprudência Comunitária – Análise de Acórdãos do TJUE*. Disponível em: http://www.oa.pt/upl/%7B966b6849-4532-4709-830b-b69d6ce1ecbc%7D.pdf. Acesso em: 31 de março de 2011.

[35] RAMOS, Rui Manuel Gens de Moura. *Das Comunidades à União Européia: Estudos de Direito Comunitário*. 2. ed. Coimbra: 1999. p. 242.

[36] Idem, p. 85.

[37] CAMPOS, João Mota de; CAMPOS, João Luiz Mota de. *Manual de Direito Comunitário*. 4. ed. Lisboa: Fundação Calouste Gulbenkian, 2004. p. 330 e 383.

direto – o que é diferente de aplicabilidade direita[38] –, estando apta a criar direitos individuais imediatos em proveito dos sujeitos dos Estados-Membros, desde que (i) haja inércia do destinatário em adotá-la e (ii) estejam preenchidos certos requisitos.[39] Na Alemanha, por exemplo, um contribuinte questionou, perante o Tribunal de Munique, a legitimidade de um tributo, exigido pelo Finanzamt Traunstein sobre o transporte de mercadorias. Seus argumentos basearam-se em uma decisão do Conselho de 1965, que previa a substituição de tributos variáveis – no caso, em matéria de transporte de mercadorias – por um sistema comum de tributação sobre o volume de negócios; e em uma diretiva do Conselho de 11 de abril de 1967, que previa a substituição dos tributos sobre o volume de negócios por um sistema comum de Imposto Sobre o Valor Agregado. No caso, o Tribunal de Justiça da Comunidade Europeia atribuiu concretude ao ato, conferindo efeito direto à decisão, lastreado no caráter obrigatório da diretiva e em seu efeito útil.[40]

Em outro caso, uma cidadã de nacionalidade holandesa pretendia trabalhar na Inglaterra, na Igreja de Cientologia; todavia, sua entrada foi vedada pelas autoridades competentes sob a alegação de perigo à sociedade. O caso foi analisado com base na Diretiva 64/221, de 25 de fevereiro de 1964, a qual estabelece, como razão de ordem e de segurança pública, o comportamento pessoal como única justificativa à recusa de trabalho a um cidadão comunitário em um país integrante da Comunidade. Pois, diante disso, e reconhecendo a possibilidade de produção de efeitos diretos da diretiva – ainda que negando o direito à requerente, por prevenção especial, em face da tese de reserva de ordem pública –, definiu a Corte:[41]

> Nos casos em que as autoridades comunitárias tenham obrigado os Estados membros, mediante diretivas, a adotarem um determinado comportamento, o efeito útil de tal ato enfraqueceria se os sujeitos de direito não se pudessem prevalecer dele em tribunal e se as jurisdições nacionais não pudessem tomá-lo em consideração enquanto elemento do

---

[38] A diferença entre *aplicabilidade direta* e *efeito direto* da diretiva decorre da análise de seu destinatário, bem como da sua forma de concretização. A *aplicabilidade* ocorre em face dos Estados-Membros, os destinatários imediatos da diretiva; e concretiza-se por elaboração de ato normativo interno, carecendo, portanto, do processo de incorporação para produção de efeitos (aplicabilidade) perante seus destinatários; o *efeito* dá-se em face dos cidadãos dos Estados-Membros – também destinatários, que já sofreram os efeitos da diretiva, e que portanto poderão invocar as normas de Direito Comunitário em seu benefício –, e tem-se concretizado por meio de decisões do Tribunal das Comunidades Europeias. Neste sentido: TEIXEIRA. Antônio Fernando Dias. *A Natureza das Comunidades Europeias: Estudo Político Jurídico*. Coimbra: Almedina, 1993. p. 230.

[39] CAMPOS, João Mota de; CAMPOS, João Luiz Mota de. *Manual de Direito Comunitário*. 4. ed. Lisboa: Fundação Calouste Gulbenkian, 2004. p. 384.

[40] Acórdão Franz Grad (06/10/1970). Processo 9/70. In: RAMOS, Rui Manuel Gens de Moura. *Das Comunidades à União Européia: Estudos de Direito Comunitário*. 2. ed. Coimbra: 1999. p. 131.

[41] Acórdão Yvonne Van Duyn (04/12/1974). Processo 41/74. In: CEREXHE, Etienne. *O Direito Europeu: As instituições*. Lisboa: Editorial Notícias, 1970. p. 243.

Essencialidade Tributária

33

direito comunitário. Donde resulta que convém examinar, em cada caso, se a natureza, a economia e os termos da disposição em causa são susceptíveis de produzir efeitos diretos nas relações entre os estados membros e os particulares.

Tais posições, como é possível perceber, baseiam-se nos fundamentos da Comunidade – liberdade e igualdade entre os seus membros –, bem como no primado das normas comunitárias.

Em conclusão, o papel das diretivas não é o de promover a uniformização legislativa. A harmonização, no que tange à tributação sobre o consumo, não tem por objetivo imprimir uma forma (ou um padrão a ser seguido), de maneira que reste afetada a soberania dos Estados. Harmonizar, nesse caso, é tornar a legislação compatível com o sistema comunitário.[42]

Pois, em razão da diversificação normativa e da ponderação entre a soberania fiscal e a promoção da liberdade e da igualdade – ponderação essa que visa reduzir ou neutralizar as divergências entre as legislações, sem, no entanto, penetrar na competência tributária de cada membro da Comunidade –, os Estados adotaram o Imposto Sobre Valor Agregado (IVA) como o principal tributo incidente sobre o consumo de mercadorias e serviços.

1.1.2. O Imposto sobre Valor Agregado – IVA

A técnica de tributação sobre o valor agregado (*Veredelte Umsatzsteuer*), desenvolvida por W. Von Siemens em 1919,[43] foi originalmente adotada pelo sistema francês, em 1948.[44] A sua disseminação na Europa, no entanto, veio a ocorrer anos depois, já no âmbito da Comunidade Europeia,[45] em razão da edição da Primeira Diretiva do Conselho, que orientou os Estados-Membros a adotarem um sistema comum de imposto sobre o valor agregado, com o objetivo de harmonizar os impostos sobre o volume de negócios.[46]

---

[42] Cf. BORGES, José Souto Maior. *Curso de Direito Comunitário*. São Paulo: Saraiva, 2005. p. 450. CASELLA, Paulo Borba. *Comunidade Européia e Seu Ordenamento Jurídico*. São Paulo: LTr, 1994. p. 447.

[43] AMARAL, Antonio Carlos Rodrigues do. Visão Global da Fiscalidade no MERCOSUL: Tributação do Consumo e da Renda. In: MARTINS, Ives Gandra da Silva (Coord.). *Direito Tributário no MERCOSUL*. Rio de Janeiro: Forense, 2000. p. 42

[44] COUTO, Jeanlise Velloso. Tributação no MERCOSUL. In: CASELLA, Paulo Borba; VIEGAS LIQUIDATO, Vera Lúcia (Coord.). *Direito da Integração*. São Paulo: Quartier Latin, 2006. p. 271.

[45] Sobre a origem do IVA e sua disseminação como principal tributo sobre o consumo nos mais variados sistemas tributários mundiais, vide, sobretudo, o profundo estudo e as precisas lições de COSTA, Alcides Jorge. *ICM na Constituição e na Lei Complementar*. Resenha Tributária. São Paulo: 1979. p. 13-21.

[46] Primeira Diretiva do Conselho (67/227/CEE), de 11 de abril de 1967. Documento eletrônico disponível em: http://eur-lex.europa.eu/smartapi/cgi/sga_doc?smartapi!celexplus!prod!DocNumber&lg=pt&type_doc=Directive&an_doc=1967&nu_doc=227. Acesso em: 01 de março de 2012.

A Primeira Diretiva, além de determinar a substituição dos sistemas então atuais de impostos sobre o volume de negócios por um imposto sobre o valor agregado (art. 1°), terminou também por delimitar a estrutura do IVA: um imposto geral de base uniforme sobre o consumo, comunitário, proporcional ao preço dos bens e dos serviços independentemente do número de transações, e neutro pois é dedutível previamente do montante do imposto que tenha incidido sobre o custo dos diversos elementos constitutivos do preço.

Diante de tal orientação comunitária – cujos objetivos são a simplificação (arrecadatória e fiscalizatória), a promoção de uma concorrência leal entre os estabelecimentos e a transparência no que tange ao custo fiscal –, o IVA é hoje o imposto geral sobre o consumo de bens e serviços na União Europeia, tanto nas operações nacionais quanto nas operações comunitárias. No entanto, a incidência do IVA – pelo fato de a Primeira Diretiva não ter ingressado nos aspectos inerentes à fixação dos tipos de gravames, em respeito à autonomia dos integrantes do Bloco – dá-se mediante a imposição de alíquotas não uniformes, previstas nas leis de cada Estado-Membro, sobre o valor agregado na operação realizada pelo estabelecimento produtor, vendedor ou prestador de serviços.

O IVA adotado pelos Estados-Membros da Comunidade apresenta, assim, as seguintes características:[47]

– é um imposto sobre o consumo geral de cunho indireto, pois comporta a transferência de seu ônus para o consumidor;

– é um imposto plurifásico, pois atinge todas as fases de circulação das mercadorias e dos serviços;

– é um imposto neutro,[48] pois é não cumulativo em razão da adoção de um sistema de creditamento financeiro, baseado no método da subtração indireta[49] – na apuração do

---

[47] Sobre as características do IVA, vide, na doutrina espanhola: LÓPEZ, José Manuel Tejerizo. Impuesto Sobre El Valor Añadido. In: LAPATZA, José Juan Ferreiro *et al. Curso de Derecho Tributário.* 13. ed. Madrid: Marcial Pons, 1997. p. 568-582, 616. No mesmo sentido, porém na Itália, destaca-se a existência de uma alíquota normal, uma reduzida para produtos de grande consumo e outra para gêneros de primeira necessidade: TESAURO, Francesco. *Istituzioni Di Diritto Tributario.* Vol. 2. Parte Speciale. Torino: Unione Tipografico-Editrice Torinese, 1993. p. 165-190. MICHELI, Gian Antonio. *Corso Di Diritto Tributario.* 8. ed. Torino: Unione Tipografico-Editrice Torinese, 1994. p. 604-664. FANTOZZI, Augusto. *Diritto Tributario.* Torino: Unione Tipografico-Editrice Torinese, 1994. p. 729-779. BERLIRI, Antonio. *L'Imposta Sul Valore Aggiunto:* Studi e Scritti Vari. Milano: Dott. A. Giuffrè Editore, 1971. p. 55-65. CARPENTIERI, Loredana. L'Imposta Sul Valore Aggiunto. In: FANTOZZI, Augusto. *Corso di diritto tributário.* Torino: Unione Tipografico-Editrice Torinese, 2003. p. 477-490. Na doutrina brasileira: COSTA, Alcides Jorge. *ICM na Constituição e na Lei Complementar.* São Paulo: Resenha Tributária, 1979. p. 13-37.

[48] A neutralidade é princípio reconhecido no âmbito comunitário desde a Primeira Diretiva do Conselho, de 11 de abril de 1967, relativa à harmonização das legislações dos Estados-Membros, com base na tributação sobre o valor agregado.

[49] Neste sentido: SANTOS, Antonio Carlos dos. Sobre a "Fraude Carrossel" em IVA: Nem tudo que Luz é Oiro. In: CORREIA, Arlindo. *Vinte Anos de Imposto Sobre o Valor Acrescentado em Portugal.* Portugal: Almedina, 2008. p. 36 e 37.

IVA, os sujeitos passivos subtraem o imposto dedutível (das compras) frente ao imposto devido (pelas vendas); além disso o IVA, inobstante o número de operações, terá sua carga sempre suportada exclusivamente pelo consumidor;

– deve ser graduado em razão da essencialidade das mercadorias e dos serviços, por meio da adoção de uma ou duas alíquotas diferenciadas (reduzidas) segundo o grau de necessidade/utilidade de bens e serviços submetidos à tributação (seletividade);

– pode incidir mediante a adoção de regimes especiais, a exemplo do aplicável às pequenas empresas e aos produtores agrícolas.[50]

Em termos de incidência tributária, como já referido, o tratamento dispensado por cada Estado às operações, no que tange à legislação dos integrantes da Comunidade, não se mostra uniforme. Todavia, com relação ao IVA, os países integrantes da União Europeia atualmente têm adotado, conforme orientação da Sexta Diretiva do Conselho, três classes de incidência.[51] Na primeira, inserem-se produtos e serviços essenciais; na segunda, uma classe intermediária, inserem-se produtos e serviços de interesse econômico, social e cultural; e na terceira, classe normal de caráter residual, inserem-se produtos e serviços que não integram as classes anteriores – e que poderiam, à luz do contexto, ser classificados como não essenciais.[52]

---

[50] Cf. orientação determinada pelos artigos 24 e 25 da Sexta Diretiva do Conselho (77/388/CEE), de 17 de maio de 1977. Documento eletrônico disponível em: http://eur-lex.europa.eu/LexUriServ/LexUriServ.do?uri=CELEX:31977L0388:pt:HTML. Acesso em: 01 de março de 2012.

[51] Em regra, os Estados-Membros têm adotado uma alíquota normal e duas reduzidas, atendendo à orientação constante do art. 12 da Sexta Diretiva do Conselho (77/388/CEE), de 17 de maio de 1977. Na Espanha, por exemplo, segundo José Manuel Tejerizo López, existem três tipos de grava-me em relação ao IVA: o *ordinário*, aplicável a todas as operações que não sofram a incidência de gravames específicos; o *reduzido*, aplicável a bens e serviços de *utilização generalizada*; e um terceiro tipo, ainda mais reduzido, aplicável a bens e serviços que podem ser qualificados como *essenciais*. LÓPEZ, José Manuel Tejerizo. Impuesto Sobre El Valor Añadido. In: LAPATZA, José Juan Ferreiro *et al. Curso de Derecho Tributário*. 13. ed. Madrid: Marcial Pons, 1997. p. 616. No mesmo sentido, porém na Itália, destaca-se a existência de uma alíquota normal, uma reduzida para produtos de grande consumo e outra para gêneros de primeira necessidade: TESAURO, Francesco. *Istituzioni Di Diritto Tributario*. Vol. 2. Parte Speciale. Torino: Unione Tipografico-Editrice Torinese, 1993. p. 181.

[52] Na Espanha, Portugal e Itália, por exemplo, as frutas e verduras são tributadas com alíquotas reduzidas. Por outro lado, cafés e óleos em Portugal e na Itália, bem como refeições na Espanha são atingidas por alíquotas reduzidas, porém em um patamar intermediário. Na Legislação Espanhola, sobre tal assunto vide artigo 91 da Lei 37/1992, de 28 de dezembro de 1992. Extraído de: http://0-www.westlaw.es.catoute.unileon.es/wles/app/document?docguid=Idef30750b6b011db81fe0100 00000000&srguid=i0ad600790000012bcf322789d0ca30b1&tid=universal#RCL_1992_2786_TIT.VII. Acesso em: 31 de março de 2011. Na legislação portuguesa vide o artigo 18° do Código do Imposto sobre o Valor Acrescentado, aprovado pelo Decreto-Lei n° 394-B/84, de 26 de Dezembro de 1984, alterado e republicado pelo Decreto-Lei n° 102/2008, de 20 de junho de 2008. Extraído de http://info.portaldasfinancas.gov.pt/pt/informacao_fiscal/codigos_tributarios/civa_rep.htm. Acesso em: 31 de março de 2011. Finalmente, na Itália, vide artigo 16 do Decreto 633/1972, de 26 de outubro de 1972. Extraído de http://www.unisi.it/ammin/uff-ragi/Fisco/DPR633-72.htm. Acesso em: 31 de março de 2011.

1.2. Análise crítica. A eficácia da essencialidade tributária na União Europeia

Embora a harmonização das legislações seja um dos objetivos da Comunidade Europeia, é preciso considerar que essa harmonização não chega ao ponto de restringir a competência tributária dos Estados-Membros, definindo qual ou quais alíquotas deverão ser aplicadas a cada serviço ou mercadoria. Nesse sentido, portanto, a Comunidade não define o que é essencial – em relação a mercadorias e serviços – para fins de graduação do imposto geral sobre o consumo. Tal tarefa, no caso, é exclusiva do legislador nacional.[53]

Por outro lado, em concretização ao princípio da harmonização comunitária, há uma orientação para aproximação das alíquotas com base na fixação de percentuais mínimos aplicáveis em duas ou três faixas de incidência (ou de graduação) para o IVA.[54] A Diretiva 2006/112/CE do Conselho,[55] por exemplo, ao estabelecer o sistema comum do imposto sobre o valor agregado, define que, além de uma alíquota normal, os Estados-Membros podem adotar uma ou duas alíquotas reduzidas para categorias de bens e serviços específicos, para, sobretudo, "evitar que um aumento das diferenças entre as alíquotas normais do IVA aplicadas pelos Estados-Membros possa provocar desequilíbrios estruturais na Comunidade, assim como distorções da concorrência em determinados setores de atividade".[56]

O certo é que, em relação a produtos e serviços, não há propriamente uniformidade no que tange à eleição, por parte dos Estados, do que está suscetível às alíquotas reduzidas. Isso porque, na legislação dos países que integram a Comunidade, não há norma expressa que determine a atenção à essencialidade do serviço ou da mercadoria tributada

---

[53] Cf. BASTO, José Guilherme Xavier de. A Tributação do Consumo e a sua Coordenação Internacional: Lições sobre Harmonização fiscal na Comunidade Econômica Européia. In: CENTRO DE ESTUDOS FISCAIS. *Ciência e Técnica Fiscal.* nos 361 e 362, janeiro-março e abril-junho. Lisboa: Direção Geral das Contribuições e Impostos, Ministério das Finanças, 1991. p. 119.

[54] Nesse sentido, a Diretiva 2010/88/UE do Conselho que alterou a Diretiva 2006/112/CE, definiu que, entre 1° de Janeiro de 2011 e 31 de dezembro de 2015, a alíquota normal do IVA não pode ser inferior a 15%, bem como a Diretiva 2006/112/CE do Conselho, que, em seu artigo 99, estabeleceu um limite de 5% para as alíquotas reduzidas.

[55] Artigo 98° da Diretiva 2006/112/CE do Conselho de 28 de novembro de 2006. Documento eletrônico disponível em http://eur-lex.europa.eu/LexUriServ/LexUriServ.do?uri=CONSLEG:2006L01 12:20100115:PT:PDF. Acesso em: 24 de março de 2011.

[56] Essa é uma das justificativas expressas em diversas diretivas que envolvem a disciplina do IVA, dentre elas a Diretiva 2005/92/CE do Conselho, de 12 de dezembro de 2005. Documento eletrônico disponível em http://eur-lex.europa.eu/smartapi/cgi/sga_doc?smartapi!celexplus!pr od!DocNumber&lg=pt&type_doc=Directive&an_doc=2005&nu_doc=92. Acesso em: 24 de março de 2011.

Essencialidade Tributária

37

pelo imposto de consumo. Entretanto, a Comunidade de forma taxativa elencou, por meio da Diretiva 2006/112/CE do Conselho, alguns produtos e serviços que podem sujeitar-se à tributação por meio de alíquotas reduzidas[57] – tal previsão tem o fito de, mesmo sem restringir as competências tributárias, novamente promover um estado de harmonização e de respeito ao caráter de essencialidade dos bens e serviços suscetíveis ao IVA.[58]

É justamente diante desse contexto e das particularidades do sistema comunitário que assume relevância a constatação de que, mesmo inexistindo norma expressa positivada nas leis fundamentais dos países europeus, em relação à essencialidade tributária a Comunidade vem aos poucos compreendendo como é relevante, em prol da própria harmonização, a divisão equânime da carga fiscal em relação a mercadorias e serviços, a partir de tal critério – o critério da essencialidade.

2. A essencialidade tributária na visão da doutrina

Consoante com o já verificado, na União Europeia há apenas uma orientação em relação à classificação das mercadorias ditas essenciais para fins de tributação sobre o consumo. Diante de tal panorama, é preciso reconhecer que, assim como no Brasil, no sistema comunitário inexiste um conceito jurídico de essencialidade tributária. Esse, aliás, é o desafio que pretendemos enfrentar de modo mais detalhado: definir os elementos que devem integrar esse conceito, com base no seu real fundamento, ou seja, na igualdade. Todavia, antes disso, deve ser analisado o que já foi apontado pela doutrina.

---

[57] Neste sentido, conforme a doutrina italiana, o critério que norteia tal seleção decorre do princípio da capacidade contributiva. MOSCHETTI, Francesco. *Il Principio Della Capacitá Contributiva*. Padova: Cedam, 1973. p. 228-31. Ainda neste sentido, adverte Frederico Maffezzoni: "[...] il valore aggiunto diventa una speciale manifestazione di capacità contributiva, vale a dire di godimento di servizi pubblici, proprio delle attività produttive autonome". MAFFEZZONI, Frederico. *Il Principio di Capacità Contributiva Nel Diritto Finanziario*. Torino: Unione Tipografico Editrice Torinese, 1970. p. 175.

[58] Entre os produtos e serviços, destacam-se os alimentos, a água, os produtos farmacêuticos, o transporte, o fornecimento de livros, o ingresso para espetáculos culturais e esportivos, a recepção de rádio e de televisão, a construção civil incluindo os materiais, o tratamento médico e dentário, e os serviços de assistência a idosos, crianças, doentes e deficientes. Diretiva 2006/112/CE do Conselho de 28 de novembro de 2006, anexo III. Documento eletrônico disponível em http://eur-lex.europa.eu/LexUriServ/LexUriServ.do?uri=CONSLEG:2006L0112:20100115:PT:PDF. Acesso em: 24 de março de 2011.

2.1. A capacidade contributiva – fundamento à essencialidade tributária

A capacidade contributiva, já analisada sob as mais diversas perspectivas,[59] vem sendo considerada ao longo do tempo, como destaca Tipke e Lang,[60] "o princípio básico do Direito Tributário".

Baseados nessa compreensão, um primeiro grupo de autores afirma que a essencialidade é a forma de manifestação da capacidade contributiva nos impostos indiretos.[61] Essa corrente é liderada por Ricardo Lobo Torres, autor que aponta uma vinculação do "subprincípio da seletividade em função da essencialidade ao princípio maior da capacidade contributiva", sob a justificativa de que os produtos de luxo – menos úteis e, portanto, não essenciais ao consumo do povo – estariam restritos às classes mais abastadas.[62]

2.1.1. A dimensão normativa da capacidade contributiva

A capacidade contributiva possui dimensão normativa de princípio,[63] pois visa acima de tudo à busca de um estado ideal de igualdade no que tange à distribuição do ônus tributário;[64] tal faceta tem, inclusive, justificado a afirmação, por parte da doutrina estrangeira, de que esse seria o princípio fundamental do Sistema Tributário.[65] Em relação à igualdade – e, em especial à sua estrutura –, a capacidade contributiva deve ser considerada um critério de comparação[66] entre os contribuintes, com vistas à distribuição equânime da imposição fiscal.

---

[59] Sobre a origem do princípio, Misabel Derzi, na atualização da primorosa obra de Aliomar Baleeiro, Limitações Constitucionais ao Poder de Tributar, aponta que a capacidade contributiva foi, há mais de dois séculos, preconizada pelo economista alemão Von Iusti e difundida por Adam Smith. DERZI, Mizabel. Notas. In: BALEEIRO, Aliomar. *Limitações Constitucionais ao Poder de Tributar*. 7. ed. Rio de Janeiro: Forense, 1999. p. 688.

[60] TIPKE, Klaus; LANG, Joachim. *Direito Tributário*. Traduzido por: Luiz Dória Furquim. Porto Alegre: Sergio Antonio Fabris, 2008. p. 201.

[61] Como exemplo: LACOMBE, Américo Lourenço Masset. *Princípios constitucionais tributários*. São Paulo: Malheiros, 1996. p. 28. COSTA, Regina Helena. *Princípio da capacidade contributiva*. 2. ed. São Paulo: Malheiros, 1996. p. 94.

[62] Neste sentido: TORRES, Ricardo Lobo. *Tratado de Direito Constitucional, Financeiro e Tributário*. 3. ed. Rio de Janeiro: Renovar, 2005. Vol. II, p. 311 e 325. Ainda: CARRAZZA, Roque Antonio. *Curso de Direito Constitucional Tributário*. 22. ed. São Paulo: Malheiros, 2006. p. 71.

[63] Tal posição, todavia, não é uniforme. No sentido de que a capacidade contributiva tem dimensão de regra, vide BUFFON, Marciano. *Tributação e Dignidade Humana*: entre direitos e deveres fundamentais. Porto Alegre: Livraria do Advogado, 2009. p. 175.

[64] STF. *RE 234.105/SP*. Pleno. Rel. Min. Carlos Velloso. DJ de 31/03/2000.

[65] TIPKE, Klaus; LANG, Joachim. *Direito Tributário*. Traduzido por: Luiz Dória Furquim. Porto Alegre: Sergio Antonio Fabris, 2008. p. 200.

Sob o ponto de vista econômico, a capacidade contributiva legitima-se com base na teoria de que a tributação é um meio de distribuição de riquezas, levada a efeito mediante o sacrifício necessário do indivíduo frente à coletividade.[67] Nesse sentido, considera Torres:[68]

> A capacidade contributiva se subordina à idéia de justiça distributiva. Manda que cada qual pague o imposto de acordo com a sua riqueza, atribuindo conteúdo ao vetusto critério de que a justiça consiste em dar a cada um o que é seu (*suum cuique tribuere*) e que se tornou uma das "regras de ouro" para se obter a verdadeira justiça distributiva.

Pois tal característica reforça ainda mais a ideia de que seu fundamento reside nos próprios objetivos do Estado Democrático de Direito: a igualdade e a solidariedade.[69]

2.1.2. Capacidade contributiva e extrafiscalidade

A capacidade contributiva não se concretiza em todas as relações tributárias. Nos tributos com viés extrafiscal – ou, como definiu Baleeiro, naqueles em que a sua técnica é adaptada ao desenvolvimento de determinada política ou diretriz[70] –, é impossível o legislador considerar a capacidade contributiva.[71]

---

[66] TORRES, Ricardo Lobo. *Tratado de Direito Constitucional, Financeiro e Tributário*. 3. ed. Rio de Janeiro: Renovar, 2005. Vol. III, p. 350.

[67] Cf. LAPATZA, José Juan Ferreiro *et al. Curso de Derecho Tributário*. 13. ed. Madrid: Marcial Pons, 1997. p. 18-21. Na mesma linha, TORRES, Ricardo Lobo. *Tratado de Direito Constitucional, Financeiro e Tributário*. 3. ed. Rio de Janeiro: Renovar, 2005. Vol. II, p. 293.

[68] TORRES, Ricardo Lobo. *Curso de Direito Financeiro e Tributário*. 12. ed. Rio de Janeiro: Renovar, 2005. p. 93-4. Na mesma linha, "O princípio da capacidade contributiva, pelo qual cada pessoa deve contribuir para as despesas da coletividade de acordo com a sua aptidão econômica, origina-se do ideal de justiça distributiva". MORAES, Bernardo Ribeiro de. *Compêndio de Direito Tributário*. Rio de Janeiro: Forense, 1987. p. 412.

[69] BUFFON, Marciano. *Tributação e Dignidade Humana*: entre direitos e deveres fundamentais. Porto Alegre: Livraria do Advogado, 2009. p. 175.

[70] Assim, em 1955, afirmava Baleeiro: "Quando os impostos são empregados como instrumento de intervenção ou regulação pública, a função fiscal propriamente dita, ou 'puramente fiscal', é sobrepujada pelas funções 'extrafiscais'. A sua técnica é, então, adaptada ao desenvolvimento de determinada política ou diretriz". BALEEIRO. Aliomar. *Uma Introdução a Ciência das Finanças*. Vol. 1. Rio de Janeiro: Forense, 1955. p. 229.

[71] TABOADA, Carlos Palao. El Principio de Capacidad Contributiva Como Criterio de Justicia Tributaria: Aplicación a Los Impuestos Directos e Indirectos. In: TÔRRES, Heleno Taveira (Coord.). *Tratado de Direito Constitucional Tributário: Estudos em Homenagem a Paulo de Barros Carvalho*. São Paulo: Saraiva, 2005. p. 286. MAFFEZZONI, Frederico. *Il Principio di Capacità Contributiva Nel Diritto Finanziario*. Torino: Unione Tipografico Editrice Torinese, 1970. p. 373. FANTOZZI, Augusto. *Diritto Tributario*. Torino: Unione Tipografico-Editrice Torinese, 1994. p. 39. TIPKE, Klaus; LANG, Joachim. *Direito Tributário*. Traduzido por: Luiz Dória Furquim Porto Alegre: Sergio Antonio Fabris, 2008. p 203. COELHO, Sacha Calmon Navarro. *Curso de Direito Tributário Brasileiro*. 6. ed. Rio de Janeiro: Forense, 2001. p. 83-84. MACHADO, Hugo de Brito. *Curso de Direito Tributário*. 31. ed. São Paulo: Malheiros, 2010. p. 294.

Essa, todavia, não é uma posição uniforme. Alguns autores advogam no sentido de que haveria a necessidade de consideração da capacidade contributiva também na instituição de tributo de cunho extrafiscal.[72] Inobstante o respeito aos argumentos daqueles que assim entendem, como já referido ousamos divergir. A capacidade contributiva é princípio e, portanto, é norma sujeita à ponderação frente a outras de igual dimensão, em atenção às finalidades prescritas pelo sistema. Em alguns casos, a finalidade precípua a ser promovida, em razão da ponderação,[73] não será a distribuição equânime do ônus fiscal em atenção ao grau de capacidade dos contribuintes; nessa hipótese, o princípio da capacidade contributiva cederá espaço à concretização de outro princípio com vista à orientação de condutas. Em tais situações, como aponta Tipke,[74] "valem os princípios, que são apropriados para justificar derrogações do princípio da capacidade contributiva".

Ou seja, na tributação extrafiscal, há de se promover a igualdade;[75] todavia, o critério a ser adotado não é o da capacidade do contribuinte, mas sim outros, vinculados ao interesse econômico e social.[76] Na tributação sobre o comércio exterior, por exemplo, o Imposto Sobre Importação (II) é meio extrafiscal orientado à promoção do ideal igualdade, não em atenção à aferição da capacidade dos que estão consumindo, mas sim em atenção ao desenvolvimento nacional, à manutenção dos valores sociais do trabalho, e à livre iniciativa.

Nessa linha, inclusive o STF reconheceu a inconstitucionalidade de lei municipal que estabelecia a progressão de alíquotas do Imposto Predial e Territorial Urbano (IPTU) como meio estritamente fiscal, sob o argumento de que a única progressão autorizada para esse imposto – até a entrada em vigor da EC 29/2000 – era a de caráter extrafiscal, a qual não se baseia na capacidade contributiva.[77]

---

[72] BECKER, Alfredo Augusto. *Teoria Geral do Direito Tributário*. 3. ed. São Paulo: Lejus, 1998. p. 500; e COSTA, Regina Helena. *Princípio da Capacidade Contributiva*. 3. ed. São Paulo: Malheiros, 2003. p. 71.

[73] Sobre ponderação de princípios, vide ALEXY, Robert. *Teoria dos Direitos Fundamentais*. Traduzido por: Virgílio Afonso da Silva. São Paulo: Malheiros, 2008. p. 103/4.

[74] TIPKE, Klaus; LANG, Joachim. *Direito Tributário*. Traduzido por: Luiz Dória Furquim Porto Alegre: Sergio Antonio Fabris, 2008. p. 203. Neste sentido, ainda: CASALTA NABAIS, José. *O Dever Fundamental de Pagar Impostos*. Coimbra: Almedina, 2004. p. 478/9, e DERZI, Mizabel. Notas. In: BALEEIRO, Aliomar. *Limitações Constitucionais ao Poder de Tributar*. 7. ed. Rio de Janeiro: Forense, 1999. p 724.

[75] Cf. VALCARCEL, Ernesto Lejeune. *L'Eguaglianza. Trattato di Diritto Tributário*. Vol I. Tomo I. Padova: Cedam, 1994. p. 380.

[76] LICCARDO, Gaetano. *Introduzione allo Studio Del diritto tributario: Il Diritto Tributario nel Quadro Delle Scienze Giuridiche e Finanziarie*. Napoli: Casa Editrice Dott. Eugenio Jovene, 1962. p.266.

[77] STF. *RE 15.377/MG*. Pleno. Rel. Min. Carlos Velloso. DJ de 05/09/97.

2.1.3. Análise crítica

A doutrina que reconhece a vinculação da essencialidade à capacidade contributiva justifica tal posição mediante a utilização de um argumento central: o de que tal princípio deve ser observado na instituição e na graduação de todos os impostos, inclusive em relação aos denominados impostos indiretos.[78] Nesse sentido, Schiavolin[79] justifica a aplicação da capacidade contributiva nos impostos sobre o consumo:

> Em particular, no que respeita à tributação do consumo, isso é resolvido a partir da necessidade de se preservar o mínimo essencial (ou seja, um limite para o imposto sobre o consumo de primeira necessidade) e não contradiz o compromisso constitucional com a promoção e protecção de determinados bens ou interesses [...].

Todavia, essa não é a posição que aqui se defende.[80] A capacidade contributiva é um critério de comparação; não é, todavia, o único, caso o objetivo seja a concretização da igualdade.[81] [82] Por essa razão, existem casos (e tributos) em que o critério de comparação adotado para a

---

[78] Na linha de que o princípio da capacidade contributiva aplica-se a todos os impostos, inclusive os denominado *indiretos,* TIPKE, Klaus; YAMASHITA, Douglas. *Justiça Fiscal e Princípio da Capacidade Contributiva.* São Paulo: Malheiros, 2002. p. 32. TABOADA, Carlos Palao. El Principio de Capacidad Contributiva Como Criterio de Justicia Tributaria: Aplicación a Los Impuestos Directos e Indiretos. In: TÔRRES, Heleno Taveira (Coord.). *Tratado de Direito Constitucional Tributário: Estudos em Homenagem a Paulo de Barros Carvalho.* São Paulo: Saraiva, 2005. p. 291. SERRANO, Carmelo Losano. *Exenciones Tributarias y Derechos Adquiridos.* Madrid: Editorial Tecnos, 1988. p. 25-6. MOSCHETTI, Francesco. *Il Principio Della Capacitá Contributiva.* Padova: Cedam, 1973. p. 226. MACHADO. Hugo de Brito. *Os Princípios Jurídicos da Tributação na Constituição de 1988.* 3. ed. São Paulo: Revista dos Tribunais, 1994. p. 75. LACOMBE, Américo Lourenço Masset. *Princípios constitucionais tributários.* São Paulo: Malheiros, 1996. p. 31.

[79] No original (tradução livre): "In particolare, quanto alla tassazione dei consumi, esso si risolve nell'esigenza di preservare Il minimo vitale (quindi in un limite alla tassazione dei consumi di prima necessita) e di non contraddire gli impegni cotitutionali di promozione e tutela di certe attività o interessi [...]". SCHIAVOLIN, Roberto. *Il Collegamento Soggettivo. Trattato di Diritto Tributário.* Vol I. Tomo I. Padova: Cedam, 1994. p. 284.

[80] Neste sentido, também, Coêlho, ao apontar que "os impostos 'de mercado', 'indiretos' não se prestam a realizar o princípio com perfeição". COÊLHO, Sacha Calmon Navarro. *Comentários à Constituição de 1988: Sistema Tributário.* 3. ed. Rio de Janeiro: Forense, 1991. p. 97. Na doutrina italiana, Fantozzi aponta as dificuldades de consideração da capacidade contributiva, em relação ao IVA. FANTOZZI, Augusto. *Diritto Tributario.* Torino: Unione Tipografico-Editrice Torinese, 1994. p. 731-733.

[81] Cf. FERREIRA, Abel Henrique. O Princípio da Capacidade Contributiva frente aos Tributos Vinculados e aos Impostos Reais e Indiretos. In: *Revista Fórum de Direito Tributário.* n° 06, Belo Horizonte: Fórum, 2003. p. 100.

[82] Diferentemente argumenta Taboada, no sentido de que a capacidade contributiva é a única manifestação, em matéria tributária, do princípio da igualdade; ou seja, que qualquer outro critério de discriminação não seria, *prima facie,* admitido. TABOADA, Carlos Palao. El Principio de Capacidad Contributiva Como Criterio de Justicia Tributaria: Aplicación a Los Impuestos Directos e Indiretos. In: TÔRRES, Heleno Taveira (Coord.). *Tratado de Direito Constitucional Tributário: Estudos em Homenagem a Paulo de Barros Carvalho.* São Paulo: Saraiva, 2005. p. 296. Nessa mesma linha, ÁVILA, Humberto. O Princípio da Isonomia em Matéria Tributária. In: TÔRRES, Heleno Taveira (Coord.). *Tratado de Direito Constitucional Tributário: Estudos em Homenagem a Paulo de Barros Carvalho.* São Paulo: Saraiva, 2005. p. 416.

promoção da igualdade tributaria é outro: a essencialidade. Assim leciona Carrazza:[83]

[...] progressividade e a regressividade das alíquotas não estão só relacionadas com os princípios da capacidade contributiva e da igualdade tributária.

Em alguns impostos, a Constituição Federal, visando proteger as pessoas mais carentes de acréscimos excessivos no preço final dos produtos, por força da majoração acriteriosa das alíquotas tributárias, estabeleceu um forte mecanismo alternativo de controle da tributação: a seletividade em função da essencialidade dos produtos ou das mercadorias.

No caso dos impostos sobre o consumo, não há como o legislador garantir que um cidadão, de menor capacidade, suporte o ônus fiscal em menor grau do que outro que possua maiores condições econômicas, e consequentemente maior capacidade de contribuir.[84] Da mesma forma, não há como o legislador concretizar tal princípio, ao idealizar a lei que impõe e regula a incidência do imposto de consumo: também nesta hipótese, seria impossível que se distinguisse o ônus incidente, por exemplo, sobre determinadas mercadorias a partir de uma análise pessoal e imediata do consumidor no momento da aquisição. Nesse sentido, vale reproduzir a lição de Derzi,[85] ao sustentar que:

O art. 145, § 1º, fala em pessoalidade sempre que possível. A cláusula sempre que possível não é permissiva, nem confere poder discricionário ao legislador. Ao contrário, o advérbio sempre acentua o grau da imperatividade e abrangência do dispositivo, deixando claro que, apenas sendo impossível, deixará o legislador de considerar a pessoalidade por graduar os impostos de acordo com a capacidade econômica subjetiva do contribuinte. E quando será impossível?

A doutrina costuma apontar a hipótese dos impostos que são suportados pelo consumidor final, como exemplo de tributação não-pessoal. É que, nos impostos incidentes sobre a importação, a produção ou circulação, o sujeito passivo, que recolhe o tributo aos cofres públicos (o industrial ou o comerciante), transfere a um terceiro, o consumidor final, os encargos tributários incidentes. Tornar-se-ia muito difícil, senão impossível, graduar o imposto sobre produtos industrializados ou sobre operação de circulação de mercadorias de acordo com a capacidade econômica da pessoa que adquire o produto ou a mercadoria para o consumo. Por isso, a Constituição Federal, seguindo a melhor doutrina, fala em pessoalidade sempre que possível e estabelece em substituição, o princípio da seletividade para o Imposto sobre produtos Industrializados e para o Imposto sobre Operações de Circulação de Mercadorias e Serviços nos arts. 153, § 3º, I, e 155, § 2º, III.

---

[83] CARRAZZA, Elizabeth Nazar. *Progressividade e IPTU*. Curitiba: Juruá, 1996. p. 58.

[84] CASALTA NABAIS, José. *O Dever Fundamental de Pagar Impostos*. Coimbra: Almedina, 2004. p. 480-1.

[85] DERZI, Mizabel. Notas. In: BALEEIRO, Aliomar. *Limitações Constitucionais ao Poder de Tributar*. 7. ed. Rio de Janeiro: Forense, 1999. p. 694.

Essencialidade Tributária

Assim, ainda que parte da doutrina afirme que consumo é indício de capacidade contributiva[86] [87] – já que a preexistência da capacidade decorrente da expressa utilização de renda seria um requisito para o consumo[88] –, este não é, nos dias de hoje, um signo presuntivo de riqueza, na dicção de Alfredo Augusto Becker, que justifique com precisão tanto a concretização da igualdade quanto a distribuição do ônus fiscal entre a população. Nesses casos, rendimento – para consumir –, e renda são signos distintos, e assim devem ser considerados. Não bastasse isso, mas devido às distorções do sistema, nem mesmo o fato de o cidadão ter "renda tributável" justifica, na maioria dos casos, a aptidão para consumir. Por isso, em tais hipóteses, a igualdade "fim" não é atingida pelo princípio da capacidade contributiva,[89] mas sim mediante a concretização do princípio da essencialidade, como fica evidente nas considerações de Carrazza:[90]

> Sem dúvida, nos chamados impostos sobre o consumo, o repasse da carga impositiva tributária é um fato econômico presente. Nesta medida, quando Constituição Federal menciona a seletividade em razão da essencialidade dos produtos, está, de um lado, buscando proteger os menos favorecidos e de outro instrumentalizando a atuação do princípio genérico da igualdade.

Para esses casos, portanto, não será a capacidade contributiva que justificará no sistema a promoção da igualdade tributária; aqui a igualdade será concretizada com base na seleção (ou na seletividade), em atenção ao grau de essencialidade de mercadorias e de serviços sujeitos ao imposto – norma que orienta o dimensionamento da imposição tributária por meio principalmente da eleição de alíquotas variadas nos tributos sobre o consumo.

---

[86] Cf. AYALA, José Luiz Pérez de; BECERRIL, Miguel Pérez de Ayala. *Fundamentos de Derecho Tributário*. Madrid: Dykinson, 2009. p. 81. GRIZIOTTI, Benvenuto. *Studi di Scienza Delle Finanze e Diritto Finanziario*. Milano: Dott. A. Giuffrè Editore, 1956. p. 342. Na mesma linha: Luigi Einaudi, para quem o imposto sobre o consumo grava uma renda disponível e um fato real, o consumo efetuado. EINAUDI, Luigi. *Principios de Hacienda Publica*. Traducción de La Segunda Edición Italiana (1940) por Jaime Algarra y Miguel Paredes. Madrid: M. Aguilar, 1948. p. 253-4.

[87] Na doutrina italiana, segundo Benedetto Cocivera, predomina o entendimento de que os impostos indiretos afetariam uma manifestação mediata – não imediata – da capacidade contributiva. COCIVERA, Benedetto. *Principi di Diritto Tributario*. Milano: Dott. A. Giuffrè Editore, 1959. p. 245.

[88] TIPKE, Klaus; LANG, Joachim. *Direito Tributário*. Traduzido por: Luiz Dória Furquim Porto Alegre: Sergio Antonio Fabris, 2008. p. 203 e 211.

[89] Assim também FERREIRA, Abel Henrique. O Princípio da Capacidade Contributiva frente aos Tributos Vinculados e aos Impostos Reais e Indiretos. In: *Revista Fórum de Direito Tributário*. N° 06, Belo Horizonte: Fórum, 2003. p.100.

[90] CARRAZZA, Elizabeth Nazar. *Progressividade e IPTU*. Curitiba: Juruá, 1996. p. 60.

2.2. A extrafiscalidade – fundamento à essencialidade tributária

Uma segunda gama de autores sustenta que a essencialidade seria uma manifestação da extrafiscalidade.[91] Para que se compreenda a extrafiscalidade, é necessário primeiro a reconstrução do conceito de tributo.

2.2.1. Tributo – instrumento para promoção dos direitos fundamentais

Tarefa não rara da doutrina ao longo dos anos tem sido a formulação de um conceito de tributo. Grande parte dos autores, senão a totalidade, tem realizado tal exercício à luz dos elementos definidos no art. 3º do Código Tributário Nacional,[92] sem deixar, no entanto, de proceder pertinentes críticas àquele enunciado.[93]

Em sintonia com o objeto da presente obra, o que se propõe é a formulação de um conceito de tributo não com base na lei – ainda que seja esta uma lei complementar de normas gerais –, mas sim com base na Constituição. Um conceito de tributo que considere todo o sistema e que, orientado por regras e princípios, justifique a tributação, como bem consignou Tôrres.[94]

> Dado que a Constituição não oferece uma definição prévia de "tributo", para assegurar a aplicação do regime constitucional tributário, por dedução hermenêutica, espécie a espécie, segundo os regimes reservados a cada um destes, deve o intérprete colher os elementos distintivos a partir destas espécies colecionadas no texto constitucional para daí garantir a unidade semântica do conceito constitucional de tributo.

Por exemplo, a consideração quanto à natureza orientadora ou indutora do tributo (extrafiscalidade) – consoante ainda restará melhor demonstrado no próximo item – não se faz presente nos conceitos

---

[91] Neste sentido: BOTTALLO, Eduardo Domingos. O Imposto Sobre Produtos Industrializados na Constituição. In: TÔRRES, Heleno Taveira (Coord.). *Tratado de Direito Constitucional Tributário*. Saraiva: São Paulo, 2005. p. 633. CARRAZZA, Roque Antonio. *Curso de Direito Constitucional Tributário*. 22. ed. São Paulo: Malheiros, 2006. p. 95. NOGUEIRA, Ruy Barbosa. *Curso de Direito Tributário*. 13. ed. Saraiva: São Paulo, 1994. p. 132. MENDES, Guilherme Adolfo dos Santos. *Extrafiscalidade: análise semiótica*. 2009. Tese, Faculdade de Direito do Largo São Francisco, Universidade de São Paulo – USP, São Paulo, 2009. p. 200-1.

[92] ATALIBA, Geraldo. *Hipótese de Incidência Tributária*. São Paulo: Revista dos Tribunais, 1973. p. 27. CARRAZZA, Roque Antonio. *Curso de Direito Constitucional Tributário*. 22. ed. São Paulo: Malheiros, 2006. p. 380. BALEEIRO, Aliomar. *Direito Tributário Brasileiro*. 11. ed. Rio de Janeiro: Forense, 2004. p. 63. MORAES, Bernardo Ribeiro de. *Compêndio de Direito Tributário*. Rio de Janeiro: Forense, 1987. p. 175 e SS. SOUZA, Rubens Gomes de. *Compêndio de Legislação Tributária*. Rio de Janeiro: Edições Financeiras S.A., 1952. p. 119.

[93] Neste sentido: AMARO, Luciano. *Direito Tributário Brasileiro*. 14. ed. São Paulo: Saraiva, 2008. p. 25. CARVALHO, Paulo de Barros. *Curso de Direito Tributário*. 14. ed. São Paulo: Saraiva, 2002. p. 25.

[94] TÔRRES, Heleno Taveira. *Direito Constitucional Tributário e Segurança Jurídica: metódica da segurança jurídica do sistema constitucional tributário*. São Paulo: Revista dos Tribunais, 2011. p. 375.

formulados pela doutrina. Nessa linha, também a finalidade do tributo, ao longo de anos, não vem sendo investigada com a profundidade que merece. Em verdade, falamos aqui de uma investigação que contemple os fundamentos do sistema.

Pois, diante desse panorama carente de organicidade e simplificado quanto à sua complexidade, bem como da proposta formulada neste estudo – apresentar um conceito alicerçado nos fundamentos do sistema –, *tributo é o dever fundamental materializado por meio de uma prestação pecuniária de caráter compulsório, instituído por lei, devido à entidade de direito público e cobrado mediante atividade plenamente vinculada, com vistas à promoção dos direitos fundamentais, seja via geração de receita pública, seja mediante a orientação socioeconômica dos cidadãos.*

É importante notar que o conceito aqui proposto abrange todos os elementos básicos para que o intérprete possa verificar se está ou não frente a um tributo.[95] Ele define a natureza constitucional do tributo (dever fundamental[96] materializado por prestação pecuniária de caráter compulsório);[97] o instrumento formal para a instituição do tributo (lei); a quem tal é devido, bem como sob qual regime é exigido (entidade de Direito Público, mediante atividade plenamente vinculada); quem é o titular do dever (Entidade de Direito Público) – integrante da União, dos Estados, do Distrito Federal ou dos Municípios, incluindo suas autarquias; define a finalidade do tributo (a promoção dos direitos fundamentais);[98] e, finalmente, o meio como, por intermédio do tributo, alcança-se tal finalidade – meio fiscal (promoção de direitos

---

[95] Em sentido quase similar, digna de nota é a observação formulada por Tôrres: "O conceito de tributo na Constituição equivale a uma prestação pecuniária compulsória, instituída por lei e sujeita às limitações constitucionais tributárias, segundo os regimes de impostos, taxas ou contribuições, que não se constitua em sanção a ilícitos e seja cobrada mediante atividade administrativa plenamente vinculada". TÔRRES, Heleno Taveira. *Direito Constitucional Tributário e Segurança Jurídica: metódica da segurança jurídica do sistema constitucional tributário.* Revista dos Tribunais. São Paulo, 2011. p. 376.

[96] Cf. Casalta Nabais: "[...] podemos definir os deveres fundamentais como deveres jurídicos do homem e do cidadão que, por determinarem a posição fundamental do indivíduo, tem especial significado para a comunidade e podem por esta ser exigidos". NABAIS, José Casalta. *O Dever Fundamental de Pagar Impostos.* Coimbra: Livraria Almedina, 2004. p. 64.

[97] Neste ponto, relevante é a colaboração do Prof. Ricardo Lobo Torres, ao afirmar que o tributo "transcende o conceito de mera obrigação prevista em lei eis que assume dimensão constitucional," e completa "Entre os deveres fundamentais no Estado Democrático de Direito encontram-se, além do dever de contribuir para as despesas publicas, os de prestar o serviço militar, compor o júri, servir à Justiça Eleitoral, etc. O que marca a diferença entre o tributo e esses outros deveres é que o tributo consiste em uma prestação pecuniária ou em um valor que se possa transformar em dinheiro, como já vimos". TORRES, Ricardo Lobo. *Tratado de Direito Constitucional, Financeiro e Tributário.* 3. ed. Rio de Janeiro: Renovar, 2005. Vol. IV, p. 41 e 42.

[98] Neste sentido, a pertinente observação de Casalta Nabais, no sentido de que o tributo não se constitui de um fim em si, mas sim de um meio que possibilita o cumprimento dos objetivos do Estado, assumidos perante o povo. NABAIS, José Casalta. *O Dever Fundamental de Pagar Impostos.* Coimbra: Livraria Almedina, 2004. p. 185.

fundamentais mediante obtenção de receita pública) e meio extrafiscal (promoção de direitos fundamentais mediante orientação socioeconômica do cidadão).

Por tal prisma, o tributo deve ser entendido como um meio para atingir-se a um fim – a concretização dos direitos fundamentais.[99] A forma como buscamos realizar este fim justifica a classificação dos tributos em dois grupos: o grupo dos tributos em que a promoção dos direitos fundamentais se dá em função da atividade de geração de receita, isso para em momento posterior fazer frente à despesa do Estado; e o grupo dos tributos em que a promoção dos direitos fundamentais se dá em função da orientação de condutas que estejam em sintonia com os objetivos do Estado Democrático de Direito.[100]

2.2.2. A fiscalidade e a extrafiscalidade – meios para atingir o fim do tributo

Na Constituição Federal de 1988 ou na legislação que estabelece as normas gerais em matéria tributária, não há previsão expressa definindo ou tampouco estabelecendo critérios que possibilitem ao intérprete identificar, simplesmente em razão da espécie ou da nomenclatura, o tributo como ferramenta fiscal e/ou como ferramenta extrafiscal. Importa inferir que tal condição não afasta, porém, a vinculação das pretensões extrafiscais ao Texto Constitucional.[101]

No caso, o caráter atribuído a cada tributo, fiscal ou extrafiscal, é verificado em razão da forma como esse realiza o fim – o tributo assume natureza fiscal, se a realização do fim for motivada pela arrecadação por ele gerada; e natureza extrafiscal, se a realização do fim for motivada pela orientação para a tomada (ou para a adoção) de condutas, como

---

[99] Em sintonia com o aqui definido, a lição do Prof. Heleno Tôrres: "Como é sabido, no Brasil, o dever de pagar tributos deriva da repartição constitucional de competências, porquanto, se às pessoas políticas cabe o dever legislativo de cobrá-los, com o objetivo de cumprir suas funções constitucionais, ao cidadão vige o dever de contribuir ao sustento de tais gastos, em favor da coletividade". TÔRRES, Heleno. *Direito Tributário e Direito Privado: Autonomia Privada: Simulação: Elusão Tributária*. São Paulo: Revista dos Tribunais, 2003. p. 16.

[100] Nesse sentido, destaca Paulo Caliendo: "[...] o Direito Tributário não pode ser visto apenas como uma limitação ao poder do Estado, mas também como modo de realização positiva de políticas públicas em prol da afirmação da dignidade humana, da liberdade e da igualdade. CALIENDO, Paulo. Da Justiça Fiscal: Conceito e Aplicação. In: TÔRRES, Heleno Taveira (Coord.). *Tratado de Direito Constitucional Tributário*: Estudos em Homenagem a Paulo de Barros Carvalho. São Paulo: Saraiva, 2005. p. 392.

[101] Nesse sentido, também o apontado por Guilherme Adolfo dos Santos Mendes, em tese de doutorado apresentada sob a orientação do Prof. Paulo de Barros Carvalho: MENDES, Guilherme Adolfo dos Santos. *Extrafiscalidade: análise semiótica*. 2009. Tese, Faculdade de Direito do Largo São Francisco, Universidade de São Paulo – USP, São Paulo, 2009. p. 200-1. p. 197.

Essencialidade Tributária

afirma Ataliba,[102] regulatórias de comportamentos, em matéria econômica, social e política. Todavia, este não é o modelo adotado em todos os países. Na Espanha, por exemplo, a Lei Geral Tributária,[103] ao definir os tributos, reconhece de forma expressa a extrafiscalidade como um instrumento inerente a alguns tributos:

> Artículo 2. Concepto, fines y clases de los tributos.
>
> 1. Los tributos son los ingresos públicos que consisten en prestaciones pecuniarias exigidas por una Administración pública como consecuencia de la realización del supuesto de hecho al que la ley vincula el deber de contribuir, con el fin primordial de obtener los ingresos necesarios para el sostenimiento de los gastos públicos.
>
> Los tributos, además de ser medios para obtener los recursos necesarios para el sostenimiento de los gastos públicos, podrán servir como instrumentos de la política económica general y atender a la realización de los principios y fines contenidos en la Constitución.
>
> [...]

O tributo assume caráter, ou conotação, fiscal caso seja instituído com base em um vetor arrecadatório. A grande fonte de geração de recursos (receita pública) das pessoas políticas são os tributos, por meio dos quais o Ente Público adquire condições financeiras para promover os direitos fundamentais. Nessa perspectiva, entre o cidadão e o Estado há a busca de um ideal de equivalência, próprio dos deveres fundamentais[104] – de um lado, o cidadão com o dever de pagar o tributo, e de outro o Estado com o dever de prover, mediante a realização de ações previamente definidas, as necessidades fundamentais das pessoas.

O art. 23 da Constituição Federal, por exemplo, espelha bem algumas dessas ações – tais como a proteção à saúde, o acesso à cultura e a educação, a preservação do meio ambiente e a melhoria das condições habitacionais e de saneamento básico –, as quais são levadas a efeito de acordo com a disponibilidade da receita pública, cuja principal fonte é o tributo.

O tributo utilizado como instrumento fiscal justifica-se, assim, em face da necessidade de abastecimento dos cofres públicos, por meio de um controle do governo sobre os recursos da sociedade – fenômeno denominado por Murphy & Nagel[105] como "a repartição entre o público

---

[102] ATALIBA, Geraldo. *Sistema Constitucional Tributário Brasileiro*. São Paulo: Revista dos Tribunais, 1968. p. 151.

[103] ESPANHA. Ley 58/2003, de 17 de dezembro de 2003. Documento eletrônico disponível em: http://www.aeat.es/AEAT/Contenidos_Comunes/Ficheros/Normativas/normlegi/otros/ley58_2003.pdf. Acesso em: 01 de março de 2012.

[104] Nesse sentido, ainda, Ricardo Lobo Torres: "O dever fundamental, por outro lado, integra a estrutura bilateral e correlativa do fenômeno jurídico: gera o direito de o Estado cobrar tributos e, também, o dever de prestar serviços públicos". TORRES, Ricardo Lobo. *Tratado de Direito Constitucional, Financeiro e Tributário*. 3. ed. Rio de Janeiro: Renovar, 2005. Vol. IV, p. 42.

[105] MURPHY, Lian; NAGEL, Thomas. *O Mito da Propriedade*. São Paulo: Martins Pontes, 2005. p. 101.

e o privado". Todavia, esse não é o fim do tributo;[106] é, isto sim, o meio (ou a forma de se adquirir condições) para se alcançar o fim – no caso, o fim é a realização dos direitos fundamentais, como já apontado.

O tributo assume caráter ou conotação extrafiscal, se for utilizado como instrumento para orientar condutas do cidadão, com vistas à redução de desigualdades, à promoção do desenvolvimento e à manutenção das liberdades; ou seja, novamente quando se buscam condições para a promoção dos direitos fundamentais. Assim, como bem destaca Torres:[107]

> A extrafiscalidade consiste na utilização do tributo para obter certos efeitos na área econômica e social, que transcendem a mera finalidade de fornecer recursos para atender às necessidades do Tesouro. A política extrafiscal justifica a elevação das alíquotas e o tributo excessivo, ao fito de coibir atividades nocivas ou prejudiciais à saúde, ao desenvolvimento econômico, à educação, etc.

A redução de gastos na conservação do meio ambiente e em saúde, o estímulo à realização da função social da propriedade, e a proteção e o incentivo ao consumo e ao crescimento da indústria nacional em face da indústria estrangeira são ideais que, conforme a Constituição, devem ser implementados pelo Estado, por meio inclusive da tributação.

O art. 170, VI, da CF/88, por exemplo, define, em homenagem à defesa do meio ambiente, a possibilidade de tratamento diferenciado conforme o impacto ambiental de produtos e serviços. E aqui diferenciar não significa exclusivamente impor restrições ou gravar a atividade por ventura mais poluidora; significa também atribuir um tratamento mais benéfico, ou pelo menos não tão gravoso, para aqueles que buscam reduzir o impacto ambiental. O que prevê a Constituição Federal, nesse caso, é um tratamento diferenciado conforme o impacto, e não em função do aumento do impacto – efeitos que terminam por se revelarem diferentes. Isso equivale dizer que a dimensão do impacto ambiental realizado pela atividade em exame – a análise da causa – é que irá gerar o tratamento diversificado: para um impacto potencializado, uma diferenciação que leve tais consequências em consideração; para um impacto reduzido, uma diferenciação que, de forma inversa, considere o esforço envolvido na preservação do meio ambiente. Pois tal tratamento, com vistas ao

---

[106] Parte da doutrina, de forma diversa ao aqui apontado, adota a expressão finalidade imediata ou principal, tentando justificar a existência de fins mediatos e imediatos, ou principais e secundários. No caso, tal corrente aponta que a geração de receita para a cobertura das despesas seria o fim imediato ou principal dos impostos de natureza fiscal. Entre esses, José Joaquim Teixeira Ribeiro. RIBEIRO, José Joaquim. *Lições de Finanças Públicas*. 5. ed. Coimbra: Coimbra, 1997. p. 258-60 e NABAIS, José Casalta. *O Dever Fundamental de Pagar Impostos*. Coimbra: Livraria Almedina, 2004. p. 629.

[107] TORRES, Ricardo Lobo. *Tratado de Direito Constitucional, Financeiro e Tributário*. 3. ed. Rio de Janeiro: Renovar, 2005. Vol. III, p.164 .

Essencialidade Tributária

estímulo de condutas ambientalmente corretas, pode ocorrer inclusive por meio de um tributo de cunho extrafiscal.

Do exemplo acima ainda se infere que a extrafiscalidade possui uma dúplice dimensão: é positiva ou negativa. Nesse sentido, Nabais:[108]

> De outro lado, é de salientar que a extrafiscalidade se expande por dois grandes domínios, cada um deles traduzindo uma técnica de intervenção ou de conformação social por via fiscal: a dos impostos extrafiscais, orientados para a dissuasão ou evitação de determinados comportamentos (em que são de integrar os chamados agravamentos extrafiscais de impostos fiscais), e a dos benefícios fiscais dirigidos ao fomento, incentivo ou estímulo de determinados comportamentos.

A dimensão negativa, portanto, justifica-se devido ao estabelecimento ou à graduação do tributo com vistas a desestimular condutas.[109] O Imposto de Importação, por exemplo, integra a dimensão negativa da extrafiscalidade. Ao gravar os produtos importados, eleva seu custo e, consequentemente, desestimula seu consumo – estimulando, em contrapartida, o consumo de similares nacionais e, com isso, promovendo o desenvolvimento nacional.

A dimensão positiva, por outro lado, justifica-se na desoneração fiscal, com vistas a estimular comportamentos. A isenção de IPTU para imóvel tombado pelo patrimônio cultural e histórico que esteja preservado, por exemplo, integra a dimensão positiva da extrafiscalidade. Ao desonerar o proprietário que mantém o patrimônio histórico em condições, promove-se o desenvolvimento e mantém-se o caráter histórico cultural da cidade ou região.

O tributo de natureza extrafiscal, legitima-se, assim, em face da necessidade de estimular ou desestimular comportamentos respaldados constitucionalmente, ora como desejáveis, ora como inconvenientes,[110] o que é levado a efeito em atenção a ideais econômicos e sociais.[111] Todavia, esses não são os fins do tributo; são, isto sim, os meios (ou a forma de se adquirir condições) para se alcançar o fim – o fim, no caso, é a concretização dos direitos fundamentais, que, na hipótese, materializam-se mediante a promoção dos ideais previstos no Texto Constitucional,[112]

---

[108] CASALTA NABAIS, José. *O Dever Fundamental de Pagar Impostos*. Coimbra: Almedina, 2004. p. 630.

[109] CARRAZZA, Roque Antonio. *Curso de Direito Constitucional Tributário*. 22. ed. São Paulo: Malheiros, 2006. p. 816 (nota 7).

[110] CARRAZZA, Elizabeth Nazar. *Progressividade e IPTU*. Curitiba: Juruá, 1996. p. 68-9.

[111] CASALTA NABAIS, José. *O Dever Fundamental de Pagar Impostos*. Coimbra: Almedina, 2004. p. 629.

[112] No entender de Marciano Buffon, "a extrafiscalidade, além de possuir alicerce constitucional, serve de meio de concretização da própria Magna Carta". BUFFON, Marciano. *Tributação e Dignidade Humana: Entre Direitos e Deveres Fundamentais*. Porto Alegre: Livraria do Advogado, 2009. p. 224.

a exemplo da redução de desigualdades, do incentivo ao desenvolvimento e da manutenção das liberdades. Ou seja, na perspectiva extrafiscal, é a partir da promoção dos ideais constitucionais, estimulados pelo tributo, que terminam por se concretizar os direitos fundamentais.

O STF, ao examinar a constitucionalidade de disposição legal que concedia isenção tributária de IPI exclusivamente a operações realizadas em determinada região do País, também assim concluiu. No caso, a Corte reconheceu a validade do incentivo e a impossibilidade de sua extensão em relação a contribuintes situados em outras áreas, sob o argumento de que o tratamento tributário diferenciado regionalmente, de cunho nitidamente extrafiscal, está apto à realização de um fim, em consonância com o sistema:[113]

> A "ratio" subjacente ao tratamento normativo estipulado pela Lei nº 8.393/91 (art. 2º), a partir dos próprios reflexos que projeta na área econômico-fiscal, evidencia que a delimitação de ordem espacial condicionante do acesso do contribuinte ao benefício legal da isenção tributária, em matéria de IPI sobre o açúcar de cana, foi estabelecida com o fim precípuo de viabilizar a plena realização de objetivo estatal nitidamente qualificado pela nota da extrafiscalidade.
>
> É que a mencionada isenção, tal como prevista no art.2º da lei nº 8.393/91, objetiva conferir efetividade ao art. 3º, incisos II e III, da Constituição da República, eis que, nesse sentido, a função extrafiscal do tributo atua como instrumento de promoção do desenvolvimento nacional e de superação das desigualdades sociais e regionais.

Finalmente, é importante frisar que, mesmo nos tributos que assumem natureza extrafiscal, o Estado não deixa de abastecer os cofres públicos.[114] Nesse caso, o Ente de Direito Público não abre mão totalmente da geração de receitas; a diferença é que aqui a arrecadação encontra-se em segundo plano, como uma consequência do meio adotado para o alcance do fim.

2.2.3. Análise crítica

O tributo assume um contorno extrafiscal com vistas à realização de um fim – a promoção dos direitos fundamentais. A partir de tal premissa, é equivocada a afirmação de que o tributo tem um fim extrafiscal.

Exatamente por isso, parte da doutrina, como visto, ao adotar o equivocado critério da *finalidade* fiscal ou extrafiscal, tem tido dificuldades

---

[113] STF. *AgReg no AI 360.461/MG*. Segunda Turma. Rel. Min. Celso de Mello. DJe-111 de 10/06/2011. Ementário vo. 2541-01, p. 41.

[114] Exemplo de tal fato ocorre com os impostos especiais sobre o consumo, cuja existência justifica a doutrina, dá-se precipuamente em face da grande capacidade desses, no que tange à geração de receita. Sobre tal ponto, vide: VASQUES, Sérgio. Origem e Finalidade dos Impostos Especiais de Consumo. In: *Revista Fórum de Direito Tributário*. nº 17. Belo Horizonte: Fórum, 2005. p. 72.

em classificar os tributos. Nesse sentido, Martul-Ortega afirma que "os impostos apresentam dois aspectos, o fiscal e o extrafical, cujos limites nem sempre são facilmente identificados".[115]

Se a fiscalidade, ou a utilização de um meio gerador de receitas, fosse um fim, até mesmo os tributos que visam a desestimular a adoção de condutas poderiam ser classificados como fiscais, certamente porque tais também acabam, na busca do fim, por gerar receitas para o Estado.[116] Um imposto alfandegário, por exemplo, de caráter nitidamente extrafiscal, partindo dessa premissa teria o que parte da doutrina denomina de *fim fiscal*, já que a conformação de sua hipótese de incidência terminaria por demandar em arrecadação para o Ente detentor daquela competência.

Inobstante o antes demonstrado, o fim segue sendo muitas vezes confundido com o meio. A Lei Geral Tributária portuguesa,[117] por exemplo, aponta dois fins à tributação – a satisfação das necessidades financeiras do Estado e de outras entidades públicas, e a promoção da justiça social, da igualdade de oportunidades e da correção de desigualdades na distribuição de riquezas e de rendimentos. Pois, a satisfação das necessidades do Estado não é um fim. É um meio de garantir condições para a promoção do fim – uma forma de levar a efeito os deveres do Estado perante a sociedade, a exemplo da segurança, da saúde, da educação, da igualdade, entre outros.

A extrafiscalidade também não é uma forma de concretização do princípio da capacidade contributiva.[118] No caso do tributo de cunho extrafiscal, a capacidade contributiva é ponderada frente a outros princípios; e nessa ponderação, em regra, é atribuído menor grau – ou menor valor – à capacidade do contribuinte. Nesse sentido, vale reproduzir a lição de Carrazza:[119]

> A extrafiscalidade pode ser exercitada através de incentivos ou de desestímulos fiscais. Através de incentivos fiscais, o Poder Público, reduzindo ou eliminando determinado imposto, objetiva estimular os contribuintes a desempenharem certas atividades. De outro lado, ao agravar alíquotas tributárias, desestimula condutas consideradas lícitas, mas não

---

[115] No original (tradução livre): "Le imposte presentano due aspetti, quello fiscale e quello extra-fiscale, dei quali i confini non sempre risultano agevolmente individuabili". MARTUL-ORTEGA, Perfecto Yebra. I Fini Extrafiscali DellÍmposta. In: AMATUCCI, Andréa. *Trattato di Diritto Tributário*. 1° Vol. Milano: Cedan, 2001. p. 686

[116] VASQUES, Sérgio. Origem e Finalidade dos Impostos Especiais de Consumo. In: *Revista Fórum de Direito Tributário*. n° 17. Belo Horizonte: Fórum, 2005. p. 72 e 90.

[117] PORTUGAL. Decreto-Lei n° 398, de 17 de dezembro de 1998 – DR n° 290/98 SÉRIE I-A. Documento eletrônico disponível em: http://info.portaldasfinancas.gov.pt/NR/rdonlyres/87CAB3CA-4ED1-411A-9BDE-3E9725C24F21/0/LGT_2012.pdf. Acesso em: 01 de março de 2012.

[118] Em idêntico sentido: ÁVILA, Humberto. O Princípio da Isonomia em Matéria Tributária. In: TÔRRES, Heleno Taveira (Coord.). *Tratado de Direito Constitucional Tributário: Estudos em Homenagem a Paulo de Barros Carvalho*. São Paulo: Saraiva, 2005. p. 416.

[119] CARRAZZA, Elizabeth Nazar. *Progressividade e IPTU*. Curitiba: Juruá, 1996. p. 82.

convenientes, sob o aspecto econômico, político ou social. Nesses casos, a capacidade contributiva pode ser afastada, a fim de que sejam alcançados valores consagrados pela Constituição Federal.

Determinado município, por exemplo, institui imposto de cunho imobiliário sobre terrenos, cuja alíquota vai progredindo ano a ano, em razão da não edificação do bem. Trata-se de meio extrafiscal, constitucionalmente autorizado, adotado para orientar (ou induzir) uma conduta: a do proprietário, no sentido de que construa sobre o terreno, sob pena de, ao longo dos anos, ter o valor de seu investimento reduzido (ou absorvido) em razão do aumento progressivo do tributo. Pois tal regra não surge no sistema como forma de concretização da capacidade contributiva. Nesse caso, a capacidade cede lugar à concretização de outro princípio, qual seja, o da função social da propriedade, já que o interesse precípuo, na hipótese, é o de levar a efeito esse ideal constitucional: o ideal que concretiza o direito fundamental de pleno desenvolvimento das funções sociais da cidade e de garantia do bem-estar de seus habitantes, por meio da promoção do adequado aproveitamento da propriedade.[120]

Por fim, a extrafiscalidade não é forma de manifestação nem meio para a concretização da essencialidade. A essencialidade não se justifica pela adoção de condutas; não é em razão do interesse do Estado no consumo de mercadorias essenciais que tais (mercadorias) serão tributadas de forma mais branda. Convém que fique registrado que a tributação extrafiscal é meio para se alcançar o fim; e a essencialidade não é uma das justificativas para adoção desse meio.

De qualquer modo, o que se tem verificado – e os desenvolvimentos posteriores pretendem demonstrar isso – é que, em algumas situações, no entanto, adota-se a extrafiscalidade como instrumento inibidor do consumo de produtos que não são essenciais (os denominados supérfluos ou até mesmo aqueles que causam malefícios à saúde). Mas isso não significa que a extrafiscalidade estaria a concretizar a essencialidade. Nesses casos, é a inconveniência do consumo de produtos com o Texto Constitucional e com a promoção dos direitos fundamentais, que tem sido considerada para adoção do meio extrafiscal. Como já referido, na maioria das vezes, esses produtos não são necessários ou essenciais; convém destacar, por oportuno, que este não é o critério de seleção – não se está tributando de forma mais gravosa determinada mercadoria porque ela não é essencial; está-se tributando porque seu consumo deve ser obstado, por destoar dos objetivos do sistema. O cigarro e as bebidas alcoólicas, por exemplo: além de serem produtos supérfluos, são potencializadores de diversas doenças, o que de certa forma obstaculariza a

---

[120] Neste sentido, o art. 182 da CF/88.

Essencialidade Tributária

promoção do direito fundamental à saúde. Esse é, pois, o argumento utilizado, no caso, para a adoção da extrafiscalidade: desestimular o consumo de mercadoria que prejudica a saúde.

Vale a pena, por fim – até mesmo como intuito de demonstrar que a nossa opinião, neste contexto, anda de acordo com a evolução internacional – considerar o exemplo de Portugal, país que tem adotado a criação de impostos especiais sobre o consumo de produtos como o álcool e o tabaco não com o objetivo de simplesmente graduar a incidência tributária de acordo com o grau de essencialidade das mercadorias, mas sim de frear o seu consumo, ou, na dicção até aqui adotada, desestimular tal conduta.

Essas reflexões nos remetem à seguinte conclusão. A observância do grau de essencialidade das mercadorias para dimensionar a incidência tributária não visa orientar condutas – a essencialidade não justifica a adoção do meio extrafiscalidade; visa sim a dimensionar a incidência tributária em face do dever de coerência e de igualdade do sistema.

2.3. A dignidade humana – fundamento à essencialidade tributária

Finalmente, é possível imaginar que o dever de observância da essencialidade na tributação sobre o consumo decorre da proteção constitucional da dignidade humana.[121] Nesse caso, face à essencialidade não encontrar fundamento na capacidade contributiva, a justificativa decorreria do próprio sistema, que tem como fundamento o respeito e a defesa da dignidade humana.

2.3.1. A dignidade humana – fundamento do sistema

O sistema constitucional brasileiro confere status de fundamento do Estado de Direito à dignidade humana (art. 1º, III, da CF/88). Também estabelece o dever de o Estado assegurar a dignidade da criança, do adolescente, do jovem e do idoso (arts. 227 e 230).

Nesse contexto, a dignidade humana apresenta-se em dúplice dimensão normativa: é princípio[122] e valor fundamental.[123] A dignidade

---

[121] Neste sentido: DANILEVICZ, Rosane. *A essencialidade como princípio constitucional à tributação: sua aplicação pela seletividade*. Dissertação de mestrado. Faculdade de Direito, Pontifícia Universidade Católica do Rio Grande do Sul – PUCRS, Porto Alegre, 2008.

[122] Neste sentido: VIEIRA DE ANDRADE, José Carlos. *Os direitos fundamentais na Constituição Portuguesa de 1976*. 3. ed. Coimbra: Almedina, 2006. p. 101.

[123] SARLET, Ingo Wolfgang. *Dignidade da Pessoa Humana e Direitos Fundamentais na Constituição Federal de 1988*. 6. ed. Porto Alegre: Livraria do Advogado, 2008. p. 71, e FERREIRA DOS SANTOS,

possui dimensão normativa de princípio na medida em que estabelece um fim a ser promovido (de conteúdo desejado):[124] um estado ideal de valorização, respeito e proteção do ser humano. Possui dimensão normativa de valor na medida em que atua como alicerce do sistema dos direitos fundamentais,[125] conferindo unidade material à Constituição, ao reconhecer e afirmar a dimensão moral da pessoa.[126] Nesse sentido, vale registrar a lição de Pérez Luño,[127] ao sustentar que "A dignidade humana representa o valor básico que fundamenta os direitos humanos tendentes a explicitar e satisfazer as necessidades da pessoa na esfera moral".

Com efeito, para além dos aspectos anotados, a dignidade revela-se como um dos fundamentos dos direitos fundamentais.[128] As normas constitucionais que garantem, por exemplo, o trabalho, o emprego e as mínimas condições existenciais por meios protetivos do cidadão – em que se inclui a assistência social – decorrem da dignidade humana; é em função dessa relação, inclusive, que a doutrina tem afirmado que, ao não se reconhecerem os direitos fundamentais, nega-se a dignidade.[129] É nessa perspectiva que há, de fato, a existência do Estado em função da pessoa, e não o inverso (a pessoa em função do Estado).[130] É também nessa perspectiva que é possível identificar a dignidade com base no primado do ser (e não do ter), ou seja, a dignidade como garantia das liberdades

---

Fernando. *Princípio Constitucional da Dignidade da Pessoa Humana.* Fortaleza: Celso Bastos, 1999. p. 94. Neste sentido, ainda, o STF: *ADPF 153.* Pleno. Voto do Rel. Min. Eros Grau. DJe de 06/08/2010 e *ADPF 54-QO.* Pleno. Rel. Min. Marco Aurélio. DJ de 31/08/2007.

[124] Acerca da definição de princípios, vide a doutrina de ALEXY, Robert. *Teoria dos Direitos Fundamentais.* Traduzido por: Virgílio Afonso da Silva. São Paulo: Malheiros, 2008. p. 103-4. FREITAS, Juarez. *A interpretação Sistemática do Direito.* 4. ed. São Paulo: Malheiros, 2004. p. 56. TÔRRES, Heleno Taveira. *Direito Constitucional Tributário e Segurança Jurídica: metódica da segurança jurídica do sistema constitucional tributário.* São Paulo: Revista dos Tribunais, 2011. p. 526.

[125] SARLET, Ingo Wolfgang. *Dignidade da Pessoa Humana e Direitos Fundamentais na Constituição Federal de 1988.* 6. ed. Porto Alegre: Livraria do Advogado, 2008. p. 71 e ss. PÉREZ LUÑO, Antonio Enrique. *Derechos Humanos, Estado de Derecho y Constitucion.* 6. ed. Madrid: Editorial Tecnos, 1999. p. 318.

[126] PÉREZ LUÑO, Antonio Enrique. *Derechos Humanos, Estado de Derecho y Constitucion.* 6. ed. Madrid: Editorial Tecnos, 1999. p. 48-9.

[127] Idem. p. 318.

[128] VIEIRA DE ANDRADE, José Carlos. *Os direitos fundamentais na Constituição Portuguesa de 1976.* 3. ed. Coimbra: Almedina, 2006. p. 102. Nesse sentido, ainda, Sarlet aponta que o princípio da dignidade pode ser entendido como o critério basilar, ou um – não o único – dos fundamentos materiais dos Direitos Fundamentais. SARLET, Ingo Wolfgang. *A Eficácia dos Direitos Fundamentais.* 10. ed. Porto Alegre: Livraria do Advogado, 2009. p. 111.

[129] SARLET, Ingo Wolfgang. *Dignidade da Pessoa Humana e Direitos Fundamentais na Constituição Federal de 1988.* 6. ed. Porto Alegre: Livraria do Advogado, 2008. p. 89.

[130] CANOTILHO, J.J. Gomes. *Direito Constitucional e Teoria da Constituição.* 4. ed. Coimbra: Almedina, 2000. p. 225. STARCK, Christian. A dignidade humana como garantia constitucional: o exemplo da Lei Fundamental Alemã. Traduzido por: Rita Dostal Zanini. In: SARLET, Ingo Wolfgang (Org.). *Dimensões da Dignidade. Ensaios de Filosofia do Direito e Direito Constitucional.* 2º edição. Porto Alegre: Livraria do Advogado, 2009. p. 208.

(autonomia individual) prevalecendo sobre a propriedade.[131] Sob tal enfoque, merece destaque o conceito elaborado por Sarlet:[132]

> Temos por dignidade da pessoa humana a qualidade intrínseca e distintiva reconhecida em cada ser humano que o faz merecedor do mesmo respeito e consideração por parte do Estado e da comunidade, implicando, neste sentido, um complexo de direitos e deveres fundamentais que assegurem a pessoa tanto contra todo e qualquer ato de cunho degradante e desumano, como venham a lhe garantir as condições existenciais mínimas para uma vida saudável, além de propiciar e promover sua participação ativa e co-responsável nos destinos da própria existência e da vida em comunhão com os demais seres humanos.

Assim, não há como desconsiderar que a dignidade humana é a mais importante garantia de promoção e manutenção de condições para o desenvolvimento das potencialidades do indivíduo – garantia que vincula os indivíduos entre si,[133] bem como a atividade pública a conteúdos, formas e procedimentos que se encontrem em sintonia com o Estado de Direito,[134] e com seus alicerces, quais sejam a liberdade e a igualdade.

2.3.2. A eficácia da dignidade humana

No tocante à sua eficácia como princípio jurídico, a dignidade humana possui uma dúplice dimensão – prestacional, revelada com base em um dever de apoio e de assistência com vistas a garantir as circunstâncias ou condições essenciais da pessoa; e defensiva, revelada com base em um direito (negativo), contra a intervenção que venha a prejudicar as circunstâncias ou condições essenciais da pessoa.[135]

Na sua dimensão prestacional, a dignidade é tarefa ou dever[136] dos poderes estatais e da comunidade em geral. Como tarefa imposta ao Poder Público, este tem como meta a preservação e a promoção da dignidade, criando condições para o seu pleno exercício/fruição.[137] Frente

---

[131] MIRANDA, Jorge. *Manual de Direito Constitucional.* Tomo IV. Direitos Fundamentais. 3. ed. Coimbra: Coimbra, 2000. p. 183-4.

[132] SARLET, Ingo Wolfgang. *Dignidade da Pessoa Humana e Direitos Fundamentais na Constituição Federal de 1988.* 6. ed. Porto Alegre: Livraria do Advogado, 2008. p.63.

[133] Idem. p.119.

[134] CANOTILHO, J.J. Gomes. *Direito Constitucional e Teoria da Constituição.* 4. ed. Coimbra: Almedina, 2000. p. 248.

[135] Neste sentido: BEYLEVELD, Deryck; BROWNSWORD, Roger. *Human Dignity in Bioethics and Biolaw.* Oxford: Oxford University Press, 2004. p. 15.

[136] HÄBERLE, Peter. A dignidade humana como fundamento da comunidade estatal. Traduzido por: Ingo Wolfgang Sarlet e Pedro Scherer de Mello Aleixo. In: SARLET, Ingo Wolfgang (Org.). *Dimensões da Dignidade. Ensaios de Filosofia do Direito e Direito Constitucional.* 2. ed. Porto Alegre: Livraria do Advogado, 2009. p. 81.

[137] SARLET, Ingo Wolfgang. *A Eficácia dos Direitos Fundamentais.* 10. ed. Porto Alegre: Livraria do Advogado, 2009. p. 102.

a isso, a dignidade impõe condutas positivas à comunidade, bem como ao Estado.[138]

Em decorrência desse ponto de vista, o STF reconheceu a constitucionalidade do art. 5º da Lei de Biossegurança (Lei 11.105/2005), justificando que a pesquisa com células-tronco embrionárias realiza a dignidade humana, pois busca a preservação da vida e a proteção da saúde, como meio de enfrentamento e cura de muitas das doenças que degradam a população brasileira.[139] Em outro julgamento, o STF reconheceu a constitucionalidade da Lei 8.899/1994, que estabelece políticas públicas – providências a serem adotadas pelo Estado – para inserir os portadores de necessidades especiais na sociedade, como forma de humanização das relações sociais e de promoção do direito fundamental à igualdade; tudo isso, em prol da dignidade humana daqueles que detêm carências especiais. Em ambos os casos, a Corte observou a dignidade como um dever do Estado, seja no tocante à promoção de melhorias nas condições de pesquisas ligadas à saúde, seja no tocante à promoção da igualdade e da inserção social.

Na sua dimensão defensiva, a dignidade é limite para os poderes estatais e para a comunidade em geral. Como limite à atividade do Poder Público, a dignidade é inerente à pessoa. Não pode ser perdida nem alienada; deixando de existir, não haveria mais limite a ser observado. Nessa dimensão a dignidade impõe um dever de abstenção ao Estado.[140]

Pautado nessa perspectiva, STF vem reconhecendo a existência de limites frente aos excessos cometidos pelo Estado. Em matéria penal, por exemplo, a Corte promoveu a adequação do disposto no art. 44 da Lei 11.343/2006 – que determina inafiançáveis e insuscetíveis à liberdade provisória crimes envolvendo o tráfico de drogas – ao direito fundamental à liberdade, à presunção de inocência e ao devido processo legal, reconhecendo, em prol da dignidade humana, a possibilidade ao réu de apelar em liberdade.[141]

2.3.3. Análise crítica

Nas relações envolvendo o Direito Tributário, a dignidade orienta os limites ao poder de tributar. A imposição tributária não é absoluta.

---

[138] SARLET, Ingo Wolfgang. *Dignidade da Pessoa Humana e Direitos Fundamentais na Constituição Federal de 1988*. 6. ed. Porto Alegre: Livraria do Advogado, 2008. p. 114-5.

[139] STF. *ADI 3.510*, Pleno. Rel. Min. Ayres Britto. DJe de 28/5/2010.

[140] SARLET, Ingo Wolfgang. *Dignidade da Pessoa Humana e Direitos Fundamentais na Constituição Federal de 1988*. 6. ed. Porto Alegre: Livraria do Advogado, 2008. p. 114-5.

[141] STF. *HC 101.505*. Segunda Turma. Rel. Min. Eros Grau, DJe de 12/02/2010.

Os limites expressos no Texto, a exemplo da legalidade e da vedação ao tratamento discriminatório, tem sua concretização orientada pela diretriz material da dignidade humana. A prática da soberania materializada pelo exercício da competência tributária não se encontra delimitada apenas nas regras próprias ao subsistema tributário; encontra-se também delimitada pelo próprio fundamento do sistema constitucional: a dignidade humana.[142]

No Direito Tributário, a dignidade, enquanto princípio, possui também dúplice eficácia. A garantia da dignidade tem função de cunho positivo, ao determinar condutas a serem adotadas, tanto pelo intérprete quanto pelo legislador, para a promoção desse ideal. Nessa linha, a própria justificativa do dever de pagar tributos,[143] como forma de captação de recursos para a promoção dos direitos fundamentais, tem fundamento na dignidade humana tomando por base sua dimensão prestacional.

A dignidade humana tem também função de cunho negativo.[144] Atua de forma defensiva, como limite ao poder estatal, nos casos em que a tributação venha a atingir os requisitos mínimos a uma existência digna – impedindo o desenvolvimento da personalidade do cidadão, ou penetrando na esfera de sua intimidade.[145]

Pois, sob tal perspectiva, o reconhecimento da dignidade como fundamento à essencialidade poderia justificar-se mediante a utilização do seguinte argumento: o de que tal princípio deve ser observado na graduação de todos os impostos, inclusive em relação aos impostos indiretos, como fator de proteção do denominado mínimo existencial. Dito de outro modo, a dignidade humana, que visa sobretudo à garantia de condições mínimas ao indivíduo, justificaria o afastamento ou a minoração da tributação sobre o básico, aquilo que seria essencial para a vida, respeitada ainda a propriedade e a liberdade.[146]

---

[142] CASALTA NABAIS, José. *O Dever Fundamental de Pagar Impostos*. Coimbra: Almedina, 2004. p. 57.

[143] BUFFON, Marciano. *Tributação e Dignidade Humana: Entre Direitos e Deveres Fundamentais*. Porto Alegre: Livraria do Advogado, 2009. p. 125.

[144] O STF, nas relações tributárias, tem atribuído pouca significância a dignidade. Mas tem reconhecido a dignidade, como norma que dá fundamento a algumas limitações impostas ao poder de tributar, a exemplo da vedação de confisco em matéria tributária. Neste sentido: "A proibição constitucional do confisco em matéria tributária nada mais representa senão a interdição, pela Carta Política, de qualquer pretensão governamental que possa conduzir, no campo da fiscalidade, à injusta apropriação estatal, no todo ou em parte, do patrimônio ou dos rendimentos dos contribuintes, comprometendo-lhes, pela insuportabilidade da carga tributária, o exercício do direito a uma existência digna, ou a prática de atividade profissional lícita ou, ainda, a regular satisfação de suas necessidades vitais (educação, saúde e habitação, por exemplo)". STF. *ADI 2.010 MC/DF*. Pleno. Rel. Min. Celso de Mello. DJ de 12/04/2002, p. 51. Ementário vol. 2064-01, p. 86.

[145] TORRES, Ricardo Lobo. Direitos Humanos e Direito Comunitário. In: TÔRRES, Heleno Taveira (Org.). *Direito Tributário Internacional Aplicado*. Vol. II. São Paulo: Quartier Latin, 2004. p. 223.

[146] CARRAZZA, Roque Antonio. *Curso de Direito Constitucional Tributário*. 22. ed. São Paulo: Malheiros, 2006. p. 96-100.

Todavia, a dignidade como um limite do sistema não lhe garante o *status* de fundamento à essencialidade. Nesse caso, a dignidade apenas orienta a concretização da essencialidade pela identificação de parâmetros para a definição de mercadorias e serviços essenciais e, consequentemente, para a garantia da igualdade.

Em torno dessas ideias, podemos considerar que a dignidade como parâmetro em relação à essencialidade tem eficácia apenas no que tange ao estabelecimento de uma orientação para identificação de seus graus – os graus de essencialidade. Uma tributação excessiva sobre um produto essencial justifica o reconhecimento à violação do princípio da essencialidade, não pelo fato de a norma ofender a dignidade humana, mas sim por afronta ao dever de igualdade.

A dignidade humana, portanto, não é fundamento da essencialidade. É parâmetro que justifica e orienta a identificação das mercadorias e serviços em razão de seu grau de essencialidade – dignidade como princípio que norteia a identificação de mercadorias e serviços essenciais. O que se percebe, em última análise, é que a essencialidade, na tributação sobre o consumo, tem como fundamento – e é concretizada – de forma direta, com base na igualdade, como será a seguir demonstrado.

Essencialidade Tributária

II – Parte sistemática

1. A igualdade como fundamento da norma de essencialidade tributária

Como verificado, o que dá fundamento à essencialidade tributária não é o princípio da capacidade contributiva, nem a necessidade de orientação de condutas por parte do cidadão por meio da extrafiscalidade, ou o princípio da dignidade da pessoa humana. Diferentemente dos pontos de vista já apresentados, a essencialidade tributária estabelece-se, como norma, em razão do dever de promoção da igualdade, que na relação não deve ser levado a efeito apenas entre pessoas, mas também entre as mercadorias e os serviços que sofrem o ônus fiscal na tributação sobre o consumo.

Diante de tal afirmativa, que será à frente comprovada, cumpre, de imediato, que se examine a igualdade na sua dimensão jurídica, seus elementos e, como descreve Pérez Luño, a sua função fundamentadora,[147] hipótese em que a igualdade justifica a existência de outras normas constitucionais, em especial a existência da norma da essencialidade tributária.

1.1. As dimensões da igualdade

Diferentemente do que se tem observado atualmente, não é novidade a identificação da igualdade como uma relação entre sujeitos.[148]

---

[147] No caso da essencialidade, a igualdade exerce duas das funções destacadas por Pérez Luño: a primeira, a *função fundamentadora*, quando a igualdade justifica outras disposições constitucionais, e assim a própria norma da essencialidade; a segunda, a *função orientadora*, quando a igualdade estabelece metas ou fins a serem perseguidos, o qual, em concreto, na tributação de cunho fiscal, é representado pela distribuição equânime do ônus, entre as mercadorias e serviços suscetíveis ao imposto de consumo. PÉREZ LUÑO, Antonio Enrique. *Dimensiones de la Igualdad*. 2. ed. Madrid: Dykinson, 2007. p. 85.

[148] "El concepto de igualdad implica una dimensión relacional. La pluralidad de su alcance se explicita en relaciones bilaterales o multilaterales. No existe igualdad donde no se establece un determi-

A própria igualdade proporcional de Aristóteles importava na concessão de direitos aos homens na medida de suas qualidades, tomando por base um exercício de comparação.[149] A igualdade, por isso, é seletiva,[150] ou seja, sempre dependerá de uma seleção entre pessoas ou coisas; e, como afirma Pontes de Miranda,[151] é "coisa a realizar-se", pois envolve invariavelmente um juízo de comparação, decorrente da faculdade de equiparar ou de discriminar,[152] que lhe é inerente.[153]

A grande questão da atualidade, portanto, não é a de conceituar a igualdade, porque isso há muito tempo já vem sendo feito sob os mais diversos enfoques.[154] O que importa é definir o seu modo de realização sob o ponto de vista jurídico; para tanto, é necessário que se investigue sobretudo os elementos que, integrando a sua estrutura, são necessários à sua promoção.[155]

A igualdade jurídica é identificada pela doutrina como de dúplice dimensão:[156] as normas gerais de igualdade possuem tanto uma faceta

---

nado nexo entre varios entes. En un supuesto de entes aislados e incomunicados no cabe establecer juicios de igualdad". PÉREZ LUÑO, Antonio Enrique. *Dimensiones de la Igualdad*. 2. ed. Madrid: Dykinson, 2007. p. 18. Sobre a igualdade como relação, vide, ainda: WESTEN. Peter. *Speaking Of Equality: An analysis of the rhetorical force of equality in moral and legal discourse*. Princeton: Princeton University Press, 1990. p. 39 e 63. CANOTILHO, J.J. Gomes. *Direito Constitucional e Teoria da Constituição*. 4. ed. Coimbra: Almedina, 2000. p. 418. COMPARATO, Fábio Konder. Precisões Sobre os Conceitos de Lei e de Igualdade Jurídica. In: *Revista dos Tribunais*. V. 87. N° 750. São Paulo: Revista dos Tribunais, 1998. p. 18. KELSEN, Hans. *A Justiça e o Direito Natural*. Coimbra: Almedina, 2001. p. 90.

[149] ARISTOTLE. *Nicomachean Ethics*. New Jersey: Prentice Hall, 1999. Livro V, p. 112-114.

[150] BARROZO, Paulo Daflon. A Idéia de Igualdade e as Ações Afirmativas. In: *Lua Nova Revista de Cultura e Política*. n° 63. São Paulo: Cedec, 2004. p. 107.

[151] MIRANDA, Pontes de. *Democracia, liberdade, igualdade*: os três caminhos. São Paulo: José Olympio, 1945. p. 490. Na mesma linha: BECKER, Alfredo Augusto. *Teoria Geral do Direito Tributário*. 3. ed. São Paulo: Lejus, 1998. p. 195.

[152] Neste sentido, SEN, Amartya. *A Idéia de Justiça*. Traduzido por: Denise Bottmann, Ricardo Doninelli Mendes. São Paulo: Companhia das letras, 2011. p. 325.

[153] DÓRIA. Antonio Roberto Sampaio. *Princípios Constitucionais Tributários e a Cláusula Due Processo of Law*. São Paulo: Revista dos Tribunais, 1964. p. 183.

[154] Cf. Dworkin, *"There are two different sorts of rights they may be said to have. The first is the right to equal treatment, which is the right to an equal distribution of some opportunity or resource or burden. The second is the right to treatment as an equal, which i the right, not to receive the same distribution of some burden or benefit, but to be treated with the same respect and concern as any-one else"*. DWORKIN, Ronald. *Taking Rights Seriously*. Cambridge: Harvard University Press. 17. ed. 1999. p. 227. Ainda, nas mais variadas perspectivas, podemos citar, WESTEN. Peter. *Speaking Of Equality: An analysis of the rhetorical force of equality in moral and legal discourse*. Princeton: Princeton University Press, 1990. p. 59-63. ALEXY, Robert. *Teoria dos Direitos Fundamentais*. Traduzido por: Virgílio Afonso da Silva. São Paulo: Malheiros, 2008. p. 396-400. RAWLS, John. *A Theory of Justice*. Cambridge: The Belknap Press of Harvard University Press, 1999. p. 53-4.

[155] Neste sentido, inclusive, é que Bobbio aponta que a igualdade não é uma fórmula fechada, dependendo sempre, seu significado, de um preenchimento, obtido através da resposta a pergunta: Todos são iguais, sim; mas em quê? BOBBIO, Norberto. *Igualdad y libertad*. Barcelona: Ediciones Paidós I.C.E. de la Universidad Autónoma de Barcelona, 1993. p. 68-70.

[156] PÉREZ LUÑO, Antonio Enrique. *Dimensiones de la Igualdad*. 2. ed. Madrid: Dykinson, 2007. p. 19

formal, quanto uma faceta material.[157] No caso, para demonstrar que a igualdade confere fundamento à essencialidade, importa investigar a igualdade na sua dimensão material, ou, como denomina parte da doutrina, a igualdade prescritiva.[158] Antes disso, porém, apenas para que fique clara tal distinção, cumpre uma pequena análise da igualdade na sua dimensão formal.

1.1.1. A dimensão formal da igualdade

A igualdade formal, também denominada igualdade perante a lei,[159] assegura a aplicação uniforme da lei entre os sujeitos para os quais ela (a lei) foi dirigida.[160] No juízo de igualdade perante a lei, portanto, o que se verifica é se o trato aplicado aos sujeitos está em conformidade com o definido pela norma; em tal dimensão, a igualdade impõe paridade de tratamento de acordo com o previsto na legislação, na aplicação do direito.[161]

Ou seja: os cidadãos, desde que se encontrando em situação equânime, têm garantido, com base na igualdade formal, a aplicação universal da lei, sem distinção.[162] Essa dimensão, entretanto, não concretiza a

---

[157] A distinção entre igualdade formal e material é verificada em razão da presença de variáveis lastreadas em disposições constitucionais (no caso da igualdade material). O conceito de igualdade formal, todavia, não entra em choque com o de igualdade material, já que na igualdade formal todos os sujeitos encontram-se em paridade de posição, pois as variáveis não estão determinadas, o que justifica que todos se encontrem situados igualmente. Em sentido semelhante, "It is important to emphasize that horizontal equity is concerned with individuals who are "similarly situated," not with those who are "identically situated". Tautologically, any conceivable tax arrangement will treat identically situated taxpayers equally. If the tax burden, for instance, falls more heavily on one group of taxpayers because their income, consumption patterns, marital status or place of residence are different than those of another group, then by definition the members of the two groups are not identically situated". ELKINS, David. Horizontal Equity as a Principle of Tax Theory. In: Yale Law & Policy Review. Vol. 24, n. 1. New Haven: Yale Law School, 2006. p. 44. Vide, ainda, DERZI, Mizabel. Notas. In: BALEEIRO, Aliomar. Limitações Constitucionais ao Poder de Tributar. 7. ed. Rio de Janeiro: Forense, 1999. p. 530.

[158] WESTEN. Peter. Speaking Of Equality: An analysis of the rhetorical force of equality in moral and legal discourse. Princeton: Princeton University Press, 1990. p. 59-63.

[159] A igualdade perante a lei, define Uckmar, consiste na aplicação igual da lei para aqueles que se encontram em situação idêntica, bem como na vedação ao estabelecimento de exceções ou privilégios que excluam, em favor de um, aquilo que é imposto a outros, quando todos se encontram em idênticas circunstâncias. UCKMAR, Victor. Princípios Comuns de Direito Constitucional Tributário. Traduzido por: Marco Aurélio Greco. São Paulo: Revista dos Tribunais, 1976. p. 56

[160] A igualdade perante a lei está prevista nas mais variadas Constituições estrangeiras, a exemplo da Italiana (art. 3º), da Espanhola (art. 14), e da Portuguesa (art. 13), bem como no art. 20 da Carta dos Direitos Fundamentais da União Europeia (elaborada em Nice, em 07/12/2000 e publicada no Jornal Oficial das Comunidades Europeias em 18/12/2000).

[161] PÉREZ LUÑO, Antonio Enrique. Dimensiones de la Igualdad. 2. ed. Madrid: Dykinson, 2007. p. 19. No mesmo sentido, CANOTILHO, J.J. Gomes. Direito Constitucional e Teoria da Constituição. 4. ed. Coimbra: Almedina, 2000. p. 416.

[162] Neste sentido, Bobbio afirma que das diferentes interpretações históricas da máxima que proclamam a igualdade de todos os homens a única universalmente reconhecida é a que afirma que

igualdade em face do sistema, ou dos fins definidos pelo sistema. Aqui, a igualdade surge com o bom, ou com o correto, emprego da lei,[163] e não graças à elaboração de uma lei que visa à promoção ou à garantia de estados de igualdade.

Dito isso, cabe afirmar que a igualdade formal impõe um estado de paridade na aplicação da norma. Por isso, mesmo uma lei que contenha uma discriminação injustificada resistiria ao exame da igualdade perante a lei, bastando para tanto que o aplicador dessa lei observe o que por ela estava prescrito.

1.1.2. A dimensão material da igualdade

A igualdade material, também denominada de igualdade na lei, assegura a elaboração de leis que, considerando as desigualdades presentes no sistema, promova não apenas o tratamento paritário, mas, conforme o caso, também um tratamento diferenciado, sem que isso importe na promoção de discriminações arbitrárias.[164] Como define Canotilho,[165] ao denominar a igualdade material de igualdade quanto à criação do direito, "ser igual perante a lei não significa apenas aplicação igual da lei. A lei, ela própria, deve tratar por igual todos os cidadãos".

A igualdade material, ou a igualdade em atenção a padrões prescritivos,[166] na perspectiva do sistema constitucional surge, portanto, não como um valor, mas como um instrumento de concretização dos valores, o que justifica, na dicção de Pérez Luño, a aproximação da igualdade frente à liberdade, à justiça e ao bem comum como instrumento para o desenvolvimento ético e social da humanidade.[167]

"todos os homens são iguais perante a lei", ou dito de outra forma "a lei é igual para todos". BOBBIO, Norberto. *Igualdad y libertad*. Barcelona: Ediciones Paidós I.C.E. de la Universidad Autónoma de Barcelona, 1993. p. 70-71.

[163] Kelsen afirma que a norma da igualdade pressupõe tão somente tratos paritários, sem que sejam consideradas as desigualdades de fato existentes, as quais seriam irrelevantes para fins de promoção do princípio da igualdade perante a lei. KELSEN, Hans. *A Justiça e o Direito Natural*. Coimbra: Almedina, 2001. p. 84-5.

[164] WESTEN. Peter. *Speaking Of Equality: An analysis of the rhetorical force of equality in moral and legal discourse*. Princeton: Princeton University Press, 1990. p. 76.

[165] CANOTILHO, J. J. Gomes. *Direito Constitucional e Teoria da Constituição*. 4. ed. Coimbra: Almedina, 2000. p. 417.

[166] Alguns autores diferenciam a igualdade em prescritiva e descritiva, com base nos padrões eleitos como critério de comparação. Peter Westen identifica que os filósofos modernos não estão falando da igualdade prescritiva, apesar de estarem usando padrões prescritivos como linhas de base. WESTEN. Peter. *Speaking Of Equality: An analysis of the rhetorical force of equality in moral and legal discourse*. Princeton: Princeton University Press, 1990. p. 59

[167] PÉREZ LUÑO, Antonio Enrique. *Dimensiones de la Igualdad*. 2. ed. Madrid: Dykinson, 2007. p. 16. Vide ainda, neste sentido, a exigência da igualdade como pressuposto da liberdade, em

A diferença da igualdade em relação aos valores, ensina Lobo Torres,[168] é verificada também em razão de sua polaridade: a negação ao tratamento igualitário, diferentemente da negação aos valores – liberdade, segurança, etc. – pode não importar em um estado de injustiça, mas sim na própria afirmação dessa,[169] já que nem sempre o tratamento desigual é contrário à igualdade.[170] Por isso, inclusive, é que o Professor afirma em sua obra que "a igualdade transcende a justiça".

Com base no que até agora foi exposto, insta afirmar que não basta que a lei seja aplicada (ou interpretada) uniformemente em relação àqueles que já são originalmente seus sujeitos; ela deve, ainda, estar em sintonia com o sistema – a garantia da igualdade na dimensão material decorre da atenção a critérios de comparação que, ao tempo da elaboração (e para a elaboração) da norma, revelem-se justificáveis perante o Texto Constitucional. Não se pode ignorar, portanto, que a igualdade material é garantida diante da ausência de distinções injustificadas perante o sistema, no conteúdo da lei.[171]

É possível compreender a diferença apontada com base em um exemplo. É editada uma lei que veda, para os cidadãos, o exercício do direito de voto a partir dos 50 anos, sob a justificativa de que, após tal idade, homens e mulheres teriam uma diminuição na capacidade de discernimento, o que poderia refletir numa interpretação equivocada das propostas dos candidatos, no processo eleitoral. Submetida ao controle de constitucionalidade da igualdade formal, essa lei é declarada válida, sob o argumento de que todas as pessoas, que se encontrem em grupos

---

ROUSSEAU, Jean Jacques. *Du Contrat Social ou Principes du Droit Politique*. Livre II. Chap XI. Paris: Garnier, 1954. p. 269.

[168] TORRES, Ricardo Lobo. *Tratado de Direito Constitucional, Financeiro e Tributário*. 3. ed. Vol 3. Rio de Janeiro: Renovar, 2005. p. 349.

[169] Nesse ponto, convém destacar a convergência – tanto do ideal de Aristóteles em: ARISTOTLE. *Nicomachean Ethics*. New Jersey: Prentice Hall, 1999. p. 112-114, quanto da teoria desenvolvida por John Rawls em: RAWLS, John. *A Theory of Justice*. Cambridge: The Belknap Press of Harvard University Press, 1999. p. 47-58 – no sentido da vinculação da igualdade à ideia de justiça. É similar, nesse ponto, também o defendido por Norberto Bobbio, ao afirmar que o conceito de igualdade vem quase sempre acompanhado dos conceitos de justiça e liberdade, se confundindo muitas vezes entre eles. BOBBIO, Norberto. *Igualdad y libertad*. Barcelona: Ediciones Paidós I.C.E. de la Universidad Autónoma de Barcelona, 1993. p. 53 e 67-8. Na doutrina nacional, Hugo de Brito Machado afirma que a isonomia é princípio geral de justiça; para o autor, o isonômico é o justo. MACHADO. Hugo de Brito. *Curso de Direito Tributário*. 31. ed. São Paulo: Malheiros, 2010. p. 292.

[170] TORRES, Ricardo Lobo. *Tratado de Direito Constitucional, Financeiro e Tributário*. 3. ed. Rio de Janeiro: Renovar, 2005. p. 341.

[171] ALEXY, Robert. *Teoria dos Direitos Fundamentais*. Traduzido por: Virgílio Afonso da Silva. São Paulo: Malheiros, 2008. p. 399. Nesse sentido, ainda, o STF: "Para isso, é necessário verificar se o critério discriminatório é natural e razoável, ou em outras palavras, se guarda ele pertinência lógica com a disparidade de tratamento estabelecida entre os partidos; se a distinção é 'pertinente em função dos interesses constitucionalmente protegidos'[...]". Trecho de voto do Relator. STF. *ADI-MC 1.355-6*. Pleno. Rel. Min. Ilmar Galvão. DJ de 23/02/1996, p. 3623. Ementário vol. 1817-01, p. 190.

Essencialidade Tributária

com faixas etárias predefinidas, estão sendo tratadas de forma igual perante a lei – até 50 anos, um tratamento; acima de 50 anos, outro tratamento.

O exame realizado, no entanto, é superficial em termos de concretização da igualdade jurídica. E tal conclusão decorre da resposta ao seguinte questionamento: há justificativa constitucional para que se promova a distinção baseada no critério idade, no que tange ao exercício do direito de voto? Pois a resposta é simples: não. Ponto crucial é que aquela lei viola a igualdade na sua dimensão material, pois não há sintonia entre o critério adotado (idade), o fator de diferenciação eleito (50 anos), e o fim a ser promovido (garantia de discernimento) perante a Constituição.[172] O presente exemplo nos mostra, assim, que não basta que a lei seja aplicada com igualdade; ela deve ser elaborada com vistas à promoção da igualdade.

Tal perspectiva pode, da mesma forma, ser aplicada em relação à tributação sobre o consumo, se a intenção não for orientar condutas (extrafiscal): determinada lei estabelece que a alíquota de alguns produtos, necessários à alimentação da população, é reduzida em razão de características dos estabelecimentos que os disponibilizam ao consumidor – comércios que têm como objeto apenas a venda dessas mercadorias tributam-nas de forma mais branda, enquanto grandes centros de compras, onde há diversificação em relação ao número de produtos oferecidos à população, tributam-nas com alíquotas elevadas. Em relação ao exame da igualdade perante a lei, essa norma seria considerada constitucional, já que garante um tratamento paritário para integrantes de um mesmo grupo (o grupo das empresas cujo objeto é apenas a circulação de produtos que integrem a cesta básica, por exemplo). Entretanto, à luz da igualdade material, essa lei seria declarada inconstitucional. Isso porque não há justificativa na Lei Fundamental para que, em relação à tributação sobre o consumo de cunho fiscal, promova-se uma distinção em razão do número ou da diversidade de mercadorias comercializadas nos estabelecimentos – a distinção, nesse caso, para a promoção da igualdade perante a Constituição deve ocorrer em atenção à essencialidade da mercadoria (necessária à alimentação, ou não), e não, como já apontado, em relação às características do estabelecimento comercial.

Na continuidade dessas constatações o que fica patente é que a igualdade sob o ponto de vista jurídico não garante apenas a aplicação da

---

[172] Esses são três dos elementos que integram a estrutura da igualdade na perspectiva da doutrina. Nesse sentido, vide, por exemplo, BANDEIRA DE MELLO, Celso Antônio. *O Conteúdo Jurídico do Princípio da Igualdade*. 3. ed. São Paulo: Malheiros, 2006. p. 23-42.

lei de forma igual,[173] mas também a elaboração de normas que respeitem e promovam um estado de igualdade perante a Constituição – a exemplo da norma que concretiza a essencialidade tributária –, estabelecendo tratos iguais, ou de idêntico regime fiscal,[174] para mercadorias e serviços iguais, e tratos distintos para mercadorias e serviços diferentes.

Assim, para a formulação de um juízo de igualdade na dimensão material, o critério de comparação entre os sujeitos é extraído da Constituição. Dito de outro modo, os elementos que vão nortear a promoção da igualdade são extraídos do sistema.[175] Assim constata Derzi:[176]

> A determinação das categorias essenciais depende basicamente de uma escala de valores, a partir da qual se pode definir a igualdade concreta. Essa escala de valores está juridicamente definida na Constituição, que contém as decisões historicamente aferíveis como critérios a partir dos quais podemos classificar os seres em iguais ou desiguais.

E justamente sob esse enfoque que a igualdade, que já foi por parte da doutrina definida como um princípio vazio,[177] é preenchida com base no conteúdo axiológico da Constituição.[178] [179] Corroborando com isso, Canaris[180] aduz que:

---

[173] Segundo Canotilho, "reduzido a um sentido formal, o princípio da igualdade acabaria por se traduzir em um simples *princípio de prevalência da lei* em face da jurisdição e da administração. Consequentemente, é preciso delinear os contornos do princípio da igualdade em sentido material". CANOTILHO, J. J. Gomes. *Direito Constitucional e Teoria da Constituição*. 4. ed. Coimbra: Almedina, 2000. p. 417-8.

[174] Conforme Uckmar, a igualdade perante os gravames fiscais pode ser entendida em dois sentidos: em sentido jurídico e em sentido econômico. Em sentido jurídico, a igualdade impõe paridade de posição, "de modo que os contribuintes, que se encontrem em idênticas situações, sejam submetidos a idêntico regime fiscal". UCKMAR, Victor. *Princípios Comuns de Direito Constitucional Tributário*. Traduzido por: Marco Aurélio Greco. São Paulo: Revista dos Tribunais, 1976. p. 54.

[175] Claus-Whilhelm Canaris define o sistema jurídico como "uma ordem axiológica ou teleológica de princípios gerais de Direito, na qual o elemento de adequação valorativa se dirige mais à característica de ordem teleológica e o da ordem interna à característica dos princípios gerais". CANARIS, Claus Wilhelm. *Pensamento Sistemático e Conceito de Sistema na Ciência do Direito*. 2. ed. Lisboa: Fundação Calouste Gulbenkian, 1996. p. 77-8. Nesse sentido, também Juarez Freitas conceitua o sistema jurídico como "uma rede axiológica e hierarquizada topicamente de princípios fundamentais, de normas escritas (ou regras) e de valores jurídicos cuja função é a de, evitando ou superando antinomias em sentido *lato*, dar cumprimento aos objetivos justificadores do Estado Democrático, assim como se encontram consubstanciados, expressa ou implicitamente, na Constituição. FREITAS, Juarez. *A interpretação Sistemática do Direito*. 4. ed. São Paulo: Malheiros, 2004. p. 54.

[176] DERZI, Mizabel. Notas. In: BALEEIRO, Aliomar. *Limitações Constitucionais ao Poder de Tributar*. 7. ed. Rio de Janeiro: Forense, 1999. p. 527.

[177] TORRES, Ricardo Lobo. *Tratado de Direito Constitucional, Financeiro e Tributário*. 3. ed. Rio de Janeiro: Renovar, 2005. p. 346. TABOADA, Carlos Palao. El Principio de Capacidad Contributiva Como Criterio de Justicia Tributaria: Aplicación a Los Impuestos Directos e Indirectos. In: TÔRRES, Heleno Taveira (Coord.). *Tratado de Direito Constitucional Tributário: Estudos em Homenagem a Paulo de Barros Carvalho*. São Paulo: Saraiva, 2005. p. 289.

[178] "[...] o direito deve distinguir pessoas e situações distintas entre si, a fim de conferir tratamentos normativos diversos a pessoas e a situações que não sejam iguais". STF. *ADI 3.105/DF*. Pleno. Voto do Min. Eros Grau. DJ de 18/02/2005. Ementário vol. 2180-2.

[179] Nesse sentido, Aliomar Baleeiro, na clássica obra Limitações Constitucionais ao Poder de Tributar, já defendia que a igualdade não tolera discriminação que não esteja de acordo com critérios ra-

---

Essencialidade Tributária

As normas contrárias ao sistema podem, por causa da contradição de valores nelas incluída, atentar contra o princípio constitucional da igualdade e, por isso, serem nulas. De facto, o Tribunal Constitucional manifestou-se, também, diversas vezes neste sentido e, por exemplo, considerou nula uma norma com a fundamentação de que o legislador se afastou do seu próprio princípio, sem que houvesse razões bastantes e materialmente figuráveis para esta contrariedade ao sistema.

Em que pese, todavia, o aqui verificado, a igualdade muitas vezes não tem sido juridicamente analisada com base em elementos prescritivos. O STF, ao examinar a constitucionalidade do inciso XIII do art. 9º, da Lei 9.317/96, que excluía a opção pelo regime do Sistema de Pagamento de Impostos e Contribuições das Microempresas e Empresas de Pequeno Porte para algumas categorias profissionais (advogados e contadores, por exemplo), não reconheceu o argumento de violação à igualdade, simplesmente em razão de entender que a vedação, naquele caso, a opção, não se constituía de uma "discriminação arbitrária".[181] Na hipótese, entendeu a maioria dos Julgadores que, por motivos extrafiscais, poderia ser adotada a distinção, tida como razoável, como forma de promoção do interesse social de algumas atividades supostamente hipossuficientes; mas isso, ainda que a medida adotada para diferenciar, segundo a Constituição, fosse o porte – o fato de ser micro ou pequena empresa (e não o tipo de atividade), e o critério, para tal aferição, eleito pela Lei, fosse a receita bruta.[182] [183]

Em outro processo, ao examinar a constitucionalidade de dispositivo legal que aumentou em um ponto percentual a Contribuição Para o Financiamento da Seguridade Social (COFINS), e autorizou a compensação de até um terço de seu valor com a Contribuição Social Sobre o Lucro Líquido (CSLL) apenas para um grupo de empresas – as que tinham lucro –, o STF mais uma vez não reconheceu o argumento de violação ao princípio da igualdade. No caso, a conclusão da maioria dos ministros foi no sentido de que o benefício foi concedido a um grupo de empresas que preenchiam certos requisitos – sendo o principal o de sujeição

---

zoáveis e compatíveis com a Constituição. BALEEIRO, Aliomar. *Limitações Constitucionais ao Poder de Tributar*. 7. ed. Rio de Janeiro: Forense, 1999. p. 520.

[180] CANARIS, Claus Wilhelm. *Pensamento Sistemático e Conceito de Sistema na Ciência do Direito*. 2. ed. Lisboa: Fundação Calouste Gulbenkian, 1996. p. 225.

[181] STF. *ADI 1.643*. Pleno. Rel. Min. Mauricio Corrêa. DJ de 14/03/2003, p. 27. Ementário vol. 2102-01, p. 32.

[182] Votos divergentes, em que se questionava exatamente a desconsideração do fator indicativo do critério de comparação receita bruta, foram proferidos pelos ministros Carlos Velloso, Sepúlveda Pertence e Marco Aurélio. STF. *ADI 1.643*. Pleno. Relator Min. Maurício Corrêa. DJ 14-03-2003, p. 27, EMENT VOL-02102-01, p. 32.

[183] Cf. ÁVILA, Humberto. *Teoria da Igualdade Tributária*. São Paulo: Malheiros, 2008. p. 36/7.

ao pagamento da contribuição –, o que, pelas palavras do Min. Gilmar Mendes, afastava a ideia de "discrímen arbitrário".[184] [185]

Em verdade – e tal aspecto deve ser destacado – o problema, em ambos os casos, é que a igualdade não foi totalmente analisada à luz da Constituição; não foi verificado se o tratamento diverso, ali definido, possuía relação de pertinência com o fim a ser promovido pelo sistema. A igualdade, nos exemplos citados, foi analisada apenas sob o aspecto formal, em relação à aplicação da lei; e, como a aplicação não revelava hipótese de arbitrariedade, não se decidiu pela inconstitucionalidade. Na perspectiva ora apontada, vale consignar a crítica de Hugo de Brito Machado:[186]

> O princípio da isonomia, ou da igualdade jurídica, tem sido muito mal entendido, prestando-se para fundamentar as mais absurdas pretensões. Desatentos para o fato de que as normas jurídicas, no mais das vezes, existem exatamente para estabelecer discriminações, muitos procuram ver no princípio da isonomia um princípio de igualdade absoluta, ou igualdade substancial.

Assim, há que reconhecer que, naquelas hipóteses, foi apenas verificado se o grupo que recebeu o tratamento favorável era diferente dos demais sob um único aspecto: o aspecto eleito pelo legislador ordinário. De outro lado, não foi analisado pela Corte, se o tratamento favorável aplicado ao grupo, ou sob outra ótica se o tratamento desfavorável aplicado aos demais, estava em sintonia com a Constituição. Esses são, pois, dois exemplos de ausência de consideração de elementos prescritivos no exame de igualdade na lei. Em ambos os julgamentos, a análise do STF limitou-se a questões formais – se a lei não era arbitrária, e se estava sendo aplicada com igualdade. Ou seja, não se analisaram os casos em face da igualdade material.

Nos exemplos citados, e em muitos outros casos, a igualdade jurídica tem-se apresentado como mero instrumento de vedação à arbitrariedade (ou de proibição a medidas estatais arbitrárias),[187] o que a tem afastado de sua dimensão material. Tal entendimento, é relevante frisar, tem-se alinhado inclusive com o defendido por parte da doutrina, que entende que o controle da igualdade encontra-se restrito a medidas que

---

[184] STF. *RE 336.134/RS*. Pleno. Rel. Min. Ilmar Galvão. DJ de 16/05/2003, p. 93. Ementário vol. 2110-04, p. 655.

[185] Cf. ÁVILA, Humberto. *Teoria da Igualdade Tributária*. São Paulo: Malheiros, 2008. p. 75/6.

[186] MACHADO. Hugo de Brito. *Os Princípios Jurídicos da Tributação na Constituição de 1988*. 3. ed. São Paulo: Revista dos Tribunais, 1994. p. 53.

[187] Cf. ALEXY, Robert. *Teoria dos Direitos Fundamentais*. Traduzido por: Virgílio Afonso da Silva. São Paulo: Malheiros, 2008. p. 401. CANOTILHO, J. J. Gomes. *Direito Constitucional e Teoria da Constituição*. 4. ed. Coimbra: Almedina, 2000. p. 419.

Essencialidade Tributária

importem apenas na privação de liberdades básicas, na injustiça e na insegurança.[188]

Essa forma superficial de concretização da igualdade, dissociada de sua dimensão material, não vem ocorrendo apenas no Brasil. Na União Europeia, a exemplo da Espanha, o Tribunal Constitucional tem vinculado a ideia de violação à igualdade, quando verificada uma conduta arbitrária ou injustificada.[189] Diferente não ocorre também na Alemanha[190] e na Itália, onde a violação à igualdade está diretamente associada à arbitrariedade e à ausência de razoabilidade, critérios que terminam por conferir um grau elevado de liberdade de conformação ao legislador, importando, ao fim e ao cabo, em uma análise apenas de adequação frente aos limites externos de competência – os limites à arbitrariedade do legislador.[191]

Como se vê, inúmeras vezes não se adota um parâmetro jurídico material para a concretização do dever de igualdade. Em tais casos, resolve-se a equação da igualdade apenas em parte. Ou seja, apenas com base em uma hipótese normativa;[192] ou exclusivamente, como definiu Uckmar,[193] com base em um ideal de "paridade de posição com exclusão de qualquer privilégio de classe, religião e raça".

Nessas hipóteses, a teoria baseada na proibição de arbitrariedade termina por desconsiderar os critérios adotáveis para a comparação, já que o que estaria a concretizar o tratamento desigual seria tão somente a presença de uma situação arbitrária, sem que houvesse comparação

---

[188] Ricardo Lobo Torres, por exemplo, defende a ideia de que a igualdade representa sobretudo proibição de arbitrariedade, de excesso ou de desproporção. Em: TORRES, Ricardo Lobo. *Tratado de Direito Constitucional, Financeiro e Tributário*. 3. ed. Rio de Janeiro: Renovar, 2005. p. 344 e 347.

[189] VELLOSO, Andrei Pitten. *O Princípio da Isonomia Tributária: da Teoria da Igualdade ao Controle das Desigualdades Impositivas*. Porto Alegre: Livraria do Advogado, 2010. p. 36-7.

[190] Nesse sentido, Canaris: "Mas sobretudo, é de enfocar que, segundo a jurisprudência constante do Tribunal Constitucional, o artigo 3 I se deve entender no sentido de uma proibição de arbítrio: o princípio da igualdade é violado quando não se possa apontar um fundamento razoável, resultante da natureza das coisas ou materialmente informado para a diferenciação legal ou para o tratamento igualitário, ou mais simplesmente, quando a disposição possa ser caracterizada como arbitrária. Deparam-se, de facto, contradições de valores e, em conseqüência, quebras no sistema em todas as regras que não permitam encontrar...um razoável...fundamento para a diferenciação". CANARIS, Claus Wilhelm. *Pensamento Sistemático e Conceito de Sistema na Ciência do Direito*. 2. ed. Lisboa: Fundação Calouste Gulbenkian, 1996. p. 226.

[191] VELLOSO, Andrei Pitten. *O Princípio da Isonomia Tributária: da Teoria da Igualdade ao Controle das Desigualdades Impositivas*. Porto Alegre: Livraria do Advogado, 2010. p. 36-7.

[192] MACHADO, Hugo de Brito. *Os Princípios Jurídicos da Tributação na Constituição de 1988*. 3. ed. São Paulo: Revista dos Tribunais, 1994. p. 55.

[193] UCKMAR, Victor. *Princípios Comuns de Direito Constitucional Tributário*. Traduzido por: Marco Aurélio Greco. São Paulo: Revista dos Tribunais, 1976. p. 54.

entre casos, pessoas, coisas ou fatos.[194] Andrei Pitten Velloso[195] é enfático ao criticar tal posição:

> Respeitar a proibição de arbitrariedade é uma exigência necessária, mas não suficiente para que se respeite o princípio da igualdade. Esse demanda do legislador mais que a criação de leis não arbitrárias: requer que trate igualmente os iguais e desigualmente os desiguais, desde pontos de vista juridicamente válidos.

Vale ressaltar que, na esfera tributária, não tem sido diferente. Não são apenas nas hipóteses em que se verificam arbitrariedades que se está violando a igualdade jurídica na sua dimensão material. A inobservância da capacidade contributiva nos impostos sobre a renda, da equivalência nas taxas,[196] e da essencialidade na tributação sobre o consumo importam em violação da igualdade prescritiva.

Por tudo isso, não se pode ignorar que a igualdade não se justifica simplesmente mediante a comprovação de inexistência de um tratamento arbitrário pelo legislador ou pelo aplicador da lei. Nesse sentido, inclusive, Andrei Pitten Velloso[197] afirma que

> A conseqüência da teoria da interdição de arbitrariedade em matéria tributária é a inferioridade valorativa do princípio da igualdade frente a fins político-financeiros, econômico-financeiros, sócio-políticos ou de técnica-impositiva, o que não é compatível com o Estado de Direito.

Logo, não é apenas mediante a suspensão de normas ou de interpretações que se revelam arbitrárias que se garantirá um *status* de igualdade. A abolição de privilégios revela, segundo Carrazza,[198] a faceta negativa da igualdade, a faceta formal da igualdade.[199] Todavia, como já verificado, a igualdade tem ainda uma outra dimensão, a qual importa em, por meio do instrumento lei, ora garantir tratamento paritário, ora garantir tratamento diferenciado, de acordo com critérios jurídicos materialmente previstos no sistema.

---

[194] CANOTILHO, J. J. Gomes. *Direito Constitucional e Teoria da Constituição*. 4. ed. Coimbra: Almedina, 2000. p. 419.

[195] VELLOSO, Andrei Pitten. *O Princípio da Isonomia Tributária: da Teoria da Igualdade ao Controle das Desigualdades Impositivas*. Porto Alegre: Livraria do Advogado, 2010. p. 52.

[196] Sobre o tema vide, sobretudo, a obra de VASQUES, Sérgio. *O Princípio da Equivalência como Critério de Igualdade Tributária*. Coimbra: Almedina, 2008. No Brasil, na mesma linha, Andrei Pitten Velloso, ao comentar a jurisprudência do Tribunal Constitucional Espanhol sobre as taxas. VELLOSO, Andrei Pitten. A Teoria da Igualdade Tributária e o Controle de Proporcionalidade das desigualdades de Tratamento. In: *Revista Tributária e de Finanças Públicas*. v. 15. n. 16. São Paulo: Revista dos Tribunais, 2000. p. 48-9.

[197] VELLOSO, Andrei Pitten. *O Princípio da Isonomia Tributária: da Teoria da Igualdade ao Controle das Desigualdades Impositivas*. Porto Alegre: Livraria do Advogado, 2010. p. 51.

[198] Neste sentido: PERLINGIERI, Pietro. *Il Diritto Civile Nella Legalità Costituzionale*. Napoli: Edizioni Scientifiche Italian, 1991. p. 178.

[199] CARRAZZA, Roque Antonio. *Curso de Direito Constitucional Tributário*. 22. ed. São Paulo: Malheiros, 2006. p. 58.

A igualdade jurídica, na sua dimensão material, depende, assim, da identificação de critérios baseados em pontos de vista juridicamente válidos – por isso, a igualdade jurídica é também material, e não meramente formal.[200] Assim, sob uma perspectiva jurídica, nem tudo o que é igual deve ser tratado igualmente, bem como nem tudo o que é diferente deve ser tratado diferentemente.[201]

A questão é, sobretudo, a de identificar grupos ou categorias classificados com base em critérios que reflitam diferenças ou semelhanças,[202] e que estejam em sintonia as finalidades, explícitas ou implícitas, presentes no Texto Constitucional.[203] Nesse sentido, sob o enfoque do Direito Tributário, leciona Bernardo Ribeiro de Moraes:[204]

> Assim, o princípio da igualdade jurídica tributária admite a divisão dos contribuintes em classes ou categorias, desde que feita com devido critério, observadas determinadas normas decorrentes do próprio princípio: todos os contribuintes compreendidos numa mesma categoria ou classe devem receber idêntico tratamento; a classificação em diversas categorias ou classes deve encontrar base real e necessária (deve ter uma razão de ser); a classificação deve excluir toda discriminação arbitrária, oferecendo igualdade de tratamento dentro de cada categoria ou grupo de contribuintes (respeita-se a igualdade da situação tributária). Em caso de desigualdade de condições, a lei tributária deve oferecer tratamento desigual para as respectivas situações diferentes. Todas as pessoas afetadas por um tributo devem ser igualadas dentro da categoria, do grupo ou da classificação.

Sabe-se que sujeitos que integram o mesmo grupo podem ser iguais sob um ponto de vista, mas diferentes sob outro. Homens e mulheres, por exemplo, são iguais com relação ao dever de voto ou ao direito de dirigir; no entanto, são diferentes em relação ao direito de gozo do auxílio maternidade. Assim também ocorre com as mercadorias. Um aparelho de som e um pacote de arroz ou feijão, por exemplo, são iguais em relação aos deveres instrumentais fiscais a que se sujeitam ao circularem (emissão de nota fiscal, lançamento na contabilidade, declarações, etc.).

---

[200] HESSE, Konrad. *Elementos de Direito Constitucional da República Federal da Alemanha*. Traduzido por: Luís Afonso Heck. 20. ed. Porto Alegre: Sergio Antônio Fabris, 1998. p. 335.

[201] Segundo Alexy, o mandado de igualdade na criação do direito exige que todos sejam tratados de forma igual pelo legislador. No entanto, o princípio geral da igualdade dirigido ao legislador não pode exigir que todos devam ser tratados exatamente da mesma maneira, nem tampouco que todos, a partir de variados pontos de vista, são iguais. ALEXY, Robert. *Teoria dos Direitos Fundamentais*. Traduzido por: Virgílio Afonso da Silva. São Paulo: Malheiros, 2008. p. 397. Nesse sentido, ainda, vide SERRANO, Carmelo Losano. *Exenciones Tributarias y Derechos Adquiridos*. Madrid: Tecnos, 1988. p. 27-8.

[202] DÓRIA. Antonio Roberto Sampaio. *Princípios Constitucionais Tributários e a Cláusula Due Processo of Law*. São Paulo: Revista dos Tribunais, 1964. p. 193-4.

[203] Nessa linha, refere inclusive Uckmar, ao comentar os elementos adotados pela Suprema Corte Argentina, para caracterização de um conceito de igualdade jurídica. UCKMAR, Victor. *Princípios Comuns de Direito Constitucional Tributário*. Traduzido por: Marco Aurélio Greco. São Paulo: Revista dos Tribunais, 1976. p. 56.

[204] MORAES, Bernardo Ribeiro de. *Compêndio de Direito Tributário*. Rio de Janeiro: Forense, 1987. p. 412.

São, no entanto, diferentes em relação ao grau de essencialidade, pois o alimento é muito mais essencial do que o aparelho de som.

Por isso, como já anunciado, a igualdade material pressupõe uma relação de comparação.[205] [206] Uma medida que importe em um paralelo entre pessoas ou coisas,[207] com base em um fator ou um elemento,[208] com vistas a atingir um resultado, aqui denominado como fim constitucionalmente protegido.[209] Em outras palavras, a garantia e a promoção da igualdade decorre do vínculo entre a finalidade, o critério adotado e o fator de diferenciação. A respeito desse ponto, vale registrar a lição de Peter Westen:[210]

> Igualdade como nós definimos significa a relação comparativa que se obtém entre duas ou mais pessoas ou coisas distintas em virtude de terem sido conjuntamente medidas por uma norma de comparação e considerados indistinguíveis por referência a esse padrão

Em conclusão, a igualdade é promovida materialmente pela meticulosa interpretação do sistema,[211] como uma garantia do indiví-

---

[205] Nesse sentido: ALEXY, Robert. *Teoria dos Direitos Fundamentais.* Traduzido por: Virgílio Afonso da Silva. São Paulo: Malheiros, 2008. p. 401. Ainda: COMPARATO, Fábio Konder. Precisões Sobre os Conceitos de Lei e de Igualdade Jurídica. In: *Revista dos Tribunais.* v. 87. n. 750. São Paulo: Revista dos Tribunais, 1998. p. 18. BALEEIRO, Aliomar. *Limitações Constitucionais ao Poder de Tributar.* 7. ed. Rio de Janeiro: Forense, 1999. p. 525.

[206] Cf. o STF, "O postulado da igualdade pressupõe a existência de, pelo menos, duas situações que se encontram numa relação de comparação. Essa relatividade do postulado da isonomia leva, segundo tem afirmado Hartmut Maurer, a uma inconstitucionalidade relativa não no sentido de uma inconstitucionalidade menos grave. É que, inconstitucional, não se afigura a norma 'a' ou 'b', mas a disciplina diferenciada das situações". Voto do Min. Gilmar Mendes. STF. *RE 336.134/RS.* Pleno. Rel. Min. Ilmar Galvão, DJ de 16/05/2003, p. 93. Ementário vol. 2110-04, p. 655.

[207] DÓRIA. Antonio Roberto Sampaio. *Princípios Constitucionais Tributários e a Cláusula Due Processo of Law.* São Paulo: Revista dos Tribunais, 1964. p. 196. Nesse sentido, ainda, Norberto Bobbio justifica que, para a compreensão da igualdade, faz-se necessário responderem-se duas perguntas. Igualdade entre quem? Igualdade em que coisa? BOBBIO, Norberto. *Igualdad y libertad.* Barcelona: Ediciones Paidós I.C.E. de la Universidad Autónoma de Barcelona, 1993. p. 53. Ainda neste sentido, CANOTILHO, J.J. Gomes. *Direito Constitucional e Teoria da Constituição.* 4. ed. Coimbra: Almedina, 2000. p. 418. WESTEN. Peter. *Speaking Of Equality: An analysis of the rhetorical force of equality in moral and legal discourse.* Princeton: Princeton University Press, 1990. p. 62. SEN, Amartya. *A Idéia de Justiça.* Traduzido por: Denise Bottmann, Ricardo Doninelli Mendes. São Paulo: Companhia das letras, 2011. p. 325.

[208] PÉREZ LUÑO, Antonio Enrique. *Dimensiones de la Igualdad.* 2. ed. Madrid: Dykinson, 2007. p. 18.

[209] BANDEIRA DE MELLO, Celso Antônio. *O Conteúdo Jurídico do Princípio da Igualdade.* 3. ed. São Paulo: Malheiros, 2006. p. 41-2.

[210] No original (tradução livre): *"Equality as we have defined it signifies the comparative relationship that obtains between two or more distinct persons or things by virtue of their having been jointly measured by a relevant standard of comparison and found to be indistinguishable by reference to that standard".* WESTEN. Peter. *Speaking Of Equality: An analysis of the rhetorical force of equality in moral and legal discourse.* Princeton: Princeton University Press, 1990. p. 39.

[211] Em sentido quase idêntico, afirma Andrei Pitten Velloso ao demonstrar o modo de promoção da igualdade. "Essa simples observação basta para evidenciar o fato de a concretização do princípio em comento sempre demandar uma minuciosa interpretação constitucional: ainda que haja especificações jurídico-positivas, elas não bastam para tal finalidade, havendo de ser corroboradas pelas valorações efetuadas com base nos valores que permeiam o sistema constitucional". VELLOSO,

duo,[212] em decorrência de uma escolha: a escolha de um critério jurídico de comparação,[213] que evidencie uma finalidade expressa ou implícita da Constituição[214] – escolha essa que valida a separação de pessoas, situações ou objetos em grupos ou categorias,[215] e que justifica, em última análise, em relação à tributação sobre o consumo o dever de atenção à norma da essencialidade.

1.2. Elementos da igualdade

Como visto, pessoas ou coisas são naturalmente desiguais. Logo, a tarefa do destinatário da norma da igualdade consiste em identificar em que circunstância o direito deve considerar as desigualdades, justificando-se assim o tratamento desigual, bem como em que circunstância o direito deve ignorar as desigualdades, impondo-se a adoção de tratos paritários.[216] Isso porque da norma de igualdade derivam dois deveres: o dever de tratamento igual e o dever de tratamento diverso (ou desigual),[217] tudo isso em sintonia com os elementos que agora serão verificados.

A questão dos elementos estruturais – ou diretrizes como identificou Sampaio Dória[218] –, da igualdade foi, no direito brasileiro, tratada de maneira insuperável por Celso Antonio Bandeira de Mello,[219] na obra

---

Andrei Pitten. A Teoria da Igualdade Tributária e o Controle de Proporcionalidade das desigualdades de Tratamento. In: *Revista Tributária e de Finanças Públicas*. v. 15. n. 16. São Paulo: Revista dos Tribunais, 2000. p. 47

[212] AMARO, Luciano. *Direito Tributário Brasileiro*. 14. ed. São Paulo: Saraiva, 2008. p. 136.

[213] Neste sentido, o STF: "O conceito de isonomia é relacional por definição. O postulado da igualdade pressupõe pelo menos duas situações, que se encontram em uma relação de comparação". Trecho do voto do Relator. STF. *RE 453.740*. Pleno. Rel. Min. Gilmar Mendes, DJ 24/08/2007, Ementário vol. 2286-14.

[214] TIPKE, Klaus; LANG, Joachim. *Direito Tributário*. Traduzido por: Luiz Dória Furquim. Porto Alegre: Sergio Antonio Fabris, 2008. p. 195. WESTEN. Peter. *Speaking Of Equality: An analysis of the rhetorical force of equality in moral and legal discourse*. Princeton: Princeton University Press, 1990. p. 240.

[215] TIPKE, Klaus; LANG, Joachim. *Direito Tributário*. Traduzido por: Luiz Dória Furquim. Porto Alegre: Sergio Antonio Fabris, 2008. p. 194. Ainda: STF. *RE 236.604/PR*. Pleno. Rel. Min. Carlos Velloso. DJ 06.08.1999. Ementário 1957-18.

[216] Cf. CARRAZZA, Roque Antonio. *Curso de Direito Constitucional Tributário*. 22. ed. São Paulo: Malheiros, 2006. p. 89. MACHADO, Hugo de Brito. *Curso de Direito Tributário*. 31. ed. São Paulo: Malheiros, 2010. p. 53.

[217] VELLOSO, Andrei Pitten. A Teoria da Igualdade Tributária e o Controle de Proporcionalidade das desigualdades de Tratamento. In: *Revista Tributária e de Finanças Públicas*. v. 15. n. 16. São Paulo: Revista dos Tribunais, 2000. p. 51

[218] DÓRIA. Antonio Roberto Sampaio. *Princípios Constitucionais Tributários e a Cláusula Due Processo of Law*. São Paulo: Revista dos Tribunais, 1964. p. 198 e 201.

[219] BANDEIRA DE MELLO, Celso Antônio. *O Conteúdo Jurídico do Princípio da Igualdade*. 3. ed. São Paulo: Malheiros, 2006, passim. Vide, ainda, sobre o tema: ÁVILA, Humberto. *Teoria da Igualdade Tributária*. São Paulo: Malheiros, 2008.

"O Conteúdo Jurídico do Princípio da Igualdade". Até os dias atuais,[220] aquela que podemos denominar de pequena grande obra apresenta, com clareza e precisão, os quatro elementos que integram a norma de igualdade material: (i) os sujeitos – destinatários na dicção do Professor da PUC de São Paulo;[221] (ii) o critério de comparação – ou de discriminação;[222] (iii) o fator – ou o traço – de diferenciação;[223] e (iv) o fim – ou o interesse – constitucionalmente protegido.[224]

Tais elementos serão agora examinados, de acordo com a definição apresentada por Bandeira de Mello. O objetivo é localizar na estrutura da igualdade o papel da norma de essencialidade.

1.2.1. Os sujeitos da igualdade

O primeiro elemento que integra a estrutura da igualdade é o objeto da comparação: os sujeitos[225] – grupos de pessoas, situações ou coisas.[226] Para a concretização da igualdade jurídica, não se comparam sujeitos individualmente; comparam-se grupos ou categorias de sujeitos.

Ainda em relação ao objeto, é relevante pontuar que a adoção da expressão sujeitos não vincula apenas pessoas, mas também, como já referido, objetos (mercadorias) ou situações (como serviços, por exemplo),[227] constituídos em razão de um critério de diferenciação ou de comparação, decorrente da exteriorização de suas características.[228]

---

[220] Nos dias atuais, em perspectiva muito próxima, a obra de ÁVILA, Humberto. *Teoria da Igualdade Tributária*. São Paulo: Malheiros, 2008.

[221] BANDEIRA DE MELLO, Celso Antônio. *O Conteúdo Jurídico do Princípio da Igualdade*. 3. ed. São Paulo: Malheiros, 2006. p. 23/4

[222] Idem, p. 23 e 30

[223] Idem, p. 37/8 e 41.

[224] Idem, p. 41/2.

[225] Em sentido similar, WESTEN. Peter. *Speaking Of Equality: An analysis of the rhetorical force of equality in moral and legal discourse*. Princeton: Princeton University Press, 1990. p. 62.

[226] BANDEIRA DE MELLO, Celso Antônio. *O Conteúdo Jurídico do Princípio da Igualdade*. 3. ed. São Paulo: Malheiros, 2006. p. 17 e 23. DÓRIA. Antonio Roberto Sampaio. *Princípios Constitucionais Tributários e a Cláusula Due Processo of Law*. São Paulo: Revista dos Tribunais, 1964. p. 196.

[227] VELLOSO, Andrei Pitten. A Teoria da Igualdade Tributária e o Controle de Proporcionalidade das desigualdades de Tratamento. In: *Revista Tributária e de Finanças Públicas*. v. 15. n. 16. São Paulo: Revista dos Tribunais, 2000. p. 87. BANDEIRA DE MELLO, Celso Antônio. *O Conteúdo Jurídico do Princípio da Igualdade*. 3. ed. São Paulo: Malheiros, 2006. p. 17.

[228] Peter Westen aponta as possibilidades de relação de identidade entre sujeitos com base na igualdade prescritiva: a) Prescriptive equality may be the comparative relationship that obtains among persons who are identical in all prescriptive respects. b) Prescriptive equality may be the relationship that obtains among persons who are identical in some prescriptive respects. c) Prescriptive equality may be the comparative relationship that obtains among persons who are similar- that is the relationship that obtains among persons who are either nearly identical in relevant respects or completely identical in most relevant respects. d) Prescriptive equality may be the comparative

A igualdade pode exigir, por exemplo, a comparação entre grupos de mercadorias com diferentes características, em razão da quantificação do ônus tributário: o grupo das mercadorias necessárias à subsistência *versus* o grupo das mercadorias supérfluas. Pode exigir também a comparação entre contribuintes, com base em fatores de diferenciação como a renda, ou o porte das empresas. Nesse sentido, conforme leciona Sampaio Dória,[229] a igualdade tributária é alcançada pela razoabilidade da discriminação, alicerçada em função das diferenças reais entre os objetos taxados, inclusive tendo como base (ou fator de diferenciação) o grau de essencialidade.

1.2.2. O critério de comparação

O segundo elemento que integra a estrutura da igualdade é o critério de comparação[230] ou, na linguagem de Bandeira de Mello, o "critério de diferenciação".[231] Como já adiantado, a comparação entre grupos de pessoas, situações ou de coisas deve ocorrer com base em algum critério.[232] Assim aponta também Pérez Nuño:[233]

---

relationship that obtains among persons Who are completely identical in relevant prescriptive respects. WESTEN. Peter. *Speaking Of Equality: An analysis of the rhetorical force of equality in moral and legal discourse*. Princeton: Princeton University Press, 1990. p. 63.

[229] DÓRIA. Antonio Roberto Sampaio. *Princípios Constitucionais Tributários e a Cláusula Due Processo of Law*. São Paulo: Revista dos Tribunais, 1964.p. 196. Nesse sentido, ainda, Uckmar define que "a classificação em diversas categorias deve encontrar racional fundamento em diferenças reais". UCKMAR, Victor. *Princípios Comuns de Direito Constitucional Tributário*. Traduzido por: Marco Aurélio Greco. São Paulo: Revista dos Tribunais, 1976. p. 56

[230] A expressão "comparação" como medida para aferição da igualdade vem sendo utilizada também, com base na doutrina alemã, pelo STF. Nesse sentido, o trecho de voto do Min. Gilmar Mendes: "O conceito de isonomia é relacional por definição. O postulado da igualdade pressupõe pelo menos duas situações, que se encontram numa relação de comparação". STF. *RE 453.740*. Pleno. Rel. Min. Gilmar Mendes, DJ de 24/08/2007, Ementário 2286-14. Neste sentido, ainda, a doutrina de ÁVILA, Humberto. *Teoria da Igualdade Tributária*. São Paulo: Malheiros, 2008. p. 43.

[231] BANDEIRA DE MELLO, Celso Antônio. *O Conteúdo Jurídico do Princípio da Igualdade*. 3. ed. São Paulo: Malheiros, 2006. p. 23 e 30. Nesse sentido, importa ainda destacar que Rousseau já apontava que a desigualdade moral, autorizada unicamente pelo direito positivo, surgiria levando em consideração critérios de diferenciação, sem que fossem promovidas distinções ou desigualdades injustificadas. ROUSSEAU, Jean-Jacques. *Discurso sobre a Origem e os Fundamentos da Desigualdade entre os Homens*. Discurso sobre as Ciências e as Artes. Volume II. Traduzido por: Lourdes Santos Machado. São Paulo: Nova Cultural, 1997. p. 116.

[232] WESTEN. Peter. *Speaking Of Equality: An analysis of the rhetorical force of equality in moral and legal discourse*. Princeton: Princeton University Press, 1990. p. 121.

[233] No original (tradução livre). *"La relación de igualdad se explicita en la comparación entre los entes de los que se predica. Se precisa contar, por ello, con un elemento que haga posible la comparación: un tertium comparationis. Esto equivale a decir que dos o más entes son iguales, es decir, pertenecen a una misma clase lógica, cuando en ellos concurre una cualidad común, el tertium comparationis que opera como elemento definitorio de la clase y son desiguales cuando tal circunstancia no se produce. La determinación de este término de comparación es básica para calificar a los dos o más entes como iguales. La exigencia de un juicio comparativo se explicita en la necesidad de establecer qué entes y qué aspectos de los mismos van a considerarse relevantes*

A relação de igualdade fica explícita com a comparação entre os entes em que se baseiam. É necessário contar, portanto, com um elemento que torne possível a comparação: um *tertium comparationis*. Isso equivale dizer que dois ou mais entes são iguais, ou seja, pertencem a uma mesma classe lógica, quando neles concorre uma qualidade comum, o *tertium comparationis*, que funciona como elemento definidor da classe, e que são desiguais quando tal circunstancia (relativa a qualidade comum) não de produz. A determinação deste ponto de comparação é básica para qualificar dois ou mais entes iguais. A exigência de um juízo comparativo resta explicita com a necessidade de estabelecer quais entes e quais aspectos dos mesmos serão considerados relevantes para a igualdade.

Assim, para a concretização da igualdade, antes de tudo é preciso que os sujeitos antes identificados sejam separados de acordo com os critérios constitucionalmente justificáveis.[234]

A questão, todavia, é identificar, ou valorar valendo-nos da expressão de Alexy,[235] dentre os critérios autorizados – lembrando que a Constituição veda a adoção de alguns critérios a exemplo do sexo, em relação a alguns direitos e obrigações (art. 5º), ou da ocupação profissional, em relação à renda ou receita dos contribuintes (art. 150, II) –, qual o mais adequado a ser adotado em cada caso. E, para tanto, é preciso que se analise previamente a relação entre o critério de comparação eleito e outro elemento: o fim ou o interesse, constitucionalmente protegido, que justifique a diferenciação a ser promovida.

Visto por outro prisma, a igualdade não se justifica em razão da adoção de qualquer critério, apenas pelo fato de que, para determinado caso, não exista uma vedação expressa no Texto Constitucional. Devem ser adotados critérios de comparação que visem – ou que estejam diretamente vinculados – à promoção de finalidades previstas na Constituição, o que pressupõe, entre eles – o critério e o fim – uma relação de sintonia, ou pertinência. Nesse sentido, mais uma vez com perfeição, Bandeira de Mello:[236]

> [...] não é qualquer diferença, conquanto real e logicamente explicável, que possui suficiência para discriminações legais. Não basta, pois, poder-se estabelecer racionalmente um nexo entre a diferença e um conseqüente tratamento diferenciado. Requer-se, demais disso, que o vínculo demonstrável seja constitucionalmente pertinente.

---

a afectos de la igualdad". PÉREZ LUÑO, Antonio Enrique. *Dimensiones de la Igualdad*. 2. ed. Madrid: Dykinson, 2007. p. 18.

[234] BANDEIRA DE MELLO, Celso Antônio. *O Conteúdo Jurídico do Princípio da Igualdade*. 3. ed. São Paulo: Malheiros, 2006. p. 41.

[235] ALEXY, Robert. *Teoria dos Direitos Fundamentais*. Traduzido por: Virgílio Afonso da Silva. São Paulo: Malheiros, 2008. p. 400.

[236] BANDEIRA DE MELLO, Celso Antônio. *O Conteúdo Jurídico do Princípio da Igualdade*. 3. ed. São Paulo: Malheiros, 2006. p. 42.

Na adoção de um imposto sobre a renda, por exemplo, a finalidade almejada pode ser a distribuição do ônus fiscal em prol da realização, na maior medida possível, da igualdade na tributação. A questão é qual o critério de comparação a ser adotado entre os grupos de contribuintes com diversos padrões de renda? O critério pode ser a idade: dois grupos, um com pessoas de até 50 anos e outro com pessoas de mais de 50 anos – já que pode pressupor-se que pessoas com até 50 anos, em regra, possuem uma condição econômica diversa das acima desta idade. Tal critério promoveria a finalidade almejada?

É evidente que não. No exemplo apresentado, não há sintonia entre a finalidade (igualdade na tributação) e o critério de comparação (idade). E, cabe ressaltar, é pressuposto da igualdade a existência de uma relação entre a finalidade e as particularidades da situação regulada.[237]

Essa relação, denominada de igualdade proporcional, baseada originalmente nas ideias de Aristóteles,[238] não se confunde com a proporcionalidade.[239] Em que pese, como visto, tanto a igualdade quanto a proporcionalidade – adequação, necessidade e proporcionalidade em sentido estrito[240] – referirem-se a relações, a igualdade traduz uma relação de equivalência, similitude, comparação, entre grupos – relação interna –, enquanto a proporcionalidade traduz uma relação entre o meio e o fim – relação externa.

Dito isso, cabe afirmar que a igualdade transcende a proporcionalidade,[241] já que tal não se justifica com base em um exame de adequação do meio (adotado) a um fim (perseguido); para haver igualdade, não basta examinar-se a aptidão para atingir um fim (proporcionalidade). Na igualdade, o que se provoca é a adequação de critérios e fatores relevantes aos fins que se quer promover, o que pressupõe, por tal prisma, um exame de equivalência.[242]

Convém reprisar que a igualdade é promovida por uma relação entre grupos de pessoas, situações ou coisas, mediante a adoção de um

---

[237] BANDEIRA DE MELLO, Celso Antônio. *O Conteúdo Jurídico do Princípio da Igualdade*. 3. ed. São Paulo: Malheiros, 2006. p. 34-5.

[238] ARISTOTLE. *Nicomachean Ethics*. New Jersey: Prentice Hall, 1999. p. 112-114.

[239] VELLOSO, Andrei Pitten. *O Princípio da Isonomia Tributária*: da Teoria da Igualdade ao Controle das Desigualdades Impositivas. Porto Alegre: Livraria do Advogado, 2010. p. 64.

[240] MENDES, Gilmar Ferreira. *Direitos Fundamentais e Controle de Constitucionalidade*. São Paulo: Instituto Brasileiro de Direito Constitucional, 1998. p. 68. Ainda, sobre o tema da proporcionalidade vide ÁVILA, Humberto. *Teoria dos Princípios: da definição à aplicação dos princípios jurídicos*. São Paulo: Malheiros, 2003. p. 104-16.

[241] No mesmo sentido, MACHADO, Hugo de Brito. *Curso de Direito Tributário*. 31. ed. São Paulo: Malheiros, 2010. p. 56.

[242] VELLOSO, Andrei Pitten. *O Princípio da Isonomia Tributária*: da Teoria da Igualdade ao Controle das Desigualdades Impositivas. Porto Alegre: Livraria do Advogado, 2010. p. 64.

critério que, baseado em um fator, realize a finalidade almejada.[243] No caso utilizado como exemplo, a finalidade é dividir o ônus do imposto de acordo com a capacidade de contribuir dos cidadãos. Logo, o critério de comparação a ser adotado não poderá ser a idade – a idade não é uma medida que justifica tratamentos diferenciados em prol de uma divisão equânime do ônus fiscal. E, certamente, por essa razão, no exemplo, inexiste relação de pertinência entre o critério e a finalidade almejada.

Do acima articulado se conclui que, para o caso, a medida deve ser a capacidade contributiva; signo que, em regra e em média, pode ser utilizado para separar grupos de contribuintes – pessoas, por exemplo, que auferem rendimentos mensais de até R$ 2.246,00 integram o grupo "a"; as que auferem rendimentos mensais de R$ 2.247,00 a R$ 2.995,00 integram o grupo "b", e assim por diante.

Para a promoção da igualdade na tributação sobre o consumo, todavia, não há relação de pertinência entre o fim que se quer atingir – a divisão equânime do ônus fiscal entre mercadorias e serviços distintos – e o critério capacidade contributiva dos estabelecimentos contribuintes ou dos próprios consumidores. A capacidade de contribuir, em tal hipótese, não guarda relação direta com o que se está consumindo; e isso porque a adoção do critério capacidade contributiva pode importar em uma tributação idêntica para mercadorias distintas, assim como uma tributação distinta para mercadorias idênticas, fato que torna o critério da capacidade contributiva imprestável para a comparação que se quer legalmente regular. Por isso, nesse caso, a igualdade é levada a efeito por meio de eleição de outro critério: o critério da essencialidade.

1.2.3. O fator de diferenciação

O terceiro elemento, já conforme antes referido, é o fator de diferenciação.[244] Fator é o elemento padrão, ou a medida adotada,[245] para caracterizar a distinção, em relação ao critério de comparação eleito. A eleição de um critério de comparação para a promoção da igualdade de nada adianta, sem que este critério possa ser medido por um fator. Nesse sentido, Peter Westen refere que "não se pode declarar que as pessoas sejam moralmente ou juridicamente iguais, sem tê-las comparado, e não

---

[243] WESTEN. Peter. *Speaking Of Equality*: *An analysis of the rhetorical force of equality in moral and legal discourse*. Princeton: Princeton University Press, 1990. p. 31.

[244] BANDEIRA DE MELLO, Celso Antônio. *O Conteúdo Jurídico do Princípio da Igualdade*. 3. ed. São Paulo: Malheiros, 2006. p. 37/8.

[245] LAPATZA, José Juan Ferreiro. *Instituciones de Derecho Financiero*. Madrid: Marcial Pons, 2010. p. 193.

se pode comparar as pessoas sem medi-las por um ou mais padrões comuns de medidas".[246]

O STF, em alguns casos, tem examinado a relação entre o fator de diferenciação, o critério de comparação e a finalidade que se quer atingir. Ao analisar a constitucionalidade de uma lei do Estado do Amapá – que concedeu isenção do Imposto sobre Propriedade de Veículos Automotores (IPVA) para os proprietários de veículos escolares filiados a uma cooperativa –, a Corte reconheceu a violação ao princípio da igualdade, em razão de discriminação materialmente injustificada, face à ausência de pertinência entre o fator (estar filiado à cooperativa) e o próprio critério de comparação (ser prestador de serviço de transporte escolar).[247]

O fator, portanto, é o elemento mais apropriado para que sejam levadas a efeito a comparação e a discriminação. E mais, para que a norma decorrente dessa relação seja considerada materialmente válida frente ao sistema. A Constituição de 1988, por exemplo, em relação à capacidade de discernimento (critério de comparação) para o exercício do dever de voto (finalidade), elegeu a idade como fator de diferenciação. Em tal hipótese, o constituinte pressupôs que, na maioria dos casos, a idade é o melhor elemento para indicar ou medir a capacidade de avaliar e escolher os representantes junto ao Poder Legislativo e ao Poder Executivo; na prática, entendeu o legislador que, menores de 16 anos normalmente não teriam alcançado ainda plenas condições para o exercício deste direito.

No exemplo citado, é possível perceber que não basta que haja apenas uma relação de pertinência entre o critério de comparação e os fins constitucionalmente protegidos. Deve haver também uma relação de igual peso entre o fator de discriminação e o critério de comparação – o que é denominado, por Bandeira de Mello,[248] de vínculo de correlação lógica. Outros fatores, poderiam ter sido adotados: o fato de o cidadão contribuir para a Previdência Social, por exemplo. A questão, todavia, é se há uma boa relação de pertinência entre participar do custeio da Previdência e ter discernimento? Ou, em outras palavras: a questão é se poderia o legislador pressupor que as pessoas que se sujeitam ao

---

[246] No original *"cannot declare people to be morally or legally 'equal' without having compared them, and one cannot compare people without having jointly measured them by one or more common standards of measurements"*. WESTEN. Peter. *Speaking Of Equality*: *An analysis of the rhetorical force of equality in moral and legal discourse*. Princeton: Princeton University Press, 1990. p. 62.

[247] "Na espécie, havendo tratamento desigual entre contribuintes que se encontram em situação equivalente, resta violado o princípio da igualdade, assegurado a todos, e o da isonomia tributária a que se refere à norma contida no artigo 150, II da Carta Federal". STF. *ADI 1.655-MC/AP*. Pleno. Relator Min. Maurício Corrêa. DJ de 24/10/1997, p. 54156. Ementário vol.1888-01, p. 144.

[248] BANDEIRA DE MELLO, Celso Antônio. *O Conteúdo Jurídico do Princípio da Igualdade*. 3. ed. São Paulo: Malheiros, 2006. p. 17 e 39.

recolhimento de contribuições sociais têm maior discernimento do que as demais? Parece que não, pois não há conexão lógica[249] entre o fato de se recolher uma espécie de tributo (causa) e de se ter discernimento (o efeito).[250]

1.2.4. O fim constitucionalmente protegido

O quarto elemento é o fim constitucionalmente protegido. Fins, neste caso, são estados que, de acordo com o sistema, se quer promover.[251] A divisão equânime do ônus fiscal na tributação, tanto sobre a renda como sobre o consumo, é um fim a ser atingido pela norma tributária, de acordo com o sistema. Isto é, o fim como elemento estrutural da igualdade é um objetivo fundamental, pois valida a diversidade de tratamento entre os sujeitos.[252]

A igualdade, no entanto, não se justifica apenas pela escolha de um fim que esteja em sintonia com o sistema. Como é o fim que irá justificar a escolha do critério de comparação, este, além de estar previsto no Texto Normativo, deve guardar relação de pertinência[253] com o próprio critério (de comparação) eleito, bem como com seu respectivo fator de diferenciação.[254] Nesse sentido, sublinha Bandeira de Mello:[255]

---

[249] BANDEIRA DE MELLO, Celso Antônio. *O Conteúdo Jurídico do Princípio da Igualdade*. 3. ed. São Paulo: Malheiros, 2006. p. 17 e 39.

[250] Neste sentido, da mesma forma, o STF: "Cumpre examinar se, ao fazê-lo, violaram os mencionados dispositivos, como afirmado na inicial, o princípio da isonomia, ou o do devido processo legal. Para isso, é necessário verificar se o critério discriminatório é natural e razoável, ou, em outras palavras, se guarda ele pertinência lógica com a disparidade de tratamento estabelecida [...]". Trecho de voto do Relator. STF. *ADI 1.355 MC/DF*. Pleno. Rel. Min. Ilmar Galvão. DJ de 23/02/1996, p. 3623. Ementário vol. 1817-01, p. 190. Em caráter similar, STF. *ADI 3.105/DF*. Pleno. Voto do Min. Eros Grau. DJ de 18/02/2005. Ementário vol. 2180-2.

[251] BANDEIRA DE MELLO, Celso Antônio. *O Conteúdo Jurídico do Princípio da Igualdade*. 3. ed. São Paulo: Malheiros, 2006. p. 42. Ainda, em idêntico sentido, ÁVILA, Humberto. *Teoria da Igualdade Tributária*. São Paulo: Malheiros, 2008. p. 63.

[252] DÓRIA. Antonio Roberto Sampaio. *Princípios Constitucionais Tributários e a Cláusula Due Processo of Law*. São Paulo: Revista dos Tribunais, 1964. p. 198.

[253] O que Sampaio Dória denomina de "nexo lógico entre o objetivo perseguido e a discriminação que permitirá alcançá-lo Dória. Antonio Roberto Sampaio. *Princípios Constitucionais Tributários e a Cláusula Due Processo of Law*. São Paulo: Revista dos Tribunais, 1964. p. 196.

[254] Neste mesmo sentido, o STF, em alguns casos, tem analisado a correlação lógica entre o critério de comparação e o fim constitucionalmente protegido, e inclusive justificado que a configuração da desigualdade decorre da ausência de sintonia entre os elementos que envolvem essa relação: "O que o princípio da igualdade veda são as discriminações injustificadas, hipótese não configurada nestes autos, onde não se apontou um único elemento capaz de autorizar a convicção de inexistência de correlação lógica na distinção feita entre automóveis novos e usados, para a disparidade de tratamento jurídico estabelecida pela norma impugnada, ou de que se está diante de discriminação desvaliosa ou atentatória ao bem público [...]". Trecho de voto do Relator. STF. *RE 226.184/CE*. Pleno. Rel. Min. Ilmar Galvão. DJ de 07/02/1997, p. 1365. Ementário vol. 1856-11, p. 2250.

Essencialidade Tributária

Em suma: importa que exista mais que uma correlação lógica *abstrata* entre o fator diferencial e a diferenciação conseqüente. Exige-se, ainda, que haja uma correlação lógica *concreta*, ou seja, aferida em função dos interesses abrigados no direito positivo constitucional. E isto se traduz na consonância ou dissonância dela com as finalidades reconhecidas como valiosas na Constituição.

Um exemplo que auxiliaria na compreensão do até aqui referido seria o da já citada distinção entre grupos de mercadorias (sujeitos), em relação à tributação sobre o consumo. O fim constitucionalmente protegido é, neste caso, a divisão do ônus fiscal de forma equânime; o critério de comparação é a essencialidade das mercadorias; e o fator de diferenciação é o grau de necessidade/utilidade das mercadorias de acordo com os objetivos do sistema – mercadorias essenciais poderiam integrar o grupo "a", necessárias mas não essenciais o grupo "b", e desnecessárias o grupo "c".

Na tributação de cunho fiscal, a norma que concretiza a igualdade tem como fim a ser promovido a divisão equânime do ônus fiscal – fim que, como visto e à frente comprovado, poderá ser levado a efeito pela adoção do critério capacidade contributiva ou do critério essencialidade. Esse, todavia, não é o único fim que a norma deve promover na busca da igualdade; na tributação de cunho extrafiscal, os fins podem ser outros, a exemplo do desenvolvimento nacional, ou da promoção de interesses específicos nas esferas econômicas e/ou sociais.[256] Nessas hipóteses, a igualdade é alcançada não pela já referida divisão do ônus, mas sim em razão de outros estados que também devem ser promovidos pela norma em atenção ao que o sistema orienta.

1.3. A igualdade no sistema constitucional brasileiro

1.3.1. A igualdade nas constituições anteriores a 1988

A igualdade foi prevista inicialmente na Constituição Política do Império de 1824, no inciso XIII do art. 179.[257] Naquele tempo, a igualdade perante a lei era definida, em conjunto com a legalidade, como uma garantia da liberdade, da segurança e da propriedade na aplicação

---

[255] BANDEIRA DE MELLO, Celso Antônio. *O Conteúdo Jurídico do Princípio da Igualdade*. 3. ed. São Paulo: Malheiros, 2006. p. 22.

[256] DÓRIA. Antonio Roberto Sampaio. *Princípios Constitucionais Tributários e a Cláusula Due Processo of Law*. São Paulo: Revista dos Tribunais, 1964. p. 198 e 205/6.

[257] No original: Art. 179. A inviolabilidade dos Direitos Civis, e Politicos dos Cidadãos Brazileiros, que tem por base a liberdade, a segurança individual, e a propriedade, é garantida pela Constituição do Imperio, pela maneira seguinte. [...] XIII. A Lei será igual para todos; quer proteja, quer castigue, o recompensará em proporção dos merecimentos de cada um. [...]

da lei. Praticamente na mesma linha, a Constituição de 1891 tornou tal dimensão – da igualdade perante a lei – ainda mais explícita, afastando hipóteses de tratamento diferenciado em razão de fatores ligados a nascimento, nobreza, ou a outros títulos ou ordens.[258]

A Constituição da República de 1934 manteve a igualdade em idêntica medida; porém, o Texto tornou-se ainda mais exemplificativo, ao afastar os tratamentos desiguais em razão de sexo, raça, profissões, classes sociais, religião e ideias políticas, bem como por estender o direito aos estrangeiros residentes no País.[259] Ainda em que pese não houvesse, naquela época, um dispositivo específico vedando o tratamento discriminatório por conta do fator profissão – como há atualmente na Constituição vigente (art. 150, II) – já naquele tempo verificava-se a preocupação em relação às distinções baseadas em características não apenas da pessoa, mas também de sua atividade ou negócio.

O Constituinte de 1937, por outro lado, suprimiu o rol exemplificativo que vinha crescendo em relação aos critérios de comparação que não poderiam ser adotados, estabelecendo única e exclusivamente, mais uma vez, a garantia de igualdade perante a lei.[260] Assim, também de forma praticamente idêntica permaneceu o Texto, na Constituição de 1946,[261] o qual inovou apenas ao vincular a igualdade à garantia e à inviolabilidade do direito à vida. Na seara do Direito Tributário, no entanto, foi na Constituição de 1946 que se inseriu, pela primeira vez, a previsão expressa de personalização dos impostos e de sua graduação em atenção à capacidade contributiva.[262] [263]

---

[258] Assim prevê o Texto: Art. 72. A Constituição assegura a brasileiros e a estrangeiros residentes no País a inviolabilidade dos direitos concernentes à liberdade, à segurança individual e à propriedade, nos termos seguintes: [...] § 2º Todos são iguais perante a lei. A República não admite privilégios de nascimento, desconhece foros de nobreza e extingue as ordens honoríficas existentes e todas as suas prerrogativas e regalias, bem como os títulos nobiliárquicos e de conselho. [...]

[259] Art 113. A Constituição assegura a brasileiros e a estrangeiros residentes no País a inviolabilidade dos direitos concernentes à liberdade, à subsistência, à segurança individual e à propriedade, nos termos seguintes: 1) Todos são iguais perante a lei. Não haverá privilégios, nem distinções, por motivo de nascimento, sexo, raça, profissões próprias ou dos pais, classe social, riqueza, crenças religiosas ou idéias políticas. [...]

[260] Art 122. A Constituição assegura aos brasileiros e estrangeiros residentes no País o direito à liberdade, à segurança individual e à propriedade, nos termos seguintes: 1º) todos são iguais perante a lei; [...]

[261] Art 141. A Constituição assegura aos brasileiros e aos estrangeiros residentes no País a inviolabilidade dos direitos concernentes à vida, à liberdade, a segurança individual e à propriedade, nos termos seguintes: § 1º Todos são iguais perante a lei. [...]

[262] Art 202. Os tributos terão caráter pessoal, sempre que isso for possível, e serão graduados conforme a capacidade econômica do contribuinte.

[263] Sobre o tema, vide BALEEIRO, Aliomar. *Limitações Constitucionais ao Poder de Tributar*. 7. ed. Rio de Janeiro: Forense, 1999. p. 52.

Essencialidade Tributária

A Constituição da República de 1967, por sua vez, trouxe novamente a proibição expressa a distinções com base nos critérios sexo, raça, trabalho, religião e convicções políticas; e ainda estabeleceu, no mesmo dispositivo, que o tratamento discriminatório em razão de raça seria punido por lei[264] – dispositivo que, com pequenas alterações, foi mantido na Constituição de 1969.[265]

1.3.2. A igualdade na Constituição de 1988

A igualdade é preceito fundamental de nosso sistema constitucional.[266] Norma que, na sua dimensão formal e material, é o instrumento[267] para a realização dos objetivos fundamentais da República.[268] Isso porque não se constrói uma sociedade livre, justa e solidária, nem se erradicam a pobreza e a marginalização, nem se reduzem as desigualdades sociais, nem se promove o bem de todos, se houver discriminação em função de origem, raça, sexo, cor, idade, ou de outras medidas que não estejam em sintonia com o sistema.[269] Nesse sentido, são relevantes as considerações de Lacombe:[270]

---

[264] Art 150. A Constituição assegura aos brasileiros e aos estrangeiros residentes no País a inviolabilidade dos direitos concernentes à vida, à liberdade, à segurança e à propriedade, nos termos seguintes: § 1º Todos são iguais perante a lei, sem distinção, de sexo, raça, trabalho, credo religioso e convicções políticas. O preconceito de raça será punido pela lei. [...]

[265] Art. 153. A Constituição assegura aos brasileiros e aos estrangeiros residentes no País a inviolabilidade dos direitos concernentes à vida, à liberdade, à segurança e à propriedade, nos termos seguintes: § 1º Todos são iguais perante a lei, sem distinção de sexo, raça, trabalho, credo religioso e convicções políticas. Será punido pela lei o preconceito de raça. [...]

[266] Segundo Canotilho, a igualdade é "um dos princípios estruturantes do regime geral dos direitos fundamentais". CANOTILHO, J. J. Gomes. *Direito Constitucional e Teoria da Constituição*. 4. ed. Coimbra: Almedina, 2000. p. 416. Neste sentido, ainda, TORRES, Ricardo Lobo. *Tratado de Direito Constitucional, Financeiro e Tributário*. 3. ed. Rio de Janeiro: Renovar, 2005. p. 341.

[267] Américo Lacombe identifica a igualdade a partir da CF/88, não mais como uma forma de garantir os direitos e garantias individuais, mas como "a causa" de tais garantias. LACOMBE, Américo Lourenço Masset. *Princípios constitucionais tributários*. São Paulo: Malheiros, 1996. p. 18.

[268] Art. 3º Constituem objetivos fundamentais da República Federativa do Brasil: I – construir uma sociedade livre, justa e solidária; II – garantir o desenvolvimento nacional; III – erradicar a pobreza e a marginalização e reduzir as desigualdades sociais e regionais; IV – promover o bem de todos, sem preconceitos de origem, raça, sexo, cor, idade e quaisquer outras formas de discriminação.

[269] Neste ponto, mais uma vez é relevante destacar que o sistema não exige que todos os sujeitos das relações jurídicas – pessoas, mercadorias ou serviços, no caso específico da tributação – sejam sempre tratados de forma idêntica, independentemente de qualquer finalidade ou característica (o critério de comparação); a igualdade jurídica é instrumento que regula e impõe, em muitos casos, tratamentos díspares, desde que, para tanto, os fins que os justifiquem estejam em sintonia com o Texto Constitucional.

[270] LACOMBE, Américo Lourenço Masset. *Princípios constitucionais tributários*. São Paulo: Malheiros, 1996. p. 09.

> A isonomia é o princípio nuclear de todo o sistema constitucional. É princípio básico do regime democrático. Não se pode pretender ter uma compreensão precisa da democracia, se não tivermos um entendimento real do alcance do princípio da isonomia. Sem ele não há República, não há Federação, não há Democracia, não há Justiça. É a cláusula pétrea por excelência. Tudo o mais poderá ser alterado, mas a isonomia é intocável, bem como suas decorrências lógicas.

Esse enfoque reforça a convicção de que a Constituição não se restringe mais a garantir a igualdade apenas tomando por base a interpretação/aplicação da lei; o Texto Constitucional garantiu também outro *status* à igualdade: a de fim a ser promovido pela própria lei.[271] Neste sentido, inclusive, é que, em relação à previsão expressa no art. 5º da Constituição de 1988, a igualdade, nas palavras de Derzi,[272] pode ser entendida como "pilar básico do Estado Democrático de Direito".

Não obstante as previsões contidas nos arts. 3º e 5º da CF/88 – esse último consagra o princípio geral da igualdade –, a garantia de tratamento isonômico restou consagrada também de forma específica em diversos outros dispositivos do Texto Constitucional. Como exemplo, pode-se referir a proibição de diferenças de salários, de exercício de funções e de critérios de admissão por motivo de sexo, idade, cor, estado civil, ou deficiência (art. 7º, incisos XXX e XXXI), a vedação em relação ao estabelecimento de distinção entre brasileiros natos e naturalizados (art. 12, § 2º), a vedação à União, aos Estados, ao Distrito Federal e aos Municípios no que tange à criação de distinções entre brasileiros ou de preferências entre si (art. 19, inciso III), a garantia de tratamento igualitário nas licitações (art. 37, inciso XXI), a uniformidade e a equivalência dos benefícios e serviços às populações urbanas e rurais (art. 194, parágrafo único, inciso II), a garantia de acesso universal a ações e serviços que promovam, protejam e recuperem a saúde (art. 196), a garantia de condições para o acesso e permanência na escola (art. 206, inciso II), a garantia de tratamento igualitário entre os cônjuges na sociedade conjugal (art. 226, § 5º), e a garantia de igualdade entre os filhos, havidos ou não da relação, ou por adoção (art. 227, § 6º).

Além das hipóteses normativas acima citadas, o Texto Constitucional traz expresso o princípio autônomo de igualdade tributária (art. 150, inciso II), o qual possui o *status* de autêntico direito e garantia

---

[271] Neste sentido, Paulo Bonavides afirma que a igualdade *"vincula o legislador"*. BONAVIDES, Paulo. *Curso de Direito Constitucional*. 24. ed. São Paulo: Malheiros, 2009. p. 376.

[272] DERZI, Mizabel. Notas. In: BALEEIRO, Aliomar. *Limitações Constitucionais ao Poder de Tributar*. 7. ed. Rio de Janeiro: Forense, 1999. p. 525. Ainda neste sentido: MELO, José Eduardo Soares de. *IPI – Teoria e Prática*. São Paulo: Malheiros, 2009. p. 158.

fundamental do cidadão contribuinte,[273][274] por força do art. 5º, § 2º, da CF.[275] Nesse sentido, o STF:[276]

> Essa reiteração da isonomia no setor tributário não é redundante ou supérflua, dado que aqui, nesse artigo 150, a vedação da discriminação entre contribuintes que se encontrem em situação equivalente não consubstancia apenas um direito fundamental, mas também é afirmada como uma das limitações constitucionais ao poder de tributar.

A promoção da igualdade no Direito Tributário, todavia, não se restringe, como inclusive já sinalizado, ao princípio autônomo da igualdade tributária, previsto no art. 150, inciso II da CF/88. A igualdade geral, no exercício de sua função fundamentadora,[277] justifica a existência de outros princípios, também autônomos, que deverão nortear a relação tributária, a exemplo dos antes referidos princípio da capacidade contributiva, princípio da essencialidade e princípio da equivalência – esse último aplicável às taxas. Em uma percuciente investigação do tema, com base na doutrina de Guastini, Caliendo[278] explica a relação entre o princípio da igualdade e o princípio da capacidade contributiva, a qual equivale, enquanto relação, à igualdade-essencialidade:

> 1. Princípio-gênero – uma norma N_1 é fundamento de uma norma N_2, quando N_1 é mais geral que N_2, de modo que N_2 pode ser deduzida de N_1 (pode-se dizer que N_2 constitui expressão, especificação ou aplicação do princípio N_1).
>
> Este é o caso da relação entre o princípio da igualdade e o princípio da capacidade contributiva, no qual o primeiro é norma geral de onde deriva o segundo princípio; pode-se dizer, dessa forma, que o princípio da capacidade contributiva constitui expressão, especificação ou aplicação do princípio da igualdade. Por sua vez, o próprio princípio da capacidade contributiva é a base de onde derivam outros princípios, tais como: da generalidade, a proporcionalidade e o não confisco.

---

[273] *"The principle of equality in a matter that can no longer be ignored by the fiscal legislator. Although the fiscal legislator has a certain margin of appreciation, differences in treatment should be explained in a clear and understandable way to the taxpayer"*. VOGEL, Klaus; WALDHOFF, Christian. Germany. In: MEUSEN, Gerard TK (Ed.). *The Principle of Equality in European Taxation*. Boston: Kluwer Law International, 1999. p. 174.

[274] O STF assim reconheceu, quando examinava o princípio da anterioridade na Ação Direita em que se verificava a constitucionalidade da Emenda Constitucional nº3/93 e da Lei Complementar 77/93, em relação à instituição do Imposto Provisório Sobre Movimentação Financeira – IPMF. STF. *ADI 939/DF*, Relator Min. Sydney Sanches, DJ de 21/01/1994. Ainda neste sentido: SARLET, Ingo Wolfgang. *A Eficácia dos Direitos Fundamentais*. 10. ed. Porto Alegre: Livraria do Advogado, 2009. p. 79-80, e AMARO, Luciano. *Direito Tributário Brasileiro*. 14. ed. São Paulo: Saraiva, 2008. p. 131.

[275] Art. 5º [...] § 2º Os direitos e garantias expressos nesta Constituição não excluem outros decorrentes do regime e dos princípios por ela adotados, ou dos tratados internacionais em que a República Federativa do Brasil seja parte. [...]

[276] STF. *ADI 3.105/DF*. Pleno. Voto do Min. Eros Grau. DJ de 18/02/2005. Ementário vol. 2180-2.

[277] Sobre a função fundamentadora da igualdade, vide PÉREZ LUÑO, Antonio Enrique. *Dimensiones de la Igualdad*. 2. ed. Madrid: Dykinson, 2007. p. 85.

[278] CALIENDO, Paulo. *Direito Tributário e Análise Econômica do Direito: Uma Visão Crítica*. Rio de Janeiro: Elsevier, 2009. p. 285.

Pois essa relação, como já analisado – de expressão, especificação ou aplicação da igualdade como base para o princípio da capacidade contributiva –, é idêntica à que ocorre com a essencialidade. No caso, também o princípio da essencialidade tributária deduz-se do princípio geral de igualdade, previsto no art. 5º da CF/88, hipótese que será demonstrada de forma mais detalhada no próximo capítulo.

1.3.2.1. A dimensão normativa da igualdade na Constituição de 1988

O que pretendemos, neste momento, é identificar a dimensão normativa da igualdade no sistema constitucional de 1988. Nesse caso, embora o exame da distinção entre regras e princípios pareça ser uma tarefa de secundária importância, tal se revela aqui necessário, pois fornecerá elementos para a justificação da eficácia da norma de essencialidade tributária.

O critério adotado, para se distinguir a dimensão normativa da igualdade, neste momento, é o qualitativo.[279] A identificação da natureza normativa, na hipótese, justifica-se em razão do preenchimento da sua estrutura – princípio, como uma norma que estabelece um mandamento a ser satisfeito em graus variados, de acordo com as possibilidades fáticas e jurídicas, mediante ponderação; ou regra, como uma norma determinável, com fundamentos definitivos, que estabelece prescrições a serem adotadas, em prol, inclusive, da máxima eficácia dos princípios.[280]

Diversamente, porém, da proposta antes formulada, no tocante à identificação da igualdade como regra ou princípio, é relevante referir que parte da doutrina, dada a característica de norma que orienta o intérprete na aplicação de outras normas, tem atribuído à igualdade a natureza normativa de postulado;[281] já outros autores têm associado a igualdade à ideia de valor,[282] ou de sobreprincípio.[283]

---

[279] Como muito bem define Alexy, entre regras e princípios "não existe apenas uma diferença gradual, mas uma diferença qualitativa". ALEXY, Robert. *Teoria dos Direitos Fundamentais*. Traduzido por: Virgílio Afonso da Silva. São Paulo: Malheiros, 2008. p. 90.

[280] FREITAS, Juarez. *A interpretação Sistemática do Direito*. 4. ed. São Paulo: Malheiros, 2004. p. 56, 228/9.

[281] Para Humberto Ávila, a igualdade é tridimensional: pode ser concretizada como postulado, regra e princípio, conforme a hipótese. ÁVILA, Humberto. *Teoria da Igualdade Tributária*. São Paulo: Malheiros, 2008. p. 133/6.

[282] Neste sentido: TORRES, Ricardo Lobo. *Tratado de Direito Constitucional, Financeiro e Tributário*. 3. ed. Rio de Janeiro: Renovar, 2005. p. 144-5. Vide, ainda, sobre o tema, BOBBIO, Norberto. *Igualdad y libertad*. Barcelona: Ediciones Paidós I.C.E. de la Universidad Autónoma de Barcelona, 1993. p. 68.

[283] VELLOSO, Andrei Pitten. *O Princípio da Isonomia Tributária: da Teoria da Igualdade ao Controle das Desigualdades Impositivas*. Porto Alegre: Livraria do Advogado, 2010. p. 87. CARVALHO, Paulo de Barros. *Curso de Direito Tributário*. 14. ed. São Paulo: Saraiva, 2002. p. 277/9.

Independentemente da diversidade de elementos que norteiam as variadas classificações, a grande maioria da doutrina nacional[284] e estrangeira[285] que tem investigado a igualdade classifica-a como um princípio jurídico, pois sua concretização importa diretamente na promoção de um fim a ser atingido[286] – a exemplo da divisão equânime do encargo na tributação de cunho fiscal.

Sob tal perspectiva, é mais do que razoável supor que a igualdade atua como um mandado de otimização;[287] um elemento basilar do sistema[288] que estabelece um dever de adoção, pelos seus destinatários, de comportamentos necessários à realização de fins:[289] um estado que determina tratamentos iguais em sentido jurídico – medidas que, segundo Velloso,[290] importem em "tratos paritários para os iguais e dispares para os desiguais, à luz de um critério jurídico legítimo".

Ao examinar o direito líquido e certo ao exercício do cargo de Procurador da República de uma candidata que, mesmo não demonstrando três anos de atividade jurídica como advogada ou em cargo, emprego ou função privativa de bacharel de Direito, já exercia o cargo de promotora de justiça estadual, o STF considerou que o tratamento diferenciado – materializado pela inexigência, naquele caso, do requisito dos três

---

[284] BANDEIRA DE MELLO, Celso Antônio. *O Conteúdo Jurídico do Princípio da Igualdade*. 3. ed. São Paulo: Malheiros, 2006. COELHO, Sacha Calmon Navarro. *Curso de Direito Tributário Brasileiro*. 6. ed. Rio de Janeiro: Forense, 2001. p. 242. COSTA, Regina Helena. *Curso de Direito Tributário*: Constituição e Código Tributário Nacional. São Paulo: Saraiva, 2009. p. 55. CARRAZZA, Roque Antonio. *Curso de Direito Constitucional Tributário*. 22. ed. São Paulo: Malheiros, 2006. p. 89. COMPARATO, Fábio Konder. Precisões Sobre os Conceitos de Lei e de Igualdade Jurídica. In: *Revista dos Tribunais*. v. 87. n. 750. São Paulo: Revista dos Tribunais, 1998. p. 17. MELO, José Eduardo Soares de. *IPI – Teoria e Prática*. São Paulo: Malheiros, 2009. p. 159.

[285] CANOTILHO, J.J. Gomes. *Direito Constitucional e Teoria da Constituição*. 4. ed. Coimbra: Almedina, 2000. p. 416. LAPATZA, José Juan Ferreiro. *Instituciones de Derecho Financiero*. Madrid: Marcial Pons, 2010. p. 192. UCKMAR, Victor. *Princípios Comuns de Direito Constitucional Tributário*. Traduzido por: Marco Aurélio Greco. São Paulo: Revista dos Tribunais, 1976. p. 54.

[286] ÁVILA, Humberto. *Teoria dos Princípios: da definição à aplicação dos princípios jurídicos*. São Paulo: Malheiros, 2003. p. 70.

[287] ALEXY, Robert. *Teoria dos Direitos Fundamentais*. Traduzido por: Virgílio Afonso da Silva. São Paulo: Malheiros, 2008. p. 146. Ainda, VELLOSO, Andrei Pitten. *O Princípio da Isonomia Tributária*: da Teoria da Igualdade ao Controle das Desigualdades Impositivas. Porto Alegre: Livraria do Advogado, 2010. p. 89.

[288] Conforme refere Juarez Freitas, "por princípios fundamentais entendem-se, por ora, os critérios ou as diretrizes basilares do sistema jurídico [...]". FREITAS, Juarez. *A interpretação Sistemática do Direito*. 4. ed. São Paulo: Malheiros, 2004. p. 56.

[289] DWORKIN, Ronald. *Taking Rights Seriously*. Cambridge: Harvard University Press. 17. ed. 1999. p. 109-10.

[290] VELLOSO, Andrei Pitten. *O Princípio da Isonomia Tributária: da Teoria da Igualdade ao Controle das Desigualdades Impositivas*. Porto Alegre: Livraria do Advogado, 2010. p. 52. Ainda neste sentido: RAPHAEL, D. Daiches. Equality and Equity. In: *Philosophy*. v. 21. n. 79. Cambridge: Cambridge University Press, 1946. p. 132.

anos – não era incompatível com o princípio da igualdade. Na hipótese, a Corte concluiu que a diferenciação promovida era justificável:[291]

> Porque nos sabemos, desde Platão a Aristóteles, que a igualdade consiste exatamente em tratar de modo desigual os iguais. Então eu diria que, neste sentido, a igualdade está sendo perfeitamente prestigiada quando se abre um concurso para ingresso na carreira do Ministério Público e se dá um tratamento distinto àqueles que já integram o Ministério Público, em relação àqueles que não são.

O princípio da igualdade jurídica não estabelece, porém, apenas o dever de trato equivalente; seu conteúdo estabelece também o dever de trato diferenciado.[292] No caso, o dever de trato equivalente é concretizado se inexistem fundamentos jurídicos para tratamento diferenciado – o que, se desrespeitado, importa em uma distinção injustificada sob o aspecto jurídico.[293] Já o dever de trato diferenciado é concretizado se há fundamentos jurídicos para o tratamento desigual; em tal hipótese, diferentemente da inexistência de fundamentos – para o trato igualitário –, para o trato díspare é necessária a presença de fundamentos jurídicos que justifiquem a obrigatoriedade do tratamento desigual.[294] Paulsen[295] reforça esse posicionamento:

> Justifica-se a diferenciação tributária quando haja situações efetivamente distintas, se tenha em vista uma finalidade constitucionalmente amparada e o tratamento diferenciado seja apto a alcançar o fim colimado.

Nessa perspectiva, a concretização da igualdade, como princípio geral, pode importar tanto em proibições de diferenciação, como em proibições de tratamento equivalente[296] – medidas essas que não podem, todavia, implicar no tratamento diferenciado para os sujeitos incluídos na mesma categoria, nem tampouco na classificação em categorias

---

[291] STF. *MS 26.690-DF*. Pleno. Rel. Min. Eros Grau. DJe 241 de 19/12/2008. Ementário vol. 2346-3.

[292] ALEXY, Robert. *Teoria dos Direitos Fundamentais*. Traduzido por: Virgílio Afonso da Silva. São Paulo: Malheiros, 2008. p. 407/11. Neste sentido, ainda, Mizabel Derzi afirma que "o princípio da igualdade no conteúdo da lei também dita duas espécies de deveres ao legislador: o dever de não distinguir e o dever de discriminar, que são ângulos de um único lado. Interpenetram-se e conjugam-se". DERZI, Mizabel. Notas. In: BALEEIRO, Aliomar. *Limitações Constitucionais ao Poder de Tributar*. 7. ed. Rio de Janeiro: Forense, 1999. p. 534.

[293] ALEXY, Robert. *Teoria dos Direitos Fundamentais*. Traduzido por: Virgílio Afonso da Silva. São Paulo: Malheiros, 2008. p. 407.

[294] Idem, p. 407/11.

[295] PAULSEN, Leandro. *Direito Tributário: Constituição e Código Tributário à Luz da Doutrina e da Jurisprudência*. 9. ed. Porto Alegre: Livraria do Advogado, Esmafe, 2007. p. 194.

[296] Andrei Pitten Velloso, por outro prisma, amplia as hipóteses de concretização da igualdade, ao reconhecer a possibilidade de mera autorização ao tratamento uniforme ou desigual. No caso, o autor define como três os mandados de igualdade: a) determinação de tratamento igualitário ou proibição de tratamento desigual; b) autorização de tratamento uniforme ou desigual; e c) determinação de tratamento desigual ou proibição de tratamento igualitário. VELLOSO, Andrei Pitten. *O Princípio da Isonomia Tributária: da Teoria da Igualdade ao Controle das Desigualdades Impositivas*. Porto Alegre: Livraria do Advogado, 2010. p. 90-1.

Essencialidade Tributária

89

distintas de sujeitos sem diferenças efetivas e reais ou não aparentes, de acordo com critérios de comparação que estejam em harmonia com o Texto Constitucional.[297]

O STF, ao examinar a constitucionalidade de lei do estado do Espírito Santo – que concedia isenção de taxa de inscrição em concurso público a pessoas carentes –, reconheceu por maioria de votos a inexistência de violação ao princípio da igualdade. No caso, a Corte, além de atribuir a igualdade à dimensão de princípio, entendeu que a referida norma isentiva, decorrente da concretização da igualdade face o princípio da solidariedade social, tinha como fim facilitar o acesso daqueles que não possuíam condições financeiras para arcar com o custo de inscrição ao certame, sem prejuízo do próprio sustento ou do sustento da família.[298]

Em outro processo, em que se analisava a constitucionalidade de lei do estado de Minas Gerais relativa à cobrança de taxa florestal decorrente do exercício do poder de polícia sobre o carvão vegetal consumido em estabelecimentos industriais, o STF entendeu válida a previsão de tratamento fiscal diferenciado para empresas siderúrgicas que comprovassem a realização de reflorestamento na mesma proporção de seu consumo de carvão. Nessa hipótese, entendeu a Corte que referida previsão de tratamento diferenciado – verdadeiro incentivo fiscal nas palavras do Tribunal – decorreria exatamente do dever de concretização da igualdade em prol do princípio da defesa do meio ambiente.[299]

Nos casos antes demonstrados, fica da mesma forma clara a identificação da dimensão normativa da igualdade como princípio geral. Nas duas hipóteses, a igualdade – enquanto norma-princípio – concretizou-se e justificou-se em razão do que Dworkin[300] definiu como dimensão de peso, sem no entanto afastar a efetividade de outros princípios,[301]

---

[297] VOGEL, Klaus; WALDHOFF, Christian. Germany. In: MEUSEN, Gerard TK (Ed.). *The Principle of Equality in European Taxation*. Boston: Kluwer Law International, 1999. p. 163. LICCARDO, Gaetano. *Introduzione allo Studio Del diritto tributario: Il Diritto Tributario nel Quadro Delle Scienze Giuridiche e Finanziarie*. Napoli: Casa Editrice Dott. Eugenio Jovene, 1962. p. 265.

[298] STF. *ADI 2.672*. Pleno. Rel. Min. Ellen Gracie. Rel. para acórdão, Min. Carlos Britto. DJ de 10/11/2006, p. 49. Ementário vol. 2255-02, p. 219. RTJ vol. 200-03, p. 1088. LEXSTF v. 29, nº 338, 2007, p. 21-33.

[299] STF. *RE 239.397/MG*. Primeira Turma. Rel. Min. Ilmar Galvão. DJ de 28/04/2000, p. 98. Ementário vol. 1988-07, p. 1351. RTJ vol.173-03, p. 1000.

[300] Para Dworkin, uma das justificativas para diferenciar os princípios das regras seria a presença (nos princípios) de uma dimensão de peso (*dimension of weight or importance*). DWORKIN, Ronald. *Taking Rights Seriously*. Cambridge: Harvard University Press. 17. ed. 1999. p. 27.

[301] Na mesma linha, STF. *RE 203.954/CE*. Pleno. Rel. Min. Ilmar Galvão. DJ de 07/02/1997, p. 1365 Ementário vol. 1856-11, p. 2250. STF. *RE 231.924/PR*. Pleno. Rel. Min. Ricardo Lewandowski. DJe-118 de 21/06/2011. Ementário vol. 2548-01, p. 84.

o que, como ensina Guastini,[302] é realizado por meio da atribuição de hierarquia axiológica móvel.

Na relação tributária, como anteriormente verificado, a igualdade não é promovida apenas com base no princípio geral previsto no art. 5º da CF/88. Existem, no Texto Constitucional, outros dispositivos que determinam expressamente a adoção de tratamentos equânimes ou distintivos – as chamadas discriminações positivas[303] – em prol da promoção de estados de igualdade.[304] Como exemplo, podem-se citar o impedimento à instituição de tratamento desigual para contribuintes em situação equivalente, vedada a distinção em razão de ocupação profissional ou função exercida (art. 150, II),[305] a possibilidade de tratamento distintivo com vistas a prevenir desequilíbrios de concorrência (art. 146-A), ou ainda a possibilidade de adoção de base de cálculo ou alíquotas diferenciadas para as contribuições sociais, em razão da atividade econômica ou da utilização intensiva de mão de obra, do porte da empresa, ou da condição estrutural do mercado de trabalho (art. 195, § 9º).

Tais dispositivos, entre outros que aqui não foram citados, revelam princípios autônomos de igualdade;[306] normas que, conforme já analisado, possuem fundamento na igualdade prevista no art. 5º *caput* da CF/88; princípios que são preenchidos ou moldados,[307] pelo princípio superior da igualdade, e que na relação tributária especificam o seu conteúdo. Antes de adentrarmos em definitivo na análise da essencialidade tributária, cumpre que se analisem duas dessas normas: o princípio da igualdade tributária, previsto no art. 150, inciso II, e o princípio da capacidade contributiva, previsto no parágrafo único do art. 145.

---

[302] Trata-se tal de um processo dialético, decorrente da própria concretização dos princípios, do qual nasce a superação da contradição, decorrente da harmonização daqueles que, envolvidos no caso concreto, encontram-se colidentes. Nesse sentido, GUASTINI. Riccardo. Teoria e Ideologia da Interpretação Constitucional. Traduzido por: Henrique Moreira Leites. In: *Revista Interesse Público*. Ano 8, Nº 40. Porto Alegre: Notadez, 2006. p. 241 e 249-50.

[303] MIRANDA, Jorge. *Manual de Direito Constitucional*. Tomo IV. Direitos Fundamentais. 3. ed. Coimbra: Coimbra, 2000. p. 234.

[304] Cf. EINAUDI, Luigi. *Saggi Sul Risparmo e L'Imposta*. Torino: Giulio Einaudi Ed., 1941. p. 366.

[305] Como se verifica, há casos em que a igualdade revela-se como um mandado negativo; uma determinação à abstenção de atos por parte de seu destinatário. Sobre tal perspectiva, vide FERRAZ JUNIOR, Tércio Sampaio. O princípio da igualdade no direito tributário. In: *Revista de Direito Tributário*. V. 15. Nº 58. São Paulo: RT, 1991. p. 205.

[306] ALEXY, Robert. *Teoria dos Direitos Fundamentais*. Traduzido por: Virgílio Afonso da Silva. São Paulo: Malheiros, 2008. p. 393. GRIBNAU, Hans. General Introduction. In: MEUSEN, Gerard TK (Ed.). *The Principle of Equality in European Taxation*. Boston: Kluwer Law International, 1999. p. 27.

[307] CALIENDO, Paulo. *Direito Tributário e Análise Econômica do Direito: Uma Visão Crítica*. Rio de Janeiro: Elsevier, 2009. p. 282.

Essencialidade Tributária

1.3.2.2. Princípios autônomos aptos à promoção da igualdade na tributação – a igualdade tributária e a capacidade contributiva

Como já anotado, o sistema prevê, além do princípio geral da igualdade, princípios autônomos cuja finalidade é a promoção da igualdade na relação Fisco-cidadão. Na tributação sobre o consumo, já restou identificado que o princípio a ser concretizado é o da essencialidade tributária, o qual será examinado no capítulo seguinte. Antes disso, porém, importa que sinteticamente se verifiquem outros dois princípios autônomos de igualdade, previstos expressamente na Constituição, como normas a serem concretizadas em prol da igualdade tributária.

1.3.2.2.1. O princípio da igualdade tributária

A igualdade tributária é princípio autônomo previsto no art. 150, II, da CF.[308] Norma que estabelece não apenas um limite ao poder de tributar, mas também um dever de promoção de ideais, como projeção do princípio geral previsto no art. 5º da CF/88, com conteúdo e âmbito de aplicação (significado jurídico) específicos.[309] Nesse sentido, situa-se a reflexão de Velloso:[310]

> Embora o princípio da isonomia seja "onipresente" aplicando-se a todos os âmbitos normativos, há disposições constitucionais que garantem igualdades específicas, à luz de finalidades e critérios determinados. Tais disposições se denominam de "preceitos especiais de igualdade" ou "garantias especiais de igualdade" e fundamentam os "direitos especiais de igualdade" (*besonderen Gleichheitsrechte*).

Para Uckmar,[311] a igualdade, perante os gravames fiscais, pode ser entendida em sentido jurídico e em sentido econômico – em sentido jurídico, na medida em que estabelece paridade de posição e exclusão de privilégios para contribuintes que se encontrem em situações idênticas;

---

[308] Art. 150 Sem prejuízo de outras garantias asseguradas ao contribuinte, é vedado à União, aos Estados, ao Distrito Federal e aos Municípios: [...] II – instituir tratamento desigual entre contribuintes que se encontrem em situação equivalente, proibida qualquer distinção em razão de ocupação profissional ou função por eles exercida, independentemente da denominação jurídica dos rendimentos, títulos ou direitos; [...]

[309] STF. *ADI 3.105/DF*. Pleno. Voto do Min. Eros Grau. DJ de 18/02/2005. Ementário vol. 2180-2. Neste sentido, ainda, VELLOSO, Andrei Pitten. *O Princípio da Isonomia Tributária: da Teoria da Igualdade ao Controle das Desigualdades Impositivas*. Porto Alegre: Livraria do Advogado, 2010. p. 117 e 122.

[310] VELLOSO, Andrei Pitten. *O Princípio da Isonomia Tributária: da Teoria da Igualdade ao Controle das Desigualdades Impositivas*. Porto Alegre: Livraria do Advogado, 2010. p. 117-118. Na mesma linha, afirma Hugo de Brito Machado: "O princípio da igualdade é a projeção, na área tributária, do princípio geral da isonomia jurídica". MACHADO, Hugo de Brito. *Curso de Direito Tributário*. 31. ed. São Paulo: Malheiros, 2010. p. 43.

[311] UCKMAR, Victor. *Princípios Comuns de Direito Constitucional Tributário*. Traduzido por: Marco Aurélio Greco. São Paulo: Revista dos Tribunais, 1976. p. 54.

em sentido econômico, na medida em que estabelece o dever de contribuição "em igual medida", em termos de sacrifício, de acordo com a capacidade contributiva.

O princípio da igualdade tributária revela-se, assim, como uma limitação expressa formal – em relação à aplicação da lei – e material – em relação à elaboração da lei[312] – ao poder de tributar: encontra-se no âmbito das normas que serão objeto de aplicação; orienta o aplicador da norma; exige a atuação do legislador para igualar pessoas, inclusive por meio de tratos díspares; e proíbe a utilização de critérios que não estejam em sintonia com o Texto Constitucional.[313] Nesse sentido, Carrazza[314] afirma que a igualdade tributária é princípio que:

> [...] exige que a lei, tanto ao ser editada, quanto ao ser aplicada: a) não discrimine os contribuintes que se encontrem em situação jurídica equivalente; b) discrimine, na medida de suas desigualdades, os contribuintes que não se encontrem em situação jurídica equivalente.

Mediante tal norma, o constituinte não pretendeu que fosse concretizada apenas a igualdade perante a lei; ele quis também garantir a eficácia da igualdade na lei, ou seja, da igualdade implementada pelo legislador ao tempo da elaboração da lei,[315] excluindo a adoção de dois critérios específicos de comparação: a ocupação profissional e a função exercida pelos contribuintes.

O STF, ao examinar um recurso extraordinário do estado Rio Grande do Sul, em que se discutia a subsistência, após a promulgação da Constituição de 1988, da isenção do Imposto de Renda incidente sobre a verba de representação integrante da remuneração dos magistrados, reconheceu, em face da igualdade – que impede a diferença de tratamento entre contribuintes em situação equivalente, e veda qualquer distinção em razão de trabalho, cargo ou função exercidos –, a "revogação tácita, com efeitos imediatos, da benesse tributária". Em tal julgamento, foi reconhecida a natureza autônoma do princípio da igualdade tributária; pois, com base no art. 150, II, o STF conferiu a devida eficácia à proibição de trato desigual, materializada pela prescrição que veda o *discrimem*

---

[312] Segundo Dino Jarach, a igualdade é um limite ao Poder Legislativo. JARACH, Dino. *Curso de Derecho Tributario*. 3. ed. Buenos Aires: Liceu Cima, 1980. p. 89.

[313] COELHO, Sacha Calmon Navarro. *Curso de Direito Tributário Brasileiro*. 6. ed. Rio de Janeiro: Forense, 2001. p. 243. MACHADO, Hugo de Brito. *Curso de Direito Tributário*. 31. ed. São Paulo: Malheiros, 2010. p. 74.

[314] CARRAZZA, Roque Antonio. *Curso de Direito Constitucional Tributário*. 22. ed. São Paulo: Malheiros, 2006. p. 89.

[315] LACOMBE, Américo Lourenço Masset. *Princípios constitucionais tributários*. São Paulo: Malheiros, 1996. p. 19.

Essencialidade Tributária

fiscal em razão de função ou ocupação profissional, ainda que tal seja motivada pelo incentivo à adoção de certas profissões.[316]

Para Lacombe,[317] no entanto, na parte final do art. 150, II, da CF/88, manifesta-se uma "limitação" ao conceito de igualdade concebido por Aristóteles, e entre nós difundido por Rui Barbosa na obra denominada Oração aos Moços;[318] isso porque, entre uma infinidade de profissões e de funções que no mundo fático apresentam-se diferentes, tais seriam aqui tratadas igualmente, independentemente das diferenças que lhe são inerentes.

Em que pese a devida consideração em relação a essa compreensão, entendemos que tal "limitação" à igualdade geral inexiste. A igualdade, como já definido, é uma relação de comparação, em que um dos elementos é o critério de comparação. Sob tal ponto de vista o que a norma define é que a ocupação profissional ou a função exercida pelos contribuintes não podem ser adotadas como critérios de diferenciação tributária – o que, deve ficar claro, é diferente de dizer que não pode ser adotado nenhum critério de diferenciação.

Por esse raciocínio, queremos mostrar que o princípio da igualdade tributária não limita o conceito de igualdade apresentado por Aristóteles, nem tampouco o princípio geral da igualdade, previsto no art. 5º da CF/88; ele, como já mencionado, o explicita. No caso, há, por parte do legislador, a possibilidade e até mesmo o dever de promoção de tratamento diferenciado; esse dever, porém, será implementado por força da adoção de outros critérios, diversos da ocupação profissional ou da função exercida pelos contribuintes, a exemplo da capacidade contributiva ou da essencialidade, conforme o caso.

---

[316] STF. *RE 236.881/RS*. Segunda Turma. Rel. Min. Maurício Corrêa. DJ de 26/04/2002, p. 90. Ementário vol. 2066-02, p. 432.

[317] LACOMBE, Américo Lourenço Masset. *Princípios Constitucionais Tributários*. Malheiros. São Paulo, 1996, p. 19.

[318] Oração aos Moços foi o discurso escrito por Rui Barbosa para homenagear, como paraninfo, os formandos da turma de 1920 da Faculdade de Direito do Largo de São Francisco, em São Paulo, o qual, em meio a reflexões em relação à sua vida e às funções do advogado e do juiz, em certa passagem refere: "Não há, no universo, duas coisas iguais. Muitas se parecem umas às outras. Mas todas entre si diversificam. Os ramos de uma só árvore, as folhas da mesma planta, os traços da polpa de um dedo humano, as gotas do mesmo fluido, os argueiros do mesmo pó, as raias do espectro de um só raio solar ou estelar. Tudo assim, desde os astros no céu, até os micróbios no sangue, desde as nebulosas no espaço, até aos aljôfares do rocio na relva dos prados. A regra da igualdade não consiste senão em quinhoar desigualmente aos desiguais, na medida em que se desigualam. Nessa desigualdade social, proporcionada à desigualdade natural, é que se acha a verdadeira lei da igualdade. O mais são desvarios da inveja, do orgulho, ou da loucura. Tratar com desigualdade a iguais, ou a desiguais com igualdade, seria desigualdade flagrante, e não igualdade real". BARBOSA, Rui. *Oração aos Moços*. Documento eletrônico. p. 26. Disponível em: http://www.casaruibarbosa.gov.br/dados/DOC/artigos/rui_barbosa/FCRB_RuiBarbosa_Oracao_aos_mocos.pdf. Acesso em: 03 de janeiro de 2012.

1.3.2.2.2. O princípio da capacidade contributiva

O princípio da capacidade contributiva,[319] como norma que visa sobretudo à busca de um estado ideal de igualdade no que tange à distribuição do encargo tributário,[320] já foi objeto de calorosos debates, por parte da doutrina nacional e da doutrina estrangeira. Na Itália, inicialmente, a capacidade contributiva foi identificada, por Benvenuto Grizzioti, como a causa última do dever de pagar impostos.[321] Tal teoria foi objeto de duras críticas por parte de alguns autores, a exemplo de Giannini,[322] que defendia a insuficiência e a inadequação, sob o enfoque do Direito, do que era defendido por Grizzioti. Tal situação perdurou até a publicação, por Giardina,[323] do estudo intitulado Le Basi Teoriche Del Princìpio Della Capacita Contributiva, o qual buscou atribuir a devida efetividade ao princípio sob o ponto de vista jurídico, definindo-o como a possibilidade econômica de pagar o tributo, revelada pela posse de riqueza suficiente para a satisfação da imposição fiscal.

Sob tal perspectiva, a capacidade contributiva é identificada como instrumento de justiça tributária,[324] norma que define a prestação tributária com base nas características dos contribuintes, impondo o dever geral – no plano econômico –, político e social, de concorrer ao interesse comum – ou seja, de pagar tributos –, tanto pelo fato de se ter capacidade, quanto em razão desta capacidade.[325] Nesse sentido, vale ressaltar o conceito elaborado por Moschetti, em face da norma prevista na Constituição italiana:[326]

---

[319] A identificação da capacidade contributiva como princípio não é uniforme. No sentido de que a capacidade contributiva tem dimensão de regra, vide BUFFON, Marciano. *Tributação e Dignidade Humana: Entre Direitos e Deveres Fundamentais*. Porto Alegre: Livraria do Advogado, 2009. p. 175.

[320] Nesse sentido, STF. *RE 234.105/SP*. Rel. Min. Carlos Velloso. Pleno. DJ de 31/03/2000.

[321] Cf. TABOADA, Carlos Palao. El Principio de Capacidad Contributiva Como Criterio de Justicia Tributaria: Aplicación a Los Impuestos Directos e Indirectos. In: TÔRRES, Heleno Taveira (Coord.). *Tratado de Direito Constitucional Tributário: Estudos em Homenagem a Paulo de Barros Carvalho*. São Paulo: Saraiva, 2005. p.128.

[322] GIANNINI, A.D. *Instituciones De Derecho Tributario*. Traduzido por: Sainz de Bujanda. Madrid: Editorial de Derecho Financiero, 1957. p. 73-5.

[323] GIARDINA, Emílio. *Le basi teoriche del princìpio della capacità contributiva*. Milano: Dott.A. Giuffrè Ed., 1961. p.3 e 434-5.

[324] LICCARDO, Gaetano. *Introduzione allo Studio Del diritto tributario: Il Diritto Tributario nel Quadro Delle Scienze Giuridiche e Finanziarie*. Napoli: Casa Editrice Dott. Eugenio Jovene, 1962. p. 260. MOSCHETTI, Francesco. *Profili Generali. Trattato di Diritto Tributário*. Vol. I. Tomo I. Padova: Cedam, 1994. p. 227. MACHADO. Hugo de Brito. *Os Princípios Jurídicos da Tributação na Constituição de 1988*. 3. ed. São Paulo: Revista dos Tribunais, 1994. p. 62.

[325] Cf. BERLIRI, Antonio. *Principi di Diritto Tributário*. Vol. I. Milano: Dott. A. Giuffrè Editore, 1967. p. 221. Neste sentido, ainda, MOSCHETTI, Francesco. *Profili Generali. Trattato di Diritto Tributário*. Padova: Cedam, 1994. p. 225-6, e AYALA, José Luiz Pérez de; BECERRIL, Miguel Pérez de Ayala. *Fundamentos de Derecho Tributário*. Madrid: Dykinson, 2009. p. 80.

Capacidade contributiva, não é, assim, qualquer manifestação de riqueza, mas apenas aquela com força econômica, que deve ser identificada como adequada a concorrer as despesas públicas, à luz das fundamentais necessidades econômicas e sociais previstas na nossa Constituição.

Em relação a seu destinatário, a capacidade contributiva deve ser entendida não só como limitação ao poder de tributar do Estado,[327] que vincula o Legislativo e o Executivo[328] – impondo que se tributem apenas fatos indicativos de capacidade econômica[329] –, mas também como direito fundamental do contribuinte.[330] [331]

O conteúdo da capacidade contributiva, decorre do princípio geral da igualdade e deriva da ideia de tratamento equitativo e não discriminatório na repartição dos encargos e sacrifícios públicos.[332] Nesse sentido também entende Carrazza,[333] ao afirmar que "o princípio da capacidade contributiva hospeda-se nas dobras do princípio da igualdade e ajuda a

---

[326] No original (tradução livre): *"Capacità contributiva non è pertanto qualsiasi manifestazione di ricchezza, ma solo quella forza economica che debba giudicarsi idonea a concorrere alle spese pubbliche, alla luce delle fondamentali esigenze economiche e sociali accolte nella nostra costituzione".* MOSCHETTI, Francesco. *Profili Generali. Trattato di Diritto Tributário.* Padova: Cedam, 1994. p. 238.

[327] MOSCHETTI, Francesco. *Profili Generali. Trattato di Diritto Tributário.* Vol I. Tomo I. Padova: Cedam, 1994. p.229. Ainda neste sentido MICHELI, Gian Antonio. *Curso de Direito Tributário.* Traduzido por: Marco Aurelio Greco e Pedro Luciano Marrey Jr. São Paulo: Revista dos Tribunais, 1978. p. 95. TABOADA, Carlos Palao. El Principio de Capacidad Contributiva Como Criterio de Justicia Tributaria: Aplicación a Los Impuestos Directos e Indirectos. In: TÔRRES, Heleno Taveira (Coord.). *Tratado de Direito Constitucional Tributário: Estudos em Homenagem a Paulo de Barros Carvalho.* São Paulo: Saraiva, 2005. p. 286. Na doutrina nacional, BALEEIRO, Aliomar. *Limitações Constitucionais ao Poder de Tributar.* 7. ed. Rio de Janeiro: Forense, 1999. p. 689.

[328] MOSCHETTI, Francesco. *Profili Generali. Trattato di Diritto Tributário.* Vol. I. Tomo I. Padova: Cedam, 1994. p.234 e 246.

[329] CARRAZZA, Roque Antonio. *Curso de Direito Constitucional Tributário.* 22. ed. São Paulo: Malheiros, 2006. p. 92.

[330] *"[...] la capacità contributiva in sé considerate, indipendentemente dalla varietà delle sue accezioni giurisprudenziali e dottrinali, manifesta una sua vitalità quale garanzia del contribuente e limite alla pretesa fiscale e, quindi, in ultima analisi, come espressione di democrazia".* MARINI, Giuseppe. Le Diverse Nozioni di Capacità Contributiva Nella Giurisprudenza Della Corte Constituzionale Italiana. In: *Revista Tributária e de Finanças Públicas.* Ano 12. N° 55. São Paulo: Revista dos Tribunais, 2004. p. 253.

[331] As limitações expressas ao poder de tributar, têm, inclusive na interpretação do STF, *status* de direito fundamental: "[...] Direitos e garantias individuais não são apenas aqueles que estão inscritos nos incisos do art. 5°. Não. Esses direitos e essas garantias se espalham pela Constituição. O próprio art. 5°, no seu § 2°, estabelece que os direitos e garantias expressos nesta Constituição não excluem outros decorrentes do regime e dos princípios por ela adotados, ou dos tratados internacionais em que a República do Brasil seja parte. [...]". *ADI 939/DF.* Pleno. Trecho de Voto do Min. Carlos Velloso. RTJ vol. 151-03, p. 755.

[332] Na mesma linha, no sentido de que a capacidade contributiva promove a igualdade, MAFFEZZONI, Frederico. *Il Principio di Capacità Contributiva Nel Diritto Finanziario.* Torino: Unione Tipografico Editrice Torinese, 1970. p. 373.

[333] CARRAZZA, Roque Antonio. *Curso de Direito Constitucional Tributário.* 22. ed. São Paulo: Malheiros, 2006. p. 86. De posição similar, CARVALHO, Paulo de Barros. *Direito Tributário, Linguagem e Método.* 3. ed. São Paulo: Noeses, 2009. p. 325, e BERLIRI, Antonio. *Principi di Diritto Tributário.* Vol. I. Milano: Dott. A. Giuffrè Editore, 1967. p. 265. Ainda neste sentido, *"Il principio di capacità contributiva si presenta dunque come specificazione dell'art. 3, in quanto pone al legislatore tributario dei vincoli non*

realizar, no campo tributário, os ideais republicanos", bem como Giannini, na doutrina italiana, para quem "a igualdade de todos os cidadãos, perante a lei, impõe a regra para que eles contribuam indiscriminadamente, na proporção de seus ativos, para as despesas do Estado".[334]

Por isso, na função de norma limitadora do poder de tributar, primeiramente a concretização do princípio garante, sempre que possível, um estado de igualdade horizontal; ou seja, garante que o contribuinte não seja compelido a uma exigência fiscal diversa frente a outros contribuintes com capacidade idêntica à sua – aqui, a capacidade contributiva justifica a elaboração de uma lei que imponha ônus fiscal igual para contribuintes que possuam a mesma capacidade.

Ainda, ao tempo da elaboração da lei, deve o legislador, da mesma forma, garantir a igualdade vertical, materializada pela produção de uma norma que, em atenção ao fator de diferenciação eleito, garanta que contribuintes com capacidades diversas não sejam compelidos a exigências fiscais iguais[335] – aqui, a capacidade contributiva justifica a elaboração de uma lei que promova distinções fundadas em hipóteses reais e concretas, que retrate efetivamente diversidade em relação à capacidade (ou à ausência de capacidade) de contribuir com o Estado para a realização dos direitos fundamentais. Da mesma forma, com clareza, destacam Vogel e Waldhoff:[336]

> Acima e além disso, a questão de controle de paridade de impostos é sempre focada em duas direções diferentes. Em uma direção vertical para justificar uma alíquota diferente sobre os rendimentos diferentes de acordo com o princípio da igualdade (igualdade tributária vertical/justiça fiscal). Em uma direção horizontal para garantir que os rendimentos igualmente altos serão igualmente tributados (igualdade tributária horizontal/justiça fiscal).

Em síntese, a capacidade contributiva é uma das formas de especificação da igualdade no Direito Tributário;[337] critério de comparação que

---

ricavabili direttamente dalla mera necessita di razionalità e coerenza". SCHIAVOLIN, Roberto. *Il Collegamento Soggettivo. Trattato di Diritto Tributário.* Vol I. Tomo I. Padova: Cedam, 1994. p. 292.

[334] No original (tradução livre): "[...] dell'eguaglianza di tutti i cittadini dinanzi alla legge, faceva seguire la regola che [essi contribuiscono indistintamente, nella proporzion dei loro averi , ai carichi dello stato]". GIANNINI, A.D. *Instituciones De Derecho Tributario.* Traduzido por: Sainz de Bujanda. Madrid: Editorial de Derecho Financiero, 1957. p. 75.

[335] Sobre igualdade vertical e horizontal a partir da capacidade contributiva, vide RIBEIRO, José Joaquim. *Lições de Finanças Públicas.* 5. ed. Coimbra: Coimbra, 1997. p. 262-3.

[336] No original (tradução livre): *"Above and beyond this, the issue of parity control in taxes is always focused in two different directions. In a vertical direction it can be said to justify the different tax rate on different incomes according to the principle of equality (vertical tax equality/tax fairness). In a horizontal direction it must offer a guarantee that equally high incomes will be equally taxed (horizontal tax equality/tax fairness)".* VOGEL, Klaus; WALDHOFF, Christian. Germany. In: MEUSEN, Gerard TK (Ed.). *The Principle of Equality in European Taxation.* Boston: Kluwer Law International, 1999. p. 111.

[337] VOGEL, Klaus; WALDHOFF, Christian. Germany. In: MEUSEN, Gerard TK (Ed.). *The Principle of Equality in European Taxation.* Boston: Kluwer Law International, 1999. p. 163. SERRANO, Carmelo Losano. *Exenciones Tributarias y Derechos Adquiridos.* Madrid: Tecnos, 1988. p. 26.

Essencialidade Tributária

integra a estrutura da igualdade,[338] identificado por Pérez Luño como um princípio de diferenciação jurídica,[339] e por Velloso[340] como critério--guia para a promoção da igualdade tributária.

A capacidade contributiva, diferentemente do que refere Berliri,[341] não é o único princípio autônomo que garante a igualdade no Direito Tributário. Como já apontado, é, em face da estrutura da igualdade, um critério de comparação apto à sua promoção; no entanto, não é o único. Ao lado da capacidade contributiva, existem outros princípios de mesma hierarquia e com idêntico fundamento. Tais princípios, em determinados casos e para determinados tipos de tributos, garantem em idêntica medida a igualdade na tributação.[342] Por isso, antes de adentrarmos no exame da essencialidade tributária, resgatamos o que já foi afirmado no capítulo primeiro: a capacidade contributiva não é concretizável em toda e qualquer relação tributária. Há tributos em que a promoção da igualdade não é levada a efeito em face da atenção ao princípio da capacidade contributiva. Como já referido, para as taxas, a igualdade é promovida pelo princípio da equivalência; para os impostos sobre o consumo, a igualdade é promovida pelo princípio da essencialidade.

---

[338] VOGEL, Klaus; WALDHOFF, Christian. Germany. In: MEUSEN, Gerard TK (Ed.). *The Principle of Equality in European Taxation*. Boston: Kluwer Law International, 1999. p. 113.

[339] PÉREZ LUÑO, Antonio Enrique. *Dimensiones de la Igualdad*. 2. ed. Madrid: Dykinson, 2007. p. 30.

[340] VELLOSO, Andrei Pitten. A Teoria da Igualdade Tributária e o Controle de Proporcionalidade das desigualdades de Tratamento. In: *Revista Tributária e de Finanças Públicas*. V.15. Nº16. São Paulo: Revista dos Tribunais, 2000. p. 47-8. Ainda nesse sentido: BERLIRI, Antonio. *Principi di Diritto Tributário*. Vol. I. Milano: Dott. A. Giuffrè Editore, 1967. p. 265.

[341] BERLIRI, Antonio. *Principi di Diritto Tributário*. Vol. I. Milano: Dott. A. Giuffrè Editore, 1967. p. 264. Na mesma linha, na doutrina estrangeira: EINAUDI, Luigi. *Principios de Hacienda Publica*. Traduccion de La Segunda Edicion Italiana (1940) por Jaime Algarra y Miguel Paredes. Madrid: M. Aguilar, 1948. p. 253-4. Na mesma linha, UCKMAR, Victor. *Princípios Comuns de Direito Constitucional Tributário*. Traduzido por: Marco Aurélio Greco. São Paulo: Revista dos Tribunais, 1976. p. 70, e LAPATZA, José Juan Ferreiro. *Instituciones de Derecho Financiero*. Madrid: Marcial Pons, 2010. p. 193. JARACH, Dino. *Curso de Derecho Tributario*. 3. ed. Buenos Aires: Liceu Cima, 1980. p. 95-6. Na doutrina nacional, Hugo de Brito Machado afirma que sempre a igualdade no Direito Tributário está associada à capacidade contributiva, sendo esse um critério de justiça definido para a aplicação da igualdade MACHADO, Hugo de Brito. *Os Princípios Jurídicos da Tributação na Constituição de 1988*. 3. ed. São Paulo: Revista dos Tribunais, 1994. p. 59.

[342] No sentido de que a capacidade contributiva não é o único critério para a promoção da igualdade, também Andrei Pitten Velloso. O autor não chega a identificar a essencialidade como um critério, já que sua proposta parte da eleição de critérios a partir das espécies tributárias; porém, este dá um grande passo, principalmente em relação à doutrina nacional, ao reconhecer o critério da equivalência para as taxas, e o critério do benefício econômico às contribuições de melhoria. VELLOSO, Andrei Pitten. A Teoria da Igualdade Tributária e o Controle de Proporcionalidade das desigualdades de Tratamento. In: *Revista Tributária e de Finanças Públicas*. V.15. Nº16. São Paulo: Revista dos Tribunais, 2000. p. 50. Na mesma linha, SERRANO, Carmelo Losano. *Exenciones Tributarias y Derechos Adquiridos*. Madrid: Tecnos, 1988. p 26.

2. A essencialidade tributária

2.1. A definição de essencialidade tributária

2.1.1. A essencialidade em constituições anteriores a 1988

No Brasil, não é nova a ideia de orientação da tributação em face do grau de essencialidade das mercadorias. Isso porque, diferentemente do que, como visto, ocorre nos sistemas normativos dos países integrantes da Comunidade Europeia[343] – onde não se verifica uma previsão expressa acerca da essencialidade –, o legislador constitucional tem demonstrado, ao longo do tempo, atenção especial à finalidade para qual se destinam as mercadorias, como elemento de orientação para a graduação de impostos sobre o consumo.[344]

A primeira manifestação nesse sentido, acerca da atenção ao grau de essencialidade das mercadorias como instrumento de orientação da tributação, ocorreu na Constituição de 1946.[345] O Texto daquela época, em que pese não referir de forma expressa a essencialidade, isentava do imposto sobre o consumo as mercadorias que a lei classificasse como indispensáveis à habitação, ao vestuário, à alimentação e ao tratamento médico de pessoas de menor capacidade contributiva.[346] Diferentemente do que vemos atualmente, a tributação em atenção à essencialidade concretizava-se por meio de uma regra que afastava a incidência do Imposto sobre o consumo das mercadorias definidas como indispensá-

---

[343] Em que pese a ausência de disposição expressa no que tange à adoção da essencialidade na União Europeia, a doutrina italiana, há anos, já dava sinais, no sentido de que a graduação dos impostos sobre o consumo deveria ser de acordo com as características das mercadorias. Nesse sentido, Gian Antonio Micheli, há muito tempo, já afirmava que *"La diversa natura dei singoli prodotti, le varie classificazioni merceologiche e l'esigenza di adeguare i criteri di commisurazione dei tributi alle molteplici tecniche di lavorazione hanno condotto alla formazione di una disciplina piuttosto complessa dei presupposti e dei criteri di determinazione del quantum delle singole imposte di fabbricazione"*. MICHELI, Gian Antonio. *Corso di Diritto Tributario*. Torino: Unione Tipografico-Editrice Torinese, 1970. p. 491. Atrelado a isso, como antes verificado, há uma tendência, ainda que desuniforme, de se tributar com alíquotas menores os bens mais essenciais. Nesse sentido, é possível citar a Espanha, onde as refeições são tributadas com uma alíquota intermediária; e a Itália, onde as frutas e verduras são tributadas com uma alíquota reduzida, em comparação com outras mercadorias cujo ônus fiscal é mais elevado.

[344] Neste sentido, também, as palavras de MAFFEZZONI, Frederico. *Il Principio di Capacità Contributiva Nel Diritto Finanziario*. Torino: Unione Tipografico Editrice Torinese, 1970. p. 176-7.

[345] Conforme ensina Baleeiro, a expressão seletividade, em que pese não expressamente prevista nos textos constitucionais daquela época, já era observada pelo legislador ordinário. BALEEIRO, Aliomar. *Direito Tributário Brasileiro*. 11. ed. Rio de Janeiro: Forense, 2004. p. 206.

[346] Na redação original: Art. 15. Compete à União decretar impostos sobre: […] § 1º São isentos do imposto de consumo os artigos que a lei classificar como o mínimo indispensável à habitação, vestuário, alimentação e tratamento médico das pessoas de restrita capacidade econômica. […]

Essencialidade Tributária

99

veis – definição que, no período, estava a cargo do legislador infraconstitucional.

Em um plano quase similar, a Constituição de 1967 trazia regra determinando que os Estados isentassem do Imposto Estadual sobre a circulação de mercadorias os produtos definidos pelo legislador ordinário como de "primeira necessidade".[347] Naquele período, diferentemente de 1946, quando a tarefa do legislador ordinário era apenas a de classificar os artigos indispensáveis, cabia ao detentor da competência tributária também a tarefa de definir, por meio da lei, as hipóteses de isenção.

Foi também com a Constituição de 1967 que a terminologia essencialidade passou a ser expressamente adotada – todavia, como visto, não em relação ao Imposto Sobre a Circulação de Mercadorias (ICM), mas apenas em relação ao IPI.[348] Nessa linha, também o Código Tributário Nacional, como norma geral em matéria de legislação tributária,[349] definiu a essencialidade como o critério a ser observado pelo legislador da União na graduação do IPI.[350]

Com a promulgação da Emenda Constitucional em 1969, foi mantida a essencialidade em relação ao IPI;[351] todavia, o dispositivo relativo à desoneração do ICM foi suprimido.

Tais normas não produziram grandes resultados na prática. A indefinição do que era essencial pela doutrina, atrelada a transferência constitucional dessa tarefa ao legislador ordinário, acabou por esvaziar a estrutura das normas de essencialidade – fato esse que justifica a posição que até hoje é manifestada nos poucos estudos sobre o tema, no

---

[347] Na redação original: Art. 24. Compete aos Estados e ao Distrito Federal decretar impostos sobre: [...] § 6° Os Estados isentarão do imposto sobre circulação de mercadorias a venda a varejo, diretamente ao consumidor, dos gêneros de primeira necessidade que especificarem, não podendo estabelecer diferença em função dos que participam da operação tributada.

[348] Art. 22. Compete à União decretar impostos sobre: [...] V – produtos industrializados; [...] § 4° O imposto sobre produto industrializado será seletivo, em função da essencialidade dos produtos, e não-cumulativo, abatendo-se, em cada operação, o montante cobrado nas anteriores. [...]

[349] As normas gerais em matéria de legislação tributária são normas de atuação uniformizadora, as quais explicitam os meandros constitucionais, estabelecendo critérios delineadores às pessoas políticas da Federação enquanto agentes legislativos parciais, a fim de que sejam evitadas invasões e disparidades entre os detentores das competências tributárias. Esse caráter uniformizador, que se busca atribuir às normas gerais, tem como fundamento o já abordado princípio do Estado Democrático de Direito – o qual é baseado na realização da igualdade, da liberdade e da sociabilidade – em conjugação com o princípio federativo, objetivando o fim das desigualdades regionais e o tratamento digno ao cidadão contribuinte. CANAZARO, Fábio. *Lei Complementar Tributária na Constituição de 1988*. Porto Alegre: Livraria do advogado, 2005. p. 95 e ss.

[350] Art. 48. O imposto é seletivo em função da essencialidade dos produtos.

[351] Art. 21. Compete à União instituir impôsto sôbre: V – produtos industrializados, também observado o disposto no final do item I; [...] § 3° O impôsto sôbre produtos industrializados será seletivo em função da essencialidade dos produtos, e não-cumulativo, abatendo-se, em cada operação, o montante cobrado nas anteriores. [...]

sentido da impossibilidade de definição de um conteúdo para a essencialidade.[352]

Porém, como já demonstrado, a promoção da igualdade na tributação não depende apenas da concretização da capacidade contributiva. Ao lado desse princípio – e, em especial, nos casos em que este se mostra inaplicável –, surge na tributação de natureza fiscal o dever de concretização da norma jurídica da essencialidade, em perfeita sintonia com a Constituição de 1988.

2.1.2. A essencialidade na Constituição de 1988

Com o advento da Constituição de 1988, o tema da essencialidade na tributação voltou a ser objeto de debates. Isso porque a CF/88 vinculou a essencialidade não apenas ao IPI, como na Constituição preexistente, mas também ao Imposto Sobre a Circulação de Mercadorias e Sobre as Prestações de Serviços de Transporte Interestadual e Intermunicipal e de Comunicação (ICMS).[353]

Atrelada à questão da previsão da norma da essencialidade no bojo das regras de competência, a Constituição de 1988 marcou também uma nova era em relação à promoção dos direitos fundamentais – direitos estes que servem de fundamento material ao poder de tributar.

Assim, com base em cada um dos dispositivos que integram as regras de competência daqueles impostos, e que não são exatamente idênticos – um prevê que a essencialidade *será* adotada, o outro que *poderá ser* –, a doutrina passou a identificar a existência do princípio da seletividade, em função da essencialidade das mercadorias, centrando as discussões, em especial, na dificuldade de sua aplicação, em relação tanto ao IPI quanto ao ICMS.

É precisamente com base nessa linha argumentativa que sustentamos que a questão inerente à eficácia daquelas normas ainda não foi suficientemente investigada, certamente tendo em vista que parte da doutrina segue identificando o que denomina de seletividade como um

---

[352] No sentido de que inexiste uma regra clara e unívoca em matéria de impostos sobre o consumo, para a o preenchimento da norma de essencialidade, vide TORRES, Ricardo Lobo. O IPI e o Princípio da Seletividade. In: *Revista Dialética de Direito Tributário*. nº 18. São Paulo: Dialética, 1997. p. 98-9.

[353] Determinam os artigos: Art. 153. Compete à União instituir impostos sobre: [...] IV – produtos industrializados; [...] § 3º – O imposto previsto no inciso IV: I – será seletivo, em função da essencialidade do produto; [...] Art. 155. Compete aos Estados e ao Distrito Federal instituir impostos sobre: [...] II – operações relativas à circulação de mercadorias e sobre prestações de serviços de transporte interestadual e intermunicipal e de comunicação, ainda que as operações e as prestações se iniciem no exterior; [...] § 2º O imposto previsto no inciso II atenderá ao seguinte: [...] III – poderá ser seletivo, em função da essencialidade das mercadorias e dos serviços; [...]

Essencialidade Tributária

dever, e parte segue identificando como uma faculdade do legislador ordinário, detentor da competência tributária.[354]

Em que pese careça, portanto, tal questão de uma análise mais acurada, o estudo da essencialidade jurídica em relação à tributação sobre o consumo não deve apenas se restringir à delimitação de sua eficácia. Para a formação de uma teoria da essencialidade tributária, cumpre que seja investigado muito mais. A própria nomenclatura que vem sendo utilizada – seletividade –, por exemplo, não nos parece a mais adequada. Além disso, é preciso que se defina toda a estrutura da essencialidade, seu conceito e sua dimensão normativa, bem como seu modo de realização e seus destinatários, elementos imprescindíveis para a garantia de sua efetividade na tributação sobre o consumo.

2.1.2.1. Seletividade versus essencialidade tributária

A doutrina tem-se referido ao dever de essencialidade nos impostos sobre o consumo, utilizando a expressão seletividade tributária. Autores como Melo,[355] Barreto[356] e Carrazza[357] reconhecem inclusive uma natureza normativa à seletividade ao denominarem-na de princípio da seletividade tributária.[358] Tal referência tem origem nas disposições constitucionais já anotadas, inerentes à atribuição de competência para a instituição do IPI e do ICMS, no sentido de que esses impostos seriam seletivos.

O fato é que devemos ficar atentos a um aspecto importante: a adoção da denominação seletividade como referência à essencialidade mostra-se equivocada. Ponto crucial para essa conclusão é que a essencialidade está sendo confundida com a seletividade – o que esperamos demonstrar, está longe de tratar-se da mesma coisa.

A seletividade, no Direito Tributário, pressupõe a utilização de determinada sistemática de tributação, baseada em características ou

---

[354] Neste sentido, Ricardo Lobo Torres afirma que a Tabela de Incidência do IPI – TIPI, ao estruturar a escala de valoração da essencialidade dos bens, é fruto da discricionariedade do legislador. No caso, não há, segundo o autor, indicações, no direito positivo, de critérios específicos para graduar a necessidade social dos produtos industrializados. TORRES, Ricardo Lobo. O IPI e o Princípio da Seletividade. In: *Revista Dialética de Direito Tributário*. nº 18. São Paulo: Dialética, 1997. p. 98.

[355] MELO, José Eduardo Soares de. *ICMS: Teoria e Prática*. 3. ed. São Paulo: Dialética, 1998. p. 205.

[356] BARRETO, Aires. *Base de Cálculo, Alíquota e Princípios Constitucionais*. São Paulo: Ed. Max Limonad, 1998. p. 69.

[357] CARRAZZA, Roque Antonio. *Curso de Direito Constitucional Tributário*. 22. ed. São Paulo: Malheiros, 2006. p. 96.

[358] Ainda nesse sentido, o STF: "O princípio da seletividade impõe que o poder público gradue a carga tributária conforme a essencialidade da operação ou do produto". STF. *RE 429.306/PR*. Segunda Turma. Rel. Min. Joaquim Barbosa. DJe-049 de 16/03/2011. Ementário vol. 2482-01, p. 99.

qualidades predefinidas pelo sistema – seletividade como seleção. Tributar em atenção à seletividade implica a utilização de um critério de comparação entre sujeitos (grupos de pessoas, mercadorias ou serviços), com vista à promoção de uma finalidade.

A essencialidade é, em tese, como ensina Baleeiro,[359] qualidade ou estado do que é essencial, do que é indispensável. Algo que é vinculado a um padrão mínimo de vida e à garantia de bem-estar da sociedade.[360]

Todavia, não obstante o apontado – que se julga uma definição de certa forma até singela frente à importância que deve ser conferida à essencialidade –, fica a pergunta: qual deve ser o parâmetro para que se gradue a tributação de acordo com o grau de essencialidade de mercadorias e serviços? Para respondê-la, é preciso que se atribua significância à essencialidade sob ponto de vista jurídico, tarefa que será à frente realizada.

Independentemente da analise efetuada a seguir, podemos de antemão concluir – ainda que previamente ao estabelecimento de um conceito – que a seletividade não está exclusivamente vinculada à aferição do grau de essencialidade das mercadorias consumidas. Ou seja, seletividade e essencialidade não se confundem. A seleção para fins de tributação está atrelada à identificação de grupos – mas não apenas de grupos de mercadorias ou de serviços, em atenção ao elemento indicativo grau de essencialidade.

No Imposto Sobre a Renda e Proventos de Qualquer Natureza (IR), por exemplo, para a concretização do princípio da capacidade contributiva – como critério de comparação para a promoção da igualdade –, o legislador adota a seletividade. Nesse caso, a seleção ocorre por meio da escolha de um fator indicativo para a diferenciação[361] diverso do grau de essencialidade, qual seja, determinada quantidade de renda. Vale lembrar que, com relação a essa hipótese, identificam-se grupos de contribuintes em razão do fator indicativo renda, e não grupos de mercadorias e/ou serviços em razão do fator indicativo grau de essencialidade.

A seletividade, como separação, está também prevista no IPTU. Ao tempo que a regra de competência do IPTU define que o imposto poderá

---

[359] Neste sentido, BALEEIRO, Aliomar. *Direito Tributário Brasileiro*. 11. ed. Rio de Janeiro: Forense, 2004. p. 206.

[360] TILBERY, Henry. O Conceito de Essencialidade como Critério de Tributação. In: NOGUEIRA, Ruy Barbosa (Coord.). *Estudos Tributários*. São Paulo: Resenha Tributária, 1974. p. 326 e 342.

[361] Nesse sentido, aponta Peter Westen: *"cannot declare people to be morally or legally 'equal' without having compared them, and one cannot compare people without having jointly measured them by one or more common standards of measurements"*. WESTEN. Peter. *Speaking Of Equality: An analysis of the rhetorical force of equality in moral and legal discourse*. Princeton: Princeton University Press, 1990. p. 62. No Brasil, vide BANDEIRA DE MELLO, Celso Antônio. *O Conteúdo Jurídico do Princípio da Igualdade*. 3. ed. São Paulo: Malheiros, 2006. p. 38-9.

Essencialidade Tributária

ter alíquotas diferentes de acordo com a localização e o uso do imóvel,[362] a Constituição brasileira especifica que a promoção da igualdade, para esse tributo, dar-se-á pela diferenciação de alíquotas sobre grupos de imóveis. Em tal hipótese, identificam-se – ou selecionam-se – grupos de bens em razão do critério localização, e grupos de bens em razão do critério uso para o qual se destina.

Logo, seletivos não são apenas os impostos sobre consumo. Seletivos são todos os impostos em que o legislador vale-se de um critério de comparação entre sujeitos (pessoas, mercadorias ou serviços), em sintonia com uma finalidade constitucional.

A seletividade, portanto, não é princípio. A seletividade é uma forma (ou um meio) imposta pelo Texto Constitucional, a ser adotada na tributação de natureza fiscal, para a concretização de alguns princípios: o princípio da essencialidade e o princípio da capacidade contributiva, por exemplo, ambos como garantia da igualdade geral no Direito Tributário.

Por essa razão, não é a seletividade que deve orientar o detentor da competência tributária para a graduação dos impostos sobre o consumo, mas sim a essencialidade. O que nos parece relevante, em outras palavras, é que a regra matriz de incidência desses tributos, caso sejam utilizados como meio fiscal, deve ter seu critério quantitativo mensurado em razão do grau de essencialidade das mercadorias, conclusão que se extrai em razão de uma interpretação sistemática[363] voltada à realização dos direitos fundamentais e, em especial, à promoção do princípio da igualdade.

2.1.2.2. O conceito de essencialidade

Ao longo do tempo, a doutrina procurou demonstrar o modo de realização da essencialidade tributária, tentando definir o que é essencial

---

[362] Art. 156 Compete aos Municípios instituir impostos sobre: I – propriedade predial e territorial urbana; [...] § 1º Sem prejuízo da progressividade no tempo a que se refere o art. 182, § 4º, inciso II, o imposto previsto no inciso I poderá: (Redação dada pela Emenda Constitucional nº 29, de 2000) [...] II – ter alíquotas diferentes de acordo com a localização e o uso do imóvel.(Incluído pela Emenda Constitucional nº 29, de 2000) [...]

[363] Conforme ensina Juarez Freitas, "*A interpretação sistemática deve ser entendida como uma operação que consiste em atribuir, topicamente, a melhor significação, dentre várias possíveis, aos princípios, às normas estritas (ou regras) e aos valores jurídicos, hierarquizando-os num todo aberto, fixando-lhes o alcance e superando antinomias em sentido amplo, tendo em vista bem solucionar os casos sob apreciação*". E arremata o Professor: "*Verdadeiramente a interpretação sistemática, compreendida em novas e realistas bases, é a que se realiza em consonância com aquela rede hierarquizável, máxime na Constituição, tecida de princípios, regras e valores considerados dialeticamente e em conjunto na interação com o intérprete, positivador derradeiro*". FREITAS, Juarez. *A interpretação Sistemática do Direito*. 4. ed. São Paulo: Malheiros, 2004. p. 80.

sob o ponto de vista do Direito.[364] Essa tarefa, todavia, mostrou-se não muito exitosa: para a maioria daqueles que enfrentaram o tema, essencial seria uma qualidade de difícil conceituação,[365] a ser definida diretamente pela legislação, em atenção a elementos geográficos,[366] históricos e políticos.[367] Nessa linha, também o STF, na tentativa de conceituar o que é essencial sob o ponto de vista jurídico, tem enfrentado certa dificuldade:[368]

> A essencialidade é termo fluido, impreciso, de textura aberta, cuja reconstituição semântica depende da cultura de cada intérprete, o que abre certa margem de discricionariedade ao legislativo para lhe determinar o conteúdo e alcance, sem prejuízo do núcleo significante mínimo, fora do qual a cláusula constitucional seria insultada [...].

A par do que foi exposto, na ótica da doutrina referida e na perspectiva adotada pelo STF no julgado citado, a norma que prevê que o legislador observe a essencialidade de mercadorias e serviços na tributação sobre o consumo não teria um conteúdo nem um alcance; apenas, no caso da definição da Corte Constitucional Brasileira, teria um núcleo significante mínimo. Ou seja, fora desse núcleo, seu preenchimento seria realizado estritamente pelo legislador ordinário.[369] Em tal sentido, inclusive, advoga TILBERY,[370] defendendo que as escalas estabelecidas para a definição de bens essenciais, úteis e supérfluos não representariam ato

---

[364] Nesse sentido, destacam-se, sobretudo, os seguintes trabalhos: TILBERY, Henry. O Conceito de Essencialidade como Critério de Tributação. In: NOGUEIRA, Ruy Barbosa (Coord.). *Estudos Tributários*. São Paulo: Resenha Tributária, 1974. XAVIER, Alberto. A Tributação do IPI sobre Cigarros. In: *Revista Dialética de Direito Tributário*. Nº 118. São Paulo: Dialética, 2005.

[365] CARRAZZA. Roque Antônio. *ICMS*. 9. ed. São Paulo: Malheiros, 2002. p. 325.

[366] Nesse sentido, o apontado por Xavier de Basto, ao comentar a dificuldade de definir o que é essencial na União Europeia: "É evidente que a essencialidade dos bens varia como o tempo e o lugar, dependendo de hábitos de consumo dos povos. O açúcar, por exemplo, é um bem que suporta, em vários países, tributação especial, sendo assim penalizado o seu consumo. Em Portugal, todavia, o açúcar, não só não suporta tributação especial, como beneficia, em sede de IVA, de taxa reduzida". BASTO, José Guilherme Xavier de. A Tributação do Consumo e a sua Coordenação Internacional: Lições Sobre Harmonização Fiscal na Comunidade Econômica Européia. In: *Ciência e Técnica Fiscal*, nº 361 e 362, janeiro – março e abril – junho. Centro de Estudos Fiscais. Lisboa: Direção Geral das Contribuições e Impostos, Ministério das Finanças, 1991. p. 20.

[367] TILBERY, Henry. O Conceito de Essencialidade como Critério de Tributação. In: NOGUEIRA, Ruy Barbosa (Coord.). *Estudos Tributários*. São Paulo: Resenha Tributária, 1974. p. 315. BOTTALLO, Eduardo Domingos. Linhas Básicas do IPI. In: *Revista de Direito Tributário*. nº 13-14. Ano IV. São Paulo: Revista dos Tribunais, 1980. p. 199.

[368] STF. *AI 515.168 AgR-ED/MG*. Primeira Turma. Rel. Min. Cezar Peluso, DJ de 21/10/2005 p. 26. Ementário vol. 2210-06, p. 1061.

[369] Neste sentido afirmava Aliomar Baleeiro: "O discricionarismo honesto do legislador, fiel ao espírito da Constituição, fará a seleção das mercadorias e a relatividade das alíquotas". BALEEIRO, Aliomar. *Direito Tributário Brasileiro*. 11. ed. Rio de Janeiro: Forense, 2004. p. 206. Ainda na mesma linha, LACOMBE, Américo Lourenço Masset. *Princípios constitucionais tributários*. São Paulo: Malheiros, 1996. p. 149.

[370] TILBERY, Henry. O Conceito de Essencialidade como Critério de Tributação. In: NOGUEIRA, Ruy Barbosa (Coord.). *Estudos Tributários*. São Paulo: Resenha Tributária, 1974. p. 327-8.

arbitrário, encontrando-se no plano do exercício da discricionariedade legislativa. Isso porque, com exceção dos "bens indisponíveis por natureza", que são universalmente admitidos – alimentação, moradia, vestuário, tratamento médico, entre outros,

as demais tentativas para classificar as mercadorias em função da urgência da satisfação das necessidades ou desejos carecem de marcos claramente visíveis, que possam orientar o traçado da linha divisória.

Pois, em face da dificuldade de se definir o que é essencial, tem-se desconsiderado a existência de uma estrutura à norma de essencialidade. E – o que é pior – tem-se desconsiderado sua força normativa, fato que termina por justificar a ausência de clareza por parte dos tribunais e da própria doutrina ao analisar o tema relativo à eficácia e à efetividade da essencialidade na tributação sobre o consumo. Não se pode ignorar, ainda, que nem a doutrina nem os poucos julgados que se relacionam com o tema têm apresentado um conceito de essencialidade jurídica sob o ponto de vista do Direito Tributário. Ambos, quando muito, limitam-se à tentativa de conceituação do que é essencial, o que não significa a mesma coisa.

Essas considerações mostram que, para que se defina o conteúdo da essencialidade jurídica na relação tributária, impõe-se o enfrentamento de duas questões. Primeiro, é necessário conceituar a essencialidade tributária, ou seja, a essencialidade jurídica sob o ponto de vista do Direito Tributário – e, podemos dizer, conceituar a essencialidade tributária, conforme já referido, não é o mesmo que conceituar o que é essencial, sob o ponto de vista jurídico. Depois, é preciso enfrentar a dificuldade até então sinalizada pela doutrina: a relativa a conceituação do que é essencial sob o ponto de vista jurídico.

2.1.2.2.1. O conceito de essencialidade tributária

A atribuição de efetividade à essencialidade na relação tributária não decorre simplesmente da conceituação do que é essencial, sob o ponto de vista jurídico, em termos de mercadorias e serviços. A identificação do que é essencial em face do sistema é relevante; todavia, não garante efetividade à norma da essencialidade tributária. Ampliando esse ponto, podemos considerar que o cerne da questão não é, na realidade, definir o que é essencial, mas sim definir o conteúdo da norma de essencialidade, de forma que se possa identificar como tal irá graduar a incidência da tributação sobre o consumo.

Para a realização de tal tarefa – ou seja, para a elaboração do conceito essencialidade tributária –, é necessário recorrer novamente ao seu fundamento: o princípio da igualdade. No Direito Tributário, a doutrina tem constantemente afirmado que a promoção da igualdade dá-se pela concretização do princípio da capacidade contributiva;[371] para a doutrina, o princípio da capacidade contributiva é a garantia de um estado de igualdade na tributação.

Em prol da promoção da igualdade na tributação, já foram identificados os elementos que, como define Bandeira de Mello,[372] integram a sua estrutura. E a definição da estrutura da igualdade demonstrou que o princípio da capacidade contributiva atua, em relação ao dever de igualdade, como um de seus elementos: o critério de comparação. A capacidade contributiva é, desse modo, um dos elementos estruturais a ser considerado para que a igualdade seja levada a efeito nas relações tributárias. Um critério cuja adoção justifica-se em razão da existência de sintonia perante um fim constitucionalmente protegido:[373] a divisão equânime do ônus na tributação de natureza fiscal.

O princípio da capacidade contributiva não guia a instituição de todos os tributos nem serve como linha mestra, conforme a dicção de Freitas,[374] para definir ou orientar a graduação em toda e qualquer exação. Há impostos, por exemplo, em que não há como se aferir a capacidade contributiva daquele que suporta seu ônus; porém, isso não significa que esses estão à margem da igualdade. Para tais, impõe-se, da mesma forma, o dever de promoção da igualdade na tributação,[375] caso em que a capacidade contributiva cede espaço à essencialidade tributária.

Em síntese, existem casos em que o critério de comparação capacidade contributiva não pode ser adotado. E o dever de graduação do ônus fiscal em prol da igualdade nos impostos sobre o consumo, por via diversa da capacidade contributiva, é a prova disso. Pois, para esse

---

[371] Entre os autores nacionais, destaca-se CARVALHO, Paulo de Barros. *Direito Tributário, Linguagem e Método*. 3. ed. São Paulo: Noeses, 2009. p. 324-5. Já em relação à doutrina estrangeira, merece referência a obra de JARACH, Dino. *Curso de Derecho Tributario*. 3. ed. Buenos Aires: Liceu Cima, 1980. p. 95-6.

[372] BANDEIRA DE MELLO, Celso Antônio. *O Conteúdo Jurídico do Princípio da Igualdade*. 3. ed. São Paulo: Malheiros, 2006. p. 41.

[373] TIPKE, Klaus; LANG, Joachim. *Direito Tributário*. Traduzido por: Luiz Dória Furquim. Porto Alegre: Sergio Antonio Fabris, 2008. p. 195. WESTEN. Peter. *Speaking Of Equality: An analysis of the rhetorical force of equality in moral and legal discourse*. Princeton: Princeton University Press, 1990. p. 240.

[374] Como já referido, precisa é a definição proposta por Juarez Freitas. Princípios entendem-se como critérios ou diretrizes basilares do sistema jurídico, dotados de qualidade argumentativa superior às regras, exatamente em face da sua fundamentalidade. FREITAS, Juarez. *A interpretação Sistemática do Direito*. 4. ed. São Paulo: Malheiros, 2004. p. 56.

[375] Conforme Valcarcel *"l eguaglianza presuppone anche un criterio di determinazione o quantificazione delle prestazione tributarie"*. Todavia, este critério não é, exclusivamente, a capacidade contributiva. VALCARCEL, Ernesto Lejeune. *L'Eguaglianza. Trattato di Diritto Tributário*. Vol I. Tomo I. Padova: Cedam, 1994. p. 383.

caso, o sistema impõe ao legislador a adoção do critério de comparação essencialidade.

Por exemplo, bebidas à base de soja – sucos e leite – são mais essenciais do que refrigerantes? A resposta a essa pergunta, ou seja, a identificação do que é mais essencial, tem como fundamento a promoção da igualdade, e como elemento um fator orientado com base na identificação de um estado promovido pela Constituição – nesse caso, o estado de proteção à saúde e à alimentação.

Na hipótese sugerida como modelo, a igualdade é realizada mediante uma relação entre grupos de mercadorias. Relação esta, porém, que não é levada a efeito com base no critério de comparação capacidade contributiva, mas sim na essencialidade, e no seu correspectivo fator indicativo – o grau de essencialidade.

Além disso, no caso citado, a igualdade jurídica, enquanto relação de comparação,[376] nos impostos sobre o consumo revela os seguintes elementos estruturais: (a) o objeto da comparação são os dois grupos de mercadorias – o grupo das bebidas à base de soja e o grupo dos refrigerantes; (b) o critério de comparação é a essencialidade, a qual possui relação de pertinência com a finalidade da diferenciação; (c) o fator indicativo de diferenciação é o grau de essencialidade das mercadorias; e (d) a finalidade constitucionalmente protegida é o estado de divisão equânime do ônus fiscal, que, de acordo com o sistema constitucional, se quer atingir.

Diante dos elementos apontados – e considerando-se a promoção da saúde e da alimentação, em especial daqueles que, por exemplo, necessitam de alimentos à base de soja por intolerância à lactose –, podemos concluir que bebidas à base de soja são mais essenciais do que refrigerantes. Todavia, a referida relação muitas vezes não é considerada na legislação. Na tributação do ICMS, no estado do Rio Grande do Sul, por exemplo, o fator de diferenciação grau de essencialidade, no caso concreto, não era levado a efeito, já que a alíquota das bebidas à base de soja era de 25%, enquanto a dos refrigerantes é de 18%.[377] Logo, na hipótese, o legislador estadual não atentava à norma constitucional

---

[376] Neste sentido, ALEXY, Robert. *Teoria dos Direitos Fundamentais*. Traduzido por: Virgílio Afonso da Silva. São Paulo: Malheiros, 2008. p. 401. Ainda: COMPARATO, Fábio Konder. Precisões Sobre os Conceitos de Lei e de Igualdade Jurídica. In: *Revista dos Tribunais*. v. 87. n. 750. São Paulo: Revista dos Tribunais, 1998. p. 18. BALEEIRO, Aliomar. *Limitações Constitucionais ao Poder de Tributar*. 7. ed. Rio de Janeiro: Forense, 1999. p. 525. Ainda: STF. *RE 336.134/RS*. Pleno. Rel. Min. Ilmar Galvão, DJ de 16/05/2003, p. 93. Ementário vol. 2110-04, p 655.

[377] Conforme os incisos I e III do art. 27 do Livro I do Regulamento do ICMS – Decreto 37.699/97, regra que prevaleceu até 20/07/2012, quando o Governo do Estado publicou o Decreto 49.388/12, que implementando o Convênio ICMS (CONFAZ) 65/12, concedeu redução da base de cálculo do Imposto em percentual que resulte em carga equivalente a 17% para as bebidas a base de soja. Diferentemente já era, no entanto, em relação ao IPI, hipótese em que as bebidas à base de soja, em

da essencialidade na tributação sobre o consumo, o que importava em violação da essencialidade tributária, assim como de seu fundamento: a igualdade.

É nesse sentido que mais uma vez convém afirmar que existem casos em que a promoção da igualdade não decorre da concretização do princípio da capacidade contributiva. Pois essas são aquelas hipóteses em que a igualdade deve ser concretizada na tributação sobre o consumo. Seria completamente inócuo, no exemplo citado, se para a promoção da igualdade, quanto à tributação, entre bebidas à base de soja e refrigerantes – lembrando que a igualdade jurídica consiste na realização de tratos díspares para os desiguais[378] –, o legislador adotasse como critério de comparação a capacidade de pagamento de tributos das indústrias que produzem tais mercadorias, ou dos estabelecimentos que as vendem ao consumidor. É isso, em razão da completa ausência do que Bandeira de Mello[379] denominou de vínculo de correlação lógica, entre o critério, agora suposto, de comparação (capacidade contributiva dos estabelecimentos), a finalidade constitucionalmente protegida (promoção de um estado de igualdade na tributação de impostos que, em regra, tem seu ônus transferido ao consumidor) e o fator a ser adotado para a diferenciação (no caso da medida capacidade contributiva, frequentemente o tamanho da empresa ou a receita auferida).

Ao fim e ao cabo, é preciso considerar que a essencialidade não impõe ao legislador o dever de simplesmente listar o que é essencial (ou o que é mais essencial). A identificação do nível ou do grau de essencialidade das mercadorias é apenas um elemento da relação norteada pela norma da essencialidade, em prol da promoção da igualdade nos impostos sobre o consumo. A essencialidade tributária, da mesma forma, não determina que todas as mercadorias consideradas essenciais sejam desoneradas.[380] A norma de essencialidade não delimita a competência tributária, como uma imunidade; ela limita o poder conferido pela norma de competência, impondo o dever de relação entre grupos de mercadorias e de serviços, para que, de acordo com o fator de diferenciação grau ou nível de essencialidade, o legislador defina a graduação da tributação,

---

sintonia com a norma da essencialidade, são tributadas com alíquota zero – item 2202.90.00 da Tabela de Incidência do IPI (TIPI) – Dec. 7.660, de 23/12/2011.

[378] VELLOSO, Andrei Pitten. *O Princípio da Isonomia Tributária: da Teoria da Igualdade ao Controle das Desigualdades Impositivas*. Porto Alegre: Livraria do Advogado, 2010. p. 52.

[379] BANDEIRA DE MELLO, Celso Antônio. *O Conteúdo Jurídico do Princípio da Igualdade*. 3. ed. São Paulo: Malheiros, 2006. p. 17.

[380] "A seletividade do IPI, inscrita no art. 153, 3º, I, da Constituição Federal, não se confunde com imunidade, de modo que os produtos podem ser tributados desde que a tributação seja graduada em "função da essencialidade". STF. *AI 515.168 AgR-ED/MG*. Primeira Turma. Rel. Min. Cezar Peluso, DJ de 21/10/2005 p. 26. Ementário vol. 2210-06, p. 1061.

Essencialidade Tributária

objetivando a promoção de um fim constitucionalmente prescrito: a divisão equânime do ônus na tributação sobre o consumo.

Coerente com isso, a essencialidade tributária pode ser conceituada como *norma que visa a promoção da igualdade no que tange à distribuição do ônus tributário nos impostos sobre o consumo; norma que atua como critério de comparação, integrando a relação entre grupos de mercadorias e/ou serviços, para a promoção de um fim: um estado de igualdade na tributação.*

Nesse sentido, portanto, a essencialidade limita o poder de tributar, pois impõe ao legislador que, na relação – para a promoção da igualdade –, observe como fator de diferenciação entre mercadorias e serviços o grau de essencialidade destas frente ao determinado pelo sistema.

Sob o aspecto dos efeitos em relação aos seus destinatários, a essencialidade é limitação positiva e também negativa. Positiva porque exige uma conduta por parte do legislador – a de atentar ao grau de essencialidade de mercadorias e serviços, ao dimensionar a tributação sobre o consumo. Negativa porque proíbe a utilização de fatores de diferenciação que não estejam em sintonia com o critério de comparação essencialidade, se a finalidade a ser promovida for a igualdade. Em relação ao seu conteúdo, a essencialidade é classificada como limitação material, pois determina o conteúdo do poder de tributar conferido pela Constituição Federal (limite ao quanto tributar).[381]

Diferentemente do que foi demonstrado, em relação à doutrina e à posição manifestada pelo STF, é possível perceber que a essencialidade é norma dotada de uma estrutura,[382] formada pelo conteúdo de outras normas constitucionais: a norma da igualdade, como justificativa da relação entre mercadorias e serviços, e as normas que definem o fator de diferenciação: os níveis ou graus de essencialidade.

De acordo com a proposta de conceituação da essencialidade, consideramos que, em relação à tributação de cunho fiscal, a essencialidade jurídica não é violada nas seguintes hipóteses concretas:

a) quando a lei tributária tratar igualmente mercadorias e serviços que possuam a mesma natureza e tenham a mesma finalidade;

b) quando a lei tributária tratar desigualmente mercadorias e serviços que possuam natureza ou finalidades diversas;

c) quando o tratamento diferenciado entre as mercadorias e serviços possuir fundamento constitucional justificador, ou seja, sempre quando for possível a segregação de mercadorias e serviços em categorias, de acordo com o nível ou o grau de essencialidade;

---

[381] ÁVILA, Humberto. *Sistema Constitucional Tributário*: De acordo com a Emenda Constitucional n° 42, de 19.12.2003. São Paulo: Saraiva, 2004. p. 73/4.

[382] No sentido de que a essencialidade possui um conteúdo mínimo, vide: BOTTALLO, Eduardo Domingos. O Imposto Sobre Produtos Industrializados na Constituição. In: TÔRRES, Heleno Taveira (Coord.). *Tratado de Direito Constitucional Tributário*. Saraiva: São Paulo, 2005. p. 633.

d) quando o tratamento diferenciado entre no mínimo dois grupos de mercadorias e serviços importar no estabelecimento de um ônus tributário menor para o grupo integrado pelas mercadorias e pelos serviços mais essenciais.

Em conclusão, o mais relevante para que se atribua efetividade à essencialidade jurídica não é definir apenas o que é essencial; relevante é, sobretudo, atentar para a relação de comparação entre grupos de mercadorias e serviços, identificando-se as diferenças em razão do fator de diferenciação, grau da essencialidade das mercadorias.

2.1.2.2.2. O conceito de mercadoria e serviço essencial sob o ponto de vista jurídico

A falta de efetividade da essencialidade jurídica, como já anunciado, não decorre da dificuldade de se conceituar o que é essencial, mas sim de se conceituar a própria norma de essencialidade. Entretanto, como o critério de comparação essencialidade se encontra atrelado a um fator de diferenciação – o grau de essencialidade de mercadorias e serviços – chega o momento de conceituarmos o que é essencial sob o ponto de vista jurídico.

A elaboração de um conceito de mercadorias e serviços essenciais está atrelada à identificação das finalidades determinadas pelo sistema, e não à capacidade contributiva pressuposta daqueles que as estão consumindo.[383] Essenciais, portanto, são mercadorias e serviços indispensáveis à subsistência[384] e à promoção do bem-estar do cidadão.[385]

Assim, sob o ponto de vista jurídico, essenciais são mercadorias e serviços cujos valores constitucionais denotam ser indispensáveis à promoção da liberdade, da segurança, do bem-estar,[386] do desenvolvimento,

---

[383] Nesse sentido, Gianfranco Lorenzon aponta que, mesmo na Itália, onde a doutrina tem por tradição considerar a capacidade contributiva como princípio aplicável a todos os tributos, há quem defenda a existência de outras normas, diversas da capacidade contributiva, para a definição de, por exemplo, serviços essenciais. LORENZON, Gianfranco. L'Ambito Oggettivo di Applicazione. Trattato di Diritto Tributário. Vol. I. Tomo I. Padova: Cedam, 1994. p. 312.

[384] MACHADO, Hugo de Brito. O ICMS no Fornecimento de Energia Elétrica: Questões de Seletividade e da Demanda Contratada. In: Revista Dialética de Direito Tributário. n° 155. São Paulo: Dialética, 2008. p. 51

[385] Sobre o direito fundamental ao bem-estar do cidadão, na sua dimensão física, psíquica e espiritual, irretocáveis são as lições de Juarez Freitas acerca do princípio da sustentabilidade. FREITAS, Juarez. Sustentabilidade: Direito ao Futuro. Belo Horizonte: Fórum, 2011. p. 40-1.

[386] Nesta linha, cumpre destacar a doutrina de Amartya Sen, para quem o bem estar não se justifica apenas a partir da realização das necessidades da pessoa, mas sim a partir de um senso pessoal de valores. SEN, Amartya. A Idéia de Justiça. Traduzido por: Denise Bottmann, Ricardo Doninelli Mendes. São Paulo: Companhia das letras, 2011. p. 323.

da igualdade e da justiça – das finalidades constitucionalmente prescritas. Nesse sentido, é oportuna a lição de Melo:[387]

> A essencialidade decorre da devida compreensão dos valores captados pela Constituição, como é o caso do salário mínimo, que toma em consideração as necessidades vitais básicas como moradia, alimentação, educação, lazer, vestuário, higiene, transporte e previdência (art. 7º, IV).

Em se tratando de mercadorias e serviços – já que o cerne da questão é a efetividade da norma da essencialidade em face da tributação sobre o consumo –, o grau de essencialidade, como fator de diferenciação, é determinado em face da destinação e/ou da finalidade de mercadorias e serviços, revelando-se mais essenciais aquelas mercadorias e aqueles serviços destinados à proteção e à manutenção da dignidade humana, à erradicação da pobreza e da marginalização, à educação, à saúde, à alimentação, ao trabalho, à moradia, ao lazer, à segurança, à proteção à maternidade e à infância, à assistência para os desamparados, e à defesa do meio ambiente.

Na perspectiva ora apontada, o legislador não é livre para identificar o que é e o que não é essencial como fator de diferenciação em relação ao critério de comparação essencialidade. A identificação de um conceito de mercadoria e serviço essencial sob o ponto de vista jurídico, em relação à tributação sobre o consumo, justifica não um estado de liberdade mas exatamente o inverso: a ausência de liberdade de escolha por parte do detentor da competência tributária,[388] o qual deve sempre, para definir o que é mais essencial, atentar para a promoção das finalidades constitucionalmente definidas.

2.1.2.3. A dimensão normativa da essencialidade tributária

Outra questão que não tem gerado conclusões uniformes por parte da doutrina diz respeito à dimensão normativa da essencialidade. Ao examinarem o IPI e o ICMS com base na Constituição de 1988, alguns autores referem-se à essencialidade como critério ou técnica de tributação,[389] outros como regra,[390] e outros como princípio.[391] Pois, para a

---

[387] MELO,José Eduardo Soares de. *IPI – Teoria e Prática*. São Paulo: Malheiros, 2009. p. 212.

[388] CARRAZA, Roque Antonio; BOTTALLO, Eduardo Domingos. IPI, Seletividade e Alteração de Alíquotas. In: *Revista Dialética de Direito Tributário*. Nº 159. São Paulo: Dialética, 2008. p. 108.

[389] PAULSEN, Leandro. *Direito Tributário: Constituição e Código Tributário à Luz da Doutrina e da Jurisprudência*. 9. ed. Porto Alegre: Livraria do Advogado: ESMAFE, 2007. p. 307.

[390] ESTURILIO, Regiane Binhara. *A Seletividade no IPI e no ICMS*. São Paulo: Quartier Latin, 2008. p. 103.

[391] CARRAZZA. Roque Antônio. *ICMS*. 9. ed. São Paulo: Malheiros, 2002. p. 323. MELO, José Eduardo Soares de. *IPI – Teoria e Prática*. São Paulo: Malheiros, 2009. p. 212. MACHADO, Hugo de Brito.

garantia de efetividade à norma de essencialidade na relação tributária, é também relevante identificar a sua dimensão normativa.

2.1.2.3.1. A essencialidade – critério

Os autores que atribuem a essencialidade à natureza de técnica de tributação justificam a essencialidade como um critério com vistas à orientação do legislador, no sentido de se tributar menos aquilo que é considerado essencial, e mais o que é supérfluo.

É preciso considerar, todavia, que essa classificação não leva em consideração a natureza normativa da essencialidade. Isso porque a identificação da essencialidade como um critério ou uma técnica de tributação importa em simplesmente definir como ela é em concreto apli cada, sem que reste definida a sua eficácia perante o sistema.

Resgatando-se, ainda que parcialmente neste momento, o conceito de sistema jurídico proposto por Freitas[392] –"uma rede axiológica e hierarquizada topicamente de princípios fundamentais, de normas estritas (ou regras) e de valores jurídicos"–, o que se verifica, de pronto, é que o sistema é integrado por princípios, regras e valores. Ou seja, ainda que parte da doutrina identifique que a essencialidade é um critério, tal classificação ocorre ao tempo da concretização da norma, independentemente da elaboração de uma conclusão acerca de sua natureza normativa.

Isso nos leva a crer que a definição da essencialidade como critério de comparação dá-se em plano diverso: o plano da aplicação em concreto da norma frente à promoção de outra norma – a norma da igualdade. Nesse caso, como já verificado, a essencialidade revela-se como uma norma que estabelece um critério de comparação. Todavia, essa classificação não supre a necessidade de sua identificação em relação à sua natureza normativa – como regra ou princípio.

2.1.2.3.2. A essencialidade – regra

Os autores que identificam a essencialidade como regra sustentam seus argumentos na forma como expressamente tal foi identificada no

---

Os Princípios Jurídicos da Tributação na Constituição de 1988. 3. ed. São Paulo: Revista dos Tribunais, 1994. p. 96. XAVIER, Alberto. A Tributação do IPI sobre Cigarros. In: *Revista Dialética de Direito Tributário.* N° 118. São Paulo: Dialética, 2005. p. 20. DANILEVICZ, Rosane. *A essencialidade como princípio constitucional à tributação: sua aplicação pela seletividade.* Dissertação de mestrado. Faculdade de Direito, Pontifícia Universidade Católica do Rio Grande do Sul – PUCRS, Porto Alegre, 2008. p. 72.

[392] FREITAS, Juarez. *A interpretação Sistemática do Direito.* 4. ed. São Paulo: Malheiros, 2004. p. 54.

Texto Constitucional; a conclusão, neste caso, dá-se principalmente em face da sua inaplicabilidade sobre todos os tributos.[393]

Tal justificativa, no entanto, não se sustenta. A aplicação da norma – sobre um ou sobre vários tributos – não justifica a natureza de regra, nem tampouco afasta a natureza de princípio. Não é pelo fato de a Constituição prever a essencialidade, de forma expressa, apenas para o IPI e o ICMS que a ela não se possa atribuir a dimensão de princípio. Pensar nesse sentido importa em desconsiderar o caráter de fundamentalidade da essencialidade, justificada em face da sua natureza, como norma destinada à promoção de uma das finalidades basilares do sistema jurídico – a igualdade –, bem como importa em contrapor toda a ideia até agora construída: a ideia de que o princípio da capacidade contributiva não se aplica a todos os tributos.

Noutros termos, atribuir natureza normativa de regra à essencialidade, por conta do argumento antes anotado – o da aplicação apenas sobre alguns tributos –, é cair em contradição. Se assim entendêssemos, estaríamos a refutar a ideia antes defendida, sob o argumento de que ou a capacidade contributiva aplica-se a todos os tributos, pois tem natureza de princípio; ou, em face da sua inaplicabilidade em relação a todos os tributos, teria a natureza de regra.

Em que pese este não seja o objeto do presente estudo, as regras já tiveram no capítulo anterior seus elementos identificados. Regras são cláusulas específicas, de caráter definitivo e de conteúdo completamente preenchido face à prévia ponderação de princípios, a qual consiste em um mandado definitivo,[394] a ser observado tanto pelo Poder Legislativo quanto pelo Poder Executivo.[395]

Pois, diante do demonstrado, basta que se analisem os dispositivos que delimitam a competência para a instituição do IPI e do ICMS, para que se verifique que o dever de aferição do que é mais essencial, de acordo com fins constitucionalmente definidos, ocorre caso a caso. Ou seja, inexiste, no Texto Constitucional, um rol específico das mercadorias que são consideradas essenciais. A concretização da essencialidade tributária justifica exatamente este exercício: o exercício de aferição do que é mais essencial em face do sistema, como fator de diferenciação, com vistas à promoção da igualdade na tributação sobre o consumo.

---

[393] Neste sentido: ESTURILIO, Regiane Binhara. *A Seletividade no IPI e no ICMS*. São Paulo: Quartier Latin, 2008. p. 103.

[394] ALEXY, Robert. *Teoria dos Direitos Fundamentais*. Traduzido por: Virgílio Afonso da Silva. São Paulo: Malheiros, 2008. p. 104.

[395] STF. *RE 231.924/PR*. Pleno. Rel. Min. Ricardo Lewandowski. DJe-118 de 21/06/2011. Ementário vol. 2548-01, p. 84. Ainda nesse sentido: TÔRRES, Heleno Taveira. *Direito Constitucional Tributário e Segurança Jurídica: metódica da segurança jurídica do sistema constitucional tributário*. São Paulo: Revista dos Tribunais, 2011. p. 498.

Com base novamente na análise daqueles dispositivos inerentes ao IPI e ao ICMS, o que se verifica é que a essencialidade não tem seu conteúdo previamente preenchido em razão da ponderação de princípios. Isso aconteceria exatamente, se os dispositivos tivessem, ao contrário, especificado o que é essencial (ou mais essencial), em caráter definitivo. Nessa hipótese tal especificação realmente decorreria da ponderação de princípios. Todavia, isso, como se vê, não ocorreu.

No caso em tela, a consideração dos princípios ocorrerá *a posteriori*, exatamente em atenção ao fim constitucionalmente protegido, o qual justificará a adoção do critério de comparação essencialidade, como elemento integrante da estrutura da igualdade nas relações tributárias sobre o consumo de mercadorias. Em conclusão, a essencialidade não possui dimensão normativa de regra.

2.1.2.3.3. A essencialidade – princípio

Finalmente, há uma gama de autores que atribui à essencialidade a dimensão de princípio.[396] É importante deixar claro, pois, que os princípios também já tiveram suas características identificadas ao longo do presente trabalho.

Princípios são normas axiologicamente superiores,[397] que estabelecem um mandamento a ser satisfeito em graus variados, de acordo com as possibilidades concretas, mediante ponderação.[398] São normas que possuem eficácia direta e imediata, e que são concretizadas com base em uma teoria sistemática, cuja função é a de dar cumprimento aos objetivos do sistema.[399]

Assim, é inegável que se reconheça a natureza de princípio à essencialidade. Como já referido, a essencialidade não se revela como uma

---

[396] A título de exemplo, para Alberto Xavier, a essencialidade revela-se como princípio cogente. XAVIER, Alberto. A Tributação do IPI sobre Cigarros. In: *Revista Dialética de Direito Tributário*. nº 118. São Paulo: Dialética, 2005. p. 20. Na mesma linha, BOTTALLO, Eduardo Domingos. O Imposto Sobre Produtos Industrializados na Constituição. In: TÔRRES, Heleno Taveira (Coord.). *Tratado de Direito Constitucional Tributário*. Saraiva: São Paulo, 2005. p. 632/3.

[397] Nesse sentido, de grande relevância é a diferenciação proposta por Juarez Freitas. Mesmo não adotando na íntegra o proposto por Robert Alexy na obra Teoria dos Direitos Fundamentais, Juarez Freitas identifica a distinção entre as espécies normativas, não apenas pela fundamentalidade, mas, em especial, através "do reconhecimento de uma diferença substancial de grau hierárquico". FREITAS, Juarez. *A interpretação Sistemática do Direito*. 4. ed. São Paulo: Malheiros, 2004. p. 56, 57, 228-9.

[398] ALEXY, Robert. *Teoria dos Direitos Fundamentais*. Traduzido por: Virgílio Afonso da Silva. São Paulo: Malheiros, 2008. p. 103-4.

[399] Novamente merece destaque a doutrina de Juarez Freitas, que de forma singular e com uma didática irretocável apresenta um quadro sinótico apontando as semelhanças e distinções entre princípios e regras. FREITAS, Juarez. *A interpretação Sistemática do Direito*. 4. ed. São Paulo: Malheiros, 2004. p. 228-30.

Essencialidade Tributária

115

cláusula específica de caráter instrumental. A essencialidade é norma que tem por objeto, de acordo com o caso (possibilidades fáticas e jurídicas), a promoção de fim constitucional – a divisão equânime do ônus fiscal na tributação sobre o consumo.

Seguindo esse raciocínio, podemos considerar que a essencialidade revela-se como uma linha mestra que serve de guia ao intérprete na promoção dos ideais do sistema,[400] a qual é concretizada como um critério de comparação não em atenção às características dos contribuintes – como a capacidade contributiva –, mas sim em atenção ao grau de essencialidade de mercadorias e serviços, com vistas a garantir da mesma forma um estado de igualdade no que tange à tributação.

Por isso, correto é afirmar que, no mesmo plano da capacidade contributiva – porém com incidência sobre tributos de natureza diversa –, encontra-se a essencialidade, princípio que visa à busca de um estado ideal de igualdade no que tange à distribuição do ônus tributário nos impostos sobre o consumo.[401] [402]

2.2. A realização da essencialidade tributária no sistema constitucional brasileiro

2.2.1. A eficácia da essencialidade tributária nos impostos sobre o consumo

A eficácia da essencialidade é tema que gera controvérsia na atualidade, face à ausência de consenso a respeito da produção de seus efeitos.[403] Pois, para uma definição mais precisa acerca de sua eficácia, impõem-se duas tarefas: examinar se a essencialidade é uma faculdade ou um dever, e verificar quais impostos sobre o consumo sujeitam o legislador, no exercício da competência, à observância do princípio da essencialidade.

---

[400] FREITAS, Juarez. *A interpretação Sistemática do Direito*. 4. ed. São Paulo: Malheiros, 2004. p. 56.

[401] Em idêntica linha de pensamento afirma Alberto Xavier, ao definir a essencialidade como princípio de "igual dignidade constitucional" a capacidade contributiva. XAVIER, Alberto. A Tributação do IPI sobre Cigarros. In: *Revista Dialética de Direito Tributário*. nº 118. São Paulo: Dialética, 2005. p. 21.

[402] Neste sentido, STF. *RE 234.105/SP*. Pleno. Rel. Min. Carlos Velloso. DJ de 31/03/2000.

[403] Segundo José Afonso da Silva, a eficácia, também denominada de eficácia jurídica, "designa a qualidade de produzir, em maior ou menor grau, efeitos jurídicos, ao regular, desde logo, as situações, as relações e os comportamentos de que cogita. SILVA, José Afonso da. *Aplicabilidade das Normas Constitucionais*. 6. ed. São Paulo: Malheiros, 2004. p. 66. Em similitude com tal entendimento, a lição de DINIZ, Maria Helena. *Norma Constitucional e seus efeitos*. 5. ed. São Paulo: Saraiva, 2001. p. 37-8.

Analisando o que já foi, ainda que parcialmente, concluído pela doutrina, importa que se responda a duas perguntas: há um dever de concretização da essencialidade tributária, tanto em relação ao IPI quanto em relação ao ICMS? E o ISS deve ter sua incidência dosada também em relação à essencialidade do serviço prestado?

Como ocorre com a capacidade contributiva, o princípio da essencialidade não se concretiza, isto é, não tem eficácia sobre todos os tributos. A essencialidade aplica-se aos impostos sobre o consumo,[404] impostos cuja regra jurídica de tributação atinja um fato econômico que consista no consumo de mercadorias ou serviços.[405] No Brasil, podem ser classificados como impostos de consumo o IPI, o ICMS, o ISS e o Imposto de Importação.[406] [407]

2.2.2.1. A eficácia da essencialidade tributária em relação ao imposto sobre produtos industrializados e ao imposto sobre operações relativas à circulação de mercadorias e sobre prestações de serviços de transporte interestadual e intermunicipal e de comunicação

Como nas regras de competência do IPI e do ICMS há referência expressa em relação à essencialidade, não há dúvida quanto à possibilidade de sujeição desses tributos ao referido princípio. A forma, no entanto, como a essencialidade foi referida nos dispositivos tem gerado uma discussão paralela: existe um dever ou uma faculdade em relação à concretização da essencialidade tributária. Isso porque no tocante ao IPI,

---

[404] Paralelamente a tal definição, parte da doutrina passou a identificar os impostos sobre o consumo com impostos indiretos. A classificação entre impostos diretos e indiretos já teve seu ápice no estudo do Direito Tributário; neste sentido, por exemplo, NOGUEIRA, Ruy Barbosa. *Curso de Direito Tributário*. 13. ed. Saraiva: São Paulo, 1994. p. 159. Na Itália, TESAURO, Francesco. *Istituzioni Di Diritto Tributario*. Vol. 2. Parte Speciale. Torino: Unione Tipografico-Editrice Torinese, 1993. p.155. Por outro lado, tal classificação também já foi objeto de duras críticas por parte da doutrina; vide, no caso, SOUZA, Rubens Gomes de. *Compêndio de Legislação Tributária*. Rio de Janeiro: Edições Financeiras, 1952. p. 127, e ATALIBA, Geraldo. *Hipótese de Incidência Tributária*. São Paulo: Revista dos Tribunais, 1973. p. 158-9

[405] BECKER, Alfredo Augusto, *Teoria Geral do Direito Tributário*. 3. ed. São Paulo: Lejus, 1998. p. 411-12.

[406] A doutrina italiana tem identificado como impostos sobre o consumo aqueles que visam atingir o consumo através da produção ou da venda de bens e serviços, bem como mediante o ingresso de produtos estrangeiros no país. Neste sentido, TESAURO, Francesco. *Istituzioni Di Diritto Tributario*. Vol. 2. Parte Speciale. Torino: Unione Tipografico-Editrice Torinese, 1993. p.156.

[407] Neste trabalho, a essencialidade é investigada em relação ao IPI, ao ICMS e ao ISS. Dadas as peculiaridades do Imposto de Importação – e em especial da sua utilização constante como meio para induzir condutas (extrafiscalidade), hipótese em que a essencialidade na maioria das vezes não é levada em consideração, como veremos a seguir, –, optou-se por não analisar tal norma sob aquela perspectiva: a perspectiva do Imposto de Importação.

a Constituição prevê que a essencialidade será adotada, e no tocante ao ICMS, prevê que poderá ser adotada.

No caso do IPI, a doutrina é uniforme – para o IPI, a atenção ao princípio da essencialidade é obrigatória,[408] embora tal não esteja sendo muitas vezes devidamente observado pelo legislador da União.[409] Isso significa que, em relação ao IPI, é indiscutível a eficácia do princípio da essencialidade; porém, é questionável atualmente a sua efetividade.[410]

Por outro lado, em relação ao ICMS, há divergência por parte dos autores que já enfrentaram este tema em específico. Há quem afirme que a atenção à essencialidade pelo legislador ordinário é facultativa;[411] há quem defenda a essencialidade como obrigatória apenas nos casos em que o legislador adota a seletividade;[412] e há aqueles que a proclamam como imperativa.[413]

A doutrina que defende a essencialidade, em relação ao ICMS, como uma faculdade do legislador baseia-se nos seguintes argumentos. Primeiro, em face da literalidade do Texto Constitucional. A justificativa, nesse caso, é a de que o constituinte teve exatamente a intenção de diferenciar a essencialidade do IPI da essencialidade do ICMS,[414] impostos que inegavelmente têm características distintas. Segundo, em face

---

[408] AMARO, Luciano. *Direito Tributário Brasileiro*. 14. ed. São Paulo: Saraiva, 2008. p. 148. CARRAZZA, Roque Antonio. *Curso de Direito Constitucional Tributário*. 22. ed. São Paulo: Malheiros, 2006. p. 95. MELO, José Eduardo Soares de. IPI. In: MARTINS, Ives Gandra da Silva (Coord.). *Curso de Direito Tributário*. 9. ed. São Paulo: Saraiva, 2007. p. 576-7. NOGUEIRA, Ruy Barbosa. *Curso de Direito Tributário*. 13. ed. Saraiva: São Paulo, 1994. p. 123. SILVA, José Afonso da. *Curso de Direito Constitucional Positivo*. 20. ed. São Paulo: Malheiros, 2002. p. 696.

[409] Nesse sentido, por exemplo, Hugo de Brito Machado: "A diversificação das alíquotas do IPI está, na prática, muito longe de fazer dele um imposto seletivo em função da essencialidade do produto". MACHADO, Hugo de Brito. *Curso de Direito Tributário*. 31. ed. São Paulo: Malheiros, 2010. p. 347.

[410] Sobre a definição de efetividade, como o alcance dos objetivos da norma, também denominada eficácia social, vide SILVA, José Afonso da. *Aplicabilidade das Normas Constitucionais*. 6. ed. São Paulo: Malheiros, 2004. p. 66. Ainda nesse sentido, a definição proposta por SARLET, Ingo Wolfgang. *A Eficácia dos Direitos Fundamentais*. 10. ed. Porto Alegre: Livraria do Advogado, 2009. p. 240.

[411] COÊLHO, Sacha Calmon Navarro. *Comentários à Constituição de 1988: Sistema Tributário*. 3. ed. Rio de Janeiro: Forense, 1991. p. 238. MELO, José Eduardo Soares de. *ICMS: Teoria e Prática*. 3. ed. São Paulo: Dialética, 1998. p. 205-7. DENARI, Zelmo. Breves Considerações à Margem da Capacidade Contributiva. In: *Revista Dialética de Direito Tributário*. n° 124. São Paulo: Dialética, 2006. p. 82. NOGUEIRA, Ruy Barbosa. *Curso de Direito Tributário*. 13. ed. Saraiva: São Paulo, 1994. p. 132. PAULSEN, Leandro. *Direito Tributário: Constituição e Código Tributário à Luz da Doutrina e da Jurisprudência*. 9. ed. Porto Alegre: Livraria do Advogado: ESMAFE, 2007. p. 363.

[412] LACOMBE, Américo Lourenço Masset. *Princípios constitucionais tributários*. São Paulo: Malheiros, 1996. p. 28. SEGUNDO, Hugo de Brito Machado. A Tributação da Energia Elétrica e a Seletividade do ICMS. In: *Revista Dialética de Direito Tributário*. n° 62. São Paulo: Dialética, 2000. p. 72.

[413] CARRAZZA, Roque Antonio. *Curso de Direito Constitucional Tributário*. 22. ed. São Paulo: Malheiros, 2006. p. 95.

[414] Nesse sentido, PAULSEN, Leandro. *Direito Tributário: Constituição e Código Tributário à Luz da Doutrina e da Jurisprudência*. 9. ed. Porto Alegre: Livraria do Advogado: Esmafe, 2007. p. 307.

de o ICMS ser originário do antigo ICM – o qual era exigido mediante a utilização de alíquotas uniformes; orientação essa ao legislador que poderia estar explicitamente integrada ao Texto Constitucional por conta da facultatividade da essencialidade.[415]

Os que defendem a seletividade do ICMS como facultativa – mas, em sendo adotada, sujeita à observância da essencialidade em relação as mercadorias – valem-se do argumento de que, para o Imposto dos Estados e do Distrito Federal, há a possibilidade de adoção de uma única alíquota por parte do legislador, o que tornaria desnecessária a atenção ao grau de essencialidade das mercadorias.

Pois, em que pese o respeito ao contextualizado pela respeitável doutrina, em ambas as posições verificadas não há como reconhecer que a essencialidade ou até mesmo a seletividade seriam facultativas em relação ao ICMS.

Em primeiro lugar, conforme já anunciado, a essencialidade não tem natureza normativa de regra – as regras constituem-se de cláusulas específicas, de conteúdo completamente preenchido, consistindo de mandados definitivos que descrevem comportamentos a serem adotados pelo Poder Legislativo e pelo Poder Executivo.[416] No caso, o conteúdo da norma de essencialidade não se encontra totalmente preenchido nos dispositivos que outorgam competência à União, aos Estados e ao Distrito Federal. A essencialidade possui uma estrutura integrada pela igualdade bem como por outras normas – as quais determinam, na relação de comparação entre mercadorias e serviços, os níveis ou graus de essencialidade –, o que justifica a sua concretização caso a caso, relação a relação.

A essencialidade, por outro lado, não se revela como uma cláusula específica, descritiva de um comportamento a ser observado pelo destinatário da norma. Os artigos 153, § 3º, I e 155, § 2º, III da CF/88 não estabelecem diretamente uma determinação à abstenção – ou à proibição – de atos por parte de seu destinatário; igualmente não determinam o que é ou o que não é essencial, nem qual a forma como tal orientação será levada a efeito.

A essencialidade, como antes definido, possui dimensão normativa de princípio. É norma apta a promoção de um estado ideal de igualdade no que tange à distribuição do ônus tributário nos impostos sobre o consumo. Assim ocorre também com o princípio da capacidade contributiva,

---

[415] ESTURILIO, Regiane Binhara. *A Seletividade no IPI e no ICMS*. São Paulo: Quartier Latin, 2008. p. 114.

[416] ALEXY. Robert. *Teoria dos Direitos Fundamentais*. Traduzido por: Virgílio Afonso da Silva. São Paulo: Malheiros, 2008. p. 104.

Essencialidade Tributária

cujo conteúdo não se encontra completamente preenchido pelo art. 145 da CF/88. Por exemplo, em relação ao Imposto de Renda, sabe-se que, em razão de uma regra (art. 153, § 2º, I, da Constituição), este será concretizado pela progressividade de alíquotas. Como se verifica, portanto, o substrato necessário à concretização da capacidade contributiva define-se em razão do sistema, em atenção inclusive a regras, da mesma forma que ocorre com a essencialidade.

Em segundo lugar, considerar a essencialidade como opção ou faculdade importa em reconhecer a total ausência de sentido e função para a norma constante no inciso III do § 2º do art. 155 da CF/88. E isso ocorre por dois motivos.

Primeiro porque a Constituição e especialmente as normas que integram o subsistema tributário não se prestam a conferir sugestões ou conselhos ao legislador ordinário, detentor da competência tributária para a instituição do ICMS. Tais normas, em realidade, impõem deveres,[417] em especial quando tais limitam o exercício da competência tributária. Nesse sentido, aponta Carrazza:[418]

> [...] quando a Constituição confere a uma pessoa política um "poder "ipso facto" ela lhe impõe um "dever". É por isso que se costuma falar que as pessoas políticas tem poderes deveres [...].

Ademais, tal entendimento – no sentido de que a atenção à essencialidade das mercadorias seria facultativa – desconsideraria a natureza normativa de princípio à essencialidade, rebaixando-a do nível constitucional para o nível legal – o nível do exercício da competência tributária, por parte do legislador ordinário.

Segundo porque se o conteúdo semântico do inciso III do § 2º do art. 155 da CF/88 fosse o de mera autorização, tal norma – relativa à essencialidade – seria completamente inócua. Em outras palavras, não haveria necessidade alguma de o legislador constitucional "facultar" ou simplesmente permitir que o legislador atente (ou não) para a essencialidade. E isso porque a permissão de utilização da essencialidade para a fixação das alíquotas do ICMS, mesmo inexistindo aquele dispositivo, revelar-se-ia lógica (i) ante a ausência de qualquer outra norma que proibisse a adoção da essencialidade, bem como (ii) ante a presença de norma que determinasse a promoção de seu fundamento – o princípio geral da igualdade.

---

[417] Na mesma linha, refere Maria Sylvia Zanella Di Pietro: "embora o vocábulo *poder* dê a impressão de que se trata de faculdade da administração, na realidade trata-se de um poder-dever, já que reconhecido ao Poder Público para que exerça em benefício da coletividade; os poderes são, pois, irrenunciáveis". DI PIETRO, Maria Sylvia Zanella. *Direito Administrativo*. 23. ed. São Paulo: Atlas, 2010. p. 89.

[418] CARRAZZA. Roque Antônio. *ICMS*. 9. ed. São Paulo: Malheiros, 2002. p. 323.

Visto por outro prisma, como não há norma proibindo que o legislador atente à essencialidade, a alternativa foi torná-la obrigatória: se não houvesse dispositivo que a determinasse como imperativa, já seria lógica a sua facultatividade. Logo, não há a necessidade de previsão específica expressa acerca de sua facultatividade – tudo aquilo que não estiver juridicamente proibido, ou obrigado, será juridicamente permitido. Em inexistindo norma que proíba e norma que determine a obrigatoriedade em atenção à essencialidade, sua adoção estará naturalmente permitida, restando injustificada a elaboração de um dispositivo específico para "facultar" a sua concretização pelo legislador ordinário.

Mas, ainda assim, poderiam aqueles que pensam de forma contrária defender que, se não há norma que faculte ou determine a assunção de determinada conduta, a concretização da essencialidade será terminantemente vedada. Esse argumento – que há muito é defendido por juristas de relevo, quando procedem à análise da rigidez das competências tributárias, a exemplo de Ataliba[419] – é valido, porém inaplicável nesse caso.

Na hipótese de inexistência de previsão, haveria o dever de se tributar em atenção ao princípio da igualdade. E a igualdade se concretiza nos impostos de natureza fiscal ao tempo do exercício da competência por meio ou da capacidade contributiva ou da essencialidade. Como se está frente a um imposto sobre o consumo – para o qual já restou demonstrado ser inaplicável a capacidade contributiva –, surge o dever de atenção à essencialidade. Dito de outro modo, mesmo que não houvesse norma expressa no dispositivo específico, haveria o dever de promoção do princípio da igualdade, servindo como fundamento para a concretização da essencialidade.

Logo, não resta outra conclusão senão a de considerarmos totalmente estéril o dispositivo III do § 2º do art. 155 da CF/88, caso a tal seja atribuído o caráter de mera faculdade, no que tange à concretização do princípio da essencialidade no ICMS.

Na linha antes apontada, mostra-se igualmente inaceitável a posição de parte da doutrina no sentido de que a seletividade seria facultativa; porém, quando adotada, faria nascer o dever de atenção à essencialidade das mercadorias. O que esses autores defendem não é a faculdade de atenção à essencialidade em relação aos impostos sobre o consumo, mas sim a faculdade em relação à utilização da seletividade, teoria essa que, repete-se, tampouco se sustenta.

---

[419] Segundo Ataliba, "o que não for expressamente permitido é vedado terminantemente, pena de possibilidade de burla à Constituição". ATALIBA, Geraldo. *Sistema Constitucional Tributário Brasileiro*. São Paulo: Revista dos Tribunais, 1968. p. 30

Essencialidade Tributária

A seletividade, no Direito Tributário, materializa-se mediante a utilização de determinada sistemática de tributação, com base em características ou qualidades predefinidas pelo sistema – seletividade como seleção. Tributar em atenção à seletividade implica a utilização de um critério de comparação que nos leve à identificação de grupos, nos quais fatos econômicos tenham relação de pertinência.[420]

A seletividade, assim, é uma ferramenta à disposição do legislador, para a concretização do princípio da igualdade. À exceção dos tributos fixos – que incidem independentemente de qualquer qualidade materializada pela hipótese de incidência –, todos os demais devem considerar a seletividade como um meio para a realização da igualdade na tributação.

Na Constituição de 1988, há regras de competência para a instituição de tributos que fazem referência à seletividade, e outras que não. A menção em alguns dispositivos não significa que a seletividade deva ser observada apenas pelos legisladores que são destinatários daquelas regras – as regras em que a seletividade é expressa. Por outro lado, também não significa que a seletividade seja proibida nos tributos cujas regras de competência não a refiram expressamente como um instrumento a ser adotado pelo legislador.[421]

Em diversos municípios brasileiros, a legislação do ISS prevê alíquotas reduzidas para serviços ligados à área da saúde.[422] Em tais hipóteses, o legislador municipal adotou a seletividade. A Constituição, por outro lado, não faz nenhuma referência, no dispositivo que confere competência aos municípios para a instituição do ISS, acerca do dever de sua adoção.[423] Não há, como demonstrado, na regra de competência

---

[420] Cf. Carrazza e Bottallo, o princípio da seletividade é atendido adotando-se um processo de comparação de produtos, nunca discriminando os contribuintes, em razão da raça, sexo, ocupação profissional, dentre outros critérios discriminatórios. CARRAZA, Roque Antonio; BOTTALLO, Eduardo. Alcance das Vantagens Fiscais Concedidas com Fundamento no Princípio da Seletividade do IPI. In: ROCHA, Valdir de Oliveira (Coord.). *Grandes Questões Atuais do Direito Tributário*. Vol. 3. São Paulo: Dialética, 1999. p. 275.

[421] Neste sentido, inclusive, recentemente reconheceu o STF ao entender aplicável o princípio da capacidade contributiva ao Imposto *causa mortis* e doação, concluindo como válida a progressividadade de alíquotas, mesmo sem previsão expressa no Texto Constitucional: STF. *RE 562045/RS*. Pleno. Rel. para acórdão Min. Cármen Lúcia. Julgado em 06/02/2013 (decisão ainda não publicada).

[422] A título de exemplo, a Lei que regula o ISS no Município de Porto Alegre (LCM 7/73). Documento eletrônico disponível em: http://lproweb.procempa.com.br/pmpa/prefpoa/smf/usu_doc/coletanea_iss_tflf_2011_setembro.pdf Acesso em: 01 de março de 2012. Art. 21. Nas hipóteses em que a base de cálculo estiver vinculada ao preço do serviço, incidirá a alíquota de 5% (cinco por cento) para determinação do montante do imposto devido, ressalvado o disposto nos incisos deste artigo: [...] VI – serviços referidos no item 4 da lista de serviços: 2,0% (dois por cento); [...] Lista de serviços: [...] 4 – Serviços de saúde, assistência médica e congêneres [...]

[423] Art. 156. Compete aos Municípios instituir impostos sobre: [...] III – serviços de qualquer natureza, não compreendidos no art. 155, II, definidos em lei complementar.(Redação dada pela Emenda

do ISS nem permissão nem obrigação de atenção à seletividade, pois, no caso citado – e em muitos –, a legislação municipal seria inconstitucional por adotar um critério de comparação em relação a determinado tributo que não está expressamente previsto na regra de competência constitucional?

Evidentemente que não. E tal conclusão reflete o óbvio: a seletividade não é uma opção. Selecionar os fatos econômicos que serão objeto de tributação em grupos é dever do legislador.

A seletividade, como já referido, é um pressuposto da igualdade na tributação. Considerá-la como facultativa na graduação dos impostos sobre o consumo significa reconhecer a possibilidade de não aplicá-la; por sua vez, a não utilização da seletividade implica a violação da igualdade.

Porém, tal seleção deve sempre ocorrer mediante a adoção de critérios que estejam em sintonia com o meio – fiscal ou extrafiscal – adotado para a realização da finalidade almejada. Essa sintonia é aferida de duas formas: hierarquização axiológica,[424] mediante a ponderação de princípios envolvidos na relação,[425] e atenção à inexistência de regras que vedem a adoção de outras medidas específicas de comparação.[426]

Vê-se, assim, que aqueles que identificam a seletividade, em especial no ICMS, como uma opção do legislador ordinário entendem que o legislador estadual estaria apto a tributar da mesma forma qualquer espécie de mercadoria. Nesse sentido, na prática poderia determinado estado adotar uma alíquota única de ICMS; uma alíquota igual tanto para medicamentos e gêneros alimentícios, quanto para cigarros e bebidas alcoólicas. Cabe aqui, entretanto, uma reflexão em forma de pergunta: a previsão legal estadual que institui uma tributação idêntica para produtos (muito) diferentes realiza o princípio da igualdade?

Constitucional n° 3, de 1993) [...] § 3° Em relação ao imposto previsto no inciso III do *caput* deste artigo, cabe à lei complementar:(Redação dada pela Emenda Constitucional n° 37, de 2002) I – fixar as suas alíquotas máximas e mínimas;(Redação dada pela Emenda Constitucional n° 37, de 2002) II – excluir da sua incidência exportações de serviços para o exterior. (Incluído pela Emenda Constitucional n° 3, de 1993) III – regular a forma e as condições como isenções, incentivos e benefícios fiscais serão concedidos e revogados. (Incluído pela Emenda Constitucional n° 37, de 2002).

[424] FREITAS, Juarez. *A interpretação Sistemática do Direito*. 4. ed. São Paulo: Malheiros, 2004. p. 229.

[425] GUASTINI. Riccardo. Teoria e Ideologia da Interpretação Constitucional. Traduzido por: Henrique Moreira Leites. In: *Revista Interesse Público*. Ano 8, n° 40. Porto Alegre: Notadez, 2006. p. 241 e 249-50.

[426] Um exemplo de vedação constitucional, a utilização da seletividade, ainda que restrita à procedência ou ao destino das mercadorias e dos serviços, é a regra constante do art. 152 da CF/88. No caso, todavia, é de se pontuar que tal norma impede apenas a seletividade em operações em que se considere, como critério de comparação, a procedência ou o destino.

Essencialidade Tributária

A resposta parece que já foi dada. A igualdade enquanto relação entre sujeitos – a exemplo de mercadorias e serviços – não apenas pressupõe um trato paritário no que tange à graduação do ônus fiscal sobre o consumo para mercadorias e serviços que comparados se encontrem no mesmo grupo de acordo com o fator de diferenciação eleito, como também impõe tratos díspares para mercadorias e serviços que se encontrem em grupos distintos, como consequência da identificação de diferenças em relação ao fator adotado.

Em que pese o respeito àqueles que defendem a atenção à essencialidade como opção, não há como reconhecer que a essencialidade, em relação ao ICMS, seja facultativa; ou que a seletividade seja facultativa, mas quando adotada faça nascer o dever de atenção à essencialidade das mercadorias. A consideração do grau de essencialidade das mercadorias ao tempo de fixação do critério quantitativo do ICMS, por parte do legislador ordinário, é um dever,[427] cuja fonte é o princípio da essencialidade tributária.[428]

Resta claro, portanto, que não há uma margem de opção para o legislador ordinário graduar a tributação do ICMS de acordo com o grau de essencialidade de mercadorias e serviços. A atenção à essencialidade é dever do legislador estadual e distrital: havendo ou não a utilização da expressão "poderá", este será o critério definido, em face do sistema, para a promoção da igualdade nos impostos sobre o consumo de natureza fiscal. Nesse sentido, sustenta Carrazza:[429]

> Convém salientarmos, desde logo, que, a nosso ver, este singelo "poderá" equivale, na verdade, a um peremptório "deverá". Não se está, aí, diante de uma mera faculdade do legislador, mas de uma norma cogente, de observância obrigatória.

---

[427] Sobre a definição de dever e suas variadas subclassificações, a exemplo dos deveres correlativos aos direitos fundamentais, como face passiva dos direitos, ou, ainda, dos deveres relativos às tarefas constitucionais *stricto sensu*, cujo destinatário é o Estado, e o objetivo é a vinculação de seus órgãos à produção de certos resultados, em matéria de organização econômica ou social, política ou administrativa, vide CASALTA NABAIS, José. *O Dever Fundamental de Pagar Impostos*. Coimbra: Almedina, 2004. p. 64.

[428] A par dessa forma de interpretar o Texto Constitucional Federal, foi que inclusive a Constituição do Estado do Rio Grande do Sul adotou a expressão "será seletivo em função da essencialidade das mercadorias e dos serviços" – em vez de poderá –, ao definir a competência estadual em matéria tributária: Art. 145. Compete ao Estado instituir: I – impostos sobre: [...] b) operações relativas à circulação de mercadorias e sobre prestações de serviços de transporte interestadual e intermunicipal e de comunicação, ainda que as operações e as prestações se iniciem no exterior; [...] § 4º O imposto de que trata o inciso I, alínea *b*, será seletivo, em função da essencialidade das mercadorias e dos serviços, preferencialmente com base nas cestas de consumo familiar, conforme dispuser a lei, que também fixará as alíquotas, respeitando o disposto na Constituição Federal. [...]

[429] CARRAZZA. Roque Antônio. *ICMS*. 9. ed. São Paulo: Malheiros, 2002. p. 322-3.

A essencialidade, que já foi inclusive definida como uma norma de cunho programático,[430] não se revela, de acordo com o Texto Constitucional, como uma mera recomendação.[431] [432] A essencialidade é princípio; integra a estrutura das regras de competência, limitando positiva e negativamente o exercício da competência para a instituição de tributos sobre o consumo.[433]

Em conclusão, em que pese a diferença literal presente no Texto – na linguagem de Guastini[434] caracterizadora de ambiguidade semântica –, na definição da graduação do ônus fiscal o titular da competência, tanto do IPI quanto do ICMS, deve concretizar o princípio da essencialidade. Tal tarefa, portanto, não define, como afirmam alguns, uma faculdade; define a materialização de um dever decorrente da garantia da igualdade na tributação sobre o consumo de natureza fiscal.

2.2.2.2. A eficácia da essencialidade tributária em relação ao imposto sobre serviços

A sujeição do ISS ao princípio da essencialidade é uma questão que tem sido muito pouco investigada. Como visto, não há referência expressa, na regra de competência do ISS, para que o legislador, ao instituir – e, consequentemente, ao dimensionar os elementos de sua regra matriz –, observe o grau de essencialidade dos serviços prestados. Assim, cabe questionar: no caso do ISS, os serviços devem ser graduados segundo o seu grau de essencialidade?

---

[430] BALEEIRO, Aliomar. *Direito Tributário Brasileiro.* 11. ed. Rio de Janeiro: Forense, 2004. p. 347.

[431] Convém lembrar que tal equívoco ocorreu da mesma forma com a capacidade contributiva, quando, no primeiro período após a entrada em vigor da Constituição Italiana, tal foi qualificada como norma programática. Nesse sentido, MOSCHETTI, Francesco. *Profili Generali. Trattato di Diritto Tributário.* Padova: Cedam, 1994. p. 242.

[432] Conforme a doutrina de Jorge Miranda, "normas programáticas são de aplicação diferida, e não de aplicação ou execução imediata; mais do que comandos-regras explicitam comandos-valores; conferem elasticidade ao ordenamento constitucional; têm como destinatário primacial – embora não único – o legislador, a cuja opção fica a ponderação do tempo e dos meios em que vêm a ser revestidas de plena eficácia (e nisso consiste a discricionariedade); não consentem que os cidadãos ou quaisquer cidadãos as invoquem já (ou imediatamente após a entrada em vigor da Constituição), pedindo aos tribunais só por si, pelo que pode haver quem afirme que os direitos que delas constam, maxime os direitos sociais, têm mais natureza de expectativas que de verdadeiros direitos subjetivos; aparacem, muitas vezes, acompanhadas de conceitos indeterminados ou parcialmente indeterminados". MIRANDA, Jorge. *Manual de Direito Constitucional.* Tomo IV. Direitos Fundamentais. 3. ed. Coimbra: Coimbra, 2000. p. 244 e 245.

[433] XAVIER, Alberto. A Tributação do IPI sobre Cigarros. In: *Revista Dialética de Direito Tributário.* nº 118. São Paulo: Dialética, 2005. p. 20.

[434] Segundo Guastini, é semanticamente ambíguo um vocábulo cujo sentido seja incerto, o qual admita, face a uma investigação acerca de seu significado, uma pluralidade de respostas. GUASTINI, Riccardo. Problemas de Interpretación. In: *Isonomia: Revista de Teoria e Filosofia Del Derecho.* nº 7. México: Instituto Tecnológico Autónomo de México, 1997. p. 125

A resposta é afirmativa.[435] Como já verificado, nos impostos sobre o consumo que são utilizados como meio fiscal a essencialidade tributária revela-se como um desdobramento ou como uma das formas de manifestação específica, no Direito Tributário, do princípio geral da igualdade.

O que se pode inferir é que não é a ausência de disposição expressa na regra de competência constitucional que irá afastar a sujeição do tributo ao princípio. Tal fator ocorre, da mesma forma, com a capacidade contributiva:[436] à exceção de países como Itália e Espanha,[437] outros países da Comunidade Europeia não explicitam o princípio da capacidade contributiva. Isso não quer dizer que o legislador ordinário possa, ao tempo do exercício de sua competência tributária, graduar a incidência, por exemplo, dos impostos sobre a renda à margem de fatores que indiquem capacidade contributiva. E aqui cumpre frisar que, no Brasil, até pouco tempo atrás não era diferente: a Constituição anterior não trazia expresso o princípio da capacidade contributiva, o que não afastava o reconhecimento de sua eficácia por parte da doutrina, como explica Bastos:[438]

> A doutrina de nossos melhores tributaristas vinha sendo no sentido de aceitar como vigente o princípio da capacidade contributiva por mera implicitude no princípio da igualdade.

Verificada a necessidade de concretização da igualdade no ISS, e a impossibilidade de concretização do princípio da capacidade contributiva, impõe-se a consideração, pelos detentores da competência para instituição do ISS, do princípio da essencialidade.

A essencialidade, devido à sua estrutura, revela-se, para o ISS, como princípio implícito[439] – norma que, embora não esteja prevista expressa-

---

[435] Na linha do aqui defendido, uma rápida referência, no sentido de que o ISS "encerra uma leve carga de seletividade", é realizada por PIRES, Adilson Rodrigues. O Processo de Inclusão Social Sob a Ótica do Direito Tributário. In: TÔRRES, Heleno, (Org.). *Princípios de Direito Financeiro e Tributário – Estudos em Homenagem ao Professor Ricardo Lobo Torres*. Rio de Janeiro: Renovar, 2003. p. 93.

[436] Nesse sentido, a pertinente observação de Paulo de Barros Carvalho: "Vimo-nos manifestando, há muito tempo, no sentido de que, mesmo se a atual Constituição nada previsse expressamente sobre o princípio da capacidade contributiva, tal como o fez a constituição de 1967, este persistiria no direito brasileiro como formulação implícita nas dobras do primado da igualdade". CARVALHO, Paulo de Barros. *Direito Tributário, Linguagem e Método*. 3. ed. São Paulo: Noeses, 2009. p. 324-5.

[437] Ainda na Europa, a Constituição da Suíça faz referência expressa à capacidade contributiva (art. 127.2). http://www.basiclaw.net/Appendices/switzerland_constitution.htm. Acesso em: 01 de março de 2012. Tal referência ocorre também expressamente nas Constituições da Venezuela (art. 316) http://www.analitica.com/bitblio/anc/constitucion1999.asp. Acesso em: 01 de março de 2012, e do Paraguai (art. 181). http://www.oas.org/juridico/mla/sp/pry/sp_pry-int-text-const.pdf. Acesso em: 01 de março de 2012.

[438] BASTOS, Celso Ribeiro; MARTINS, Ives Gandra da Silva. *Comentários à Constituição do Brasil*. Vol. 2. Saraiva: São Paulo, 1989. p. 12.

[439] Acerca do tema, nada mais pertinente do que recordar as lições de Juarez Freitas, quando em sua obra, primeiro refere expressamente que os princípios podem estar expressa ou implicitamente

mente na regra de competência do Imposto, em face da uniformidade assegurada pelo sistema[440] e em face do dever de promoção da igualdade na tributação sobre o consumo, norteia as decisões do legislador ordinário da mesma forma que os princípios explícitos.[441]

Calcado nessa compreensão, no plano jurídico a essencialidade, como critério de concretização da igualdade, é identificada, em relação ao ISS, em face da ausência de positivação na sua regra de competência, como princípio implícito.[442]

Em conclusão, também em relação ao ISS é dever do legislador ordinário, detentor da competência para tributar serviços, concretizar a essencialidade, sob pena de violação ao referido princípio e à garantia de igualdade na tributação.

2.2.2. O modo de realização da essencialidade tributária

Relativamente à seletividade – como meio para que seja concretizado o princípio da essencialidade em face das mercadorias e dos serviços –, importa ainda definir se são apenas dois os grupos aptos à realização da comparação para o dimensionamento diverso do ônus fiscal: o grupo das mercadorias e dos serviços definidos como juridicamente essenciais, e o grupo das mercadorias e dos serviços definidos como supérfluos.

A doutrina tentou resolver essa questão utilizando os mais diversos argumentos. Souza,[443] por exemplo, defendia a seletividade com base em quatro grupos de mercadorias e serviços, sendo o último integrado pelas mercadorias e serviços de consumo prejudicial ou inconveniente.

A graduação de alíquotas com vistas a induzir condutas, todavia, é dissonante da ideia de tributação sobre o consumo orientada pelo princípio da essencialidade. Em verdade – e tal aspecto deve ser destacado –,

---

positivados; e, após, com devida propriedade utiliza o princípio da proporcionalidade, como exemplo de princípio implícito. FREITAS, Juarez. *A Interpretação Sistemática do Direito*. 4. ed. São Paulo: Malheiros, 2004. p. 56-7.

[440] GUASTINI, Riccardo. *Estúdios de Teoria Constitucional*. Colônia Del Carmem: Distribuciones Fontamara, 2001. p. 138.

[441] Sobre a eficácia dos princípios implícitos, vide nota de DERZI, Mizabel. Notas. In: BALEEIRO, Aliomar. *Limitações Constitucionais ao Poder de Tributar*. 7. ed. Rio de Janeiro: Forense, 1999. p. 784.

[442] Nessa linha, Eros Grau define que "princípios implícitos são aqueles "inferidos como resultado da análise de um ou mais preceitos constitucionais ou de uma lei ou conjunto de textos normativos da legislação infraconstitucional". GRAU, Eros Roberto. *A Ordem Econômica na Constituição de 1988* (interpretação e crítica). 14. ed. São Paulo: Malheiros, 2010. p. 155.

[443] SOUZA, Rubens Gomes de. *Estudos de Direito Tributário*. Saraiva: São Paulo, 1950. p. 63

na proposta citada, não se está medindo para comparar com base na essencialidade tributária (ou na superfluidade); o elemento que norteia a seletividade é um meio de intervenção do Estado na esfera do particular, para única e exclusivamente desestimular o consumo de bens e serviços ditos prejudiciais ou inconvenientes. Nesse caso, portanto, o critério de comparação não é a essencialidade, mas sim o potencial de dano ou malefício causado pelo consumo.

Carvalho,[444] por outro lado, define que a seletividade justifica-se com base em três grupos de mercadorias: o grupo das mercadorias necessárias à subsistência, gravado por alíquotas mais brandas, cujo objetivo seria não majorar o valor aquisitivo do produto, e com isso torná-lo inacessível às classes mais modestas; o grupo das mercadorias úteis mas não necessárias, gravado por alíquotas moderadas; e o grupo das mercadorias de luxo, gravado por alíquotas mais elevadas, em face de sua prescindibilidade. Nesse sentido, já na década de 40, Einaudi[445] também apontava a necessidade da separação das mercadorias em três grupos ou níveis; porém, defendia a desoneração para o que é absolutamente necessário ao cidadão:

> Conseqüentemente devemos excluir a priori os consumos que constituem uma necessidade absoluta para a existência do contribuinte, para não criar muita onerosidade. Temos que gravar os consumos não necessários, que correspondem a artigos de utilidade ou de luxo, tudo o que está na categoria média e superiores da escala de consumo.

Talvez por isso mesmo, na atualidade, a divisão em três grupos, ou categorias, difundiu-se nos sistemas que integram a Comunidade Europeia. O IVA em Portugal, por exemplo, incide com alíquotas de 6%, 13% e 21%.[446] Semelhantemente na Itália, uma alíquota de IVA de 4% é aplicada às operações com gêneros de primeira necessidade, outra

---

[444] CARVALHO, Paulo de Barros. Introdução ao Estudo do Imposto Sobre Produtos Industrializados. In: *Revista de Direito Público*. n° 11. São Paulo: Revista dos Tribunais, 1970. p. 77. Em sentido quase idêntico, advoga Coêlho, ao referir que três alíquotas seriam suficientes à promoção da seletividade: uma para mercadorias supérfluas e suntuárias, outra para "o grosso das mercadorias", e uma terceira para as mercadorias de grande consumo popular, os denominados *gêneros de primeira necessidade*. COÊLHO, Sacha Calmon Navarro. *Comentários à Constituição de 1988: Sistema Tributário*. 3. ed. Rio de Janeiro: Forense, 1991. p. 238-9. Vide ainda na mesma linha BOTTALLO, Eduardo Domingos. Linhas Básicas do IPI. In: *Revista de Direito Tributário*. n° 13-14. Ano IV. São Paulo: Revista dos Tribunais, 1980. p. 199 e UCKMAR, Victor. *Princípios Comuns de Direito Constitucional Tributário*. Traduzido por: Marco Aurélio Greco. São Paulo: Revista dos Tribunais, 1976. p. 84.

[445] No original: "Consiguientemente debemos excluir a priori los consumos que constituyen una necesidad absoluta para la existencia del contribuyente, para no crear otras tantas capitaciones. Hay que gravar los consumos no necesarios, los que corresponden a artículos de utilidad o de lujo, todo aquello que este en la categorías medias y superiores de la escala de los consumos". EINAUDI, Luigi. *Principios de Hacienda Publica*. Traduccion de La Segunda Edicion Italiana (1940) por Jaime Algarra y Miguel Paredes. Madrid: M. Aguilar, 1948. p. 256.

[446] Lei 12-A/2010 de 30 de junho de 2010. Documento eletrônico disponível em: http://webmanager.ipc.pt/mgallery/default.asp?obj=2990. Acesso em: 01 de março de 2012.

de 10% é aplicada às operações ligadas ao turismo e lazer, e outra de 21% é aplicada às operações gerais.[447]

Diante dos modelos citados, o que se pode concluir é que o sistema não estabelece uma regra em relação ao número de categorias ou de grupos de mercadorias ou serviços – o que ocorre de forma idêntica em relação ao princípio da capacidade contributiva. Entretanto, a divisão em três grupos (ou categorias) de acordo com o grau de essencialidade tem-se mostrado uma boa alternativa para a concretização do princípio. Porém, esse modelo de comparação, baseado em três grupos, não pode ser definido como o único. Na realidade, não será a divisão em duas, três ou quatro categorias de mercadorias que irá trazer efetividade ao princípio da essencialidade. A essencialidade revela-se como um critério de comparação entre mercadorias sujeitas à tributação pelo fato consumo. Por isso, o indispensável é que se comparem, no mínimo, dois grupos.[448]

Assim, o que irá garantir um mínimo de efetividade ao princípio da essencialidade é a separação das mercadorias e dos serviços em pelo menos dois grupos – caso em que o destinatário da norma constitucional deve, ao exercer a competência conferida, selecionar de um lado mercadorias e serviços que promovam em maior grau, por exemplo, a liberdade, a segurança, o bem-estar e o desenvolvimento – alguma das finalidades constitucionalmente prescritas a orientar o conceito de mercadoria e/ou serviço essencial sob o ponto de vista jurídico; e de outro mercadorias e serviços que não promovam, ou que promovam em um menor grau, aqueles fins constitucionais. Em tal hipótese, a comparação entre esses grupos justificará uma tributação diversa entre mercadorias e serviços diferentes, priorizando, por óbvio, uma carga menor ao grupo formado por aqueles que se revelam mais essenciais.[449]

---

[447] Decreto-Lei 138, de 13 de agosto de 2011. Documento eletrônico disponível em: http://1.flcgil.stgy.it/files/pdf/20110814/decreto-legge-138-del-13-agosto-2011-ulteriori-misure-urgenti-per-la-stabilizzazione-finanziaria-e-per-lo-sviluppo.pdf. Acesso em: 01 de março de 2012.

[448] A adoção de comparação entre mercadorias diversas, a partir do grau de essencialidade, já vem sendo sinalizada, ainda que de forma acanhada, pelo STF. No julgamento de recurso extraordinário referente à possibilidade de manutenção de crédito presumido de IPI, relativo à aquisição de insumos tributados à alíquota zero, o Tribunal concluiu, em determinado momento – através da comparação entre o grupo das mercadorias essenciais e o grupo das mercadorias supérfluas –, que o favorecimento fiscal aos produtos essenciais não deve repercutir sobre o produto supérfluo, sob pena de desvirtualização do princípio da essencialidade. Voto do Min. Gilmar Mendes. STF. *RE 370.682/SC*. Pleno. Rel. Min. Ilmar Galvão. DJe-165 de 19/12/2007, p. 24. Ementário vol. 2304-03, p. 392.

[449] Em tal hipótese, na linha do já conceituado, podem-se identificar como essenciais, por exemplo, aquelas mercadorias ou aqueles serviços destinados à proteção e à manutenção da dignidade humana, à erradicação da pobreza e da marginalização, à educação, à saúde, a alimentação, ao trabalho, a moradia, ao lazer, a segurança, a proteção à maternidade e à infancia, à assistência aos desamparados e à defesa do meio ambiente.

Essencialidade Tributária

Não obstante o referido, o legislador ordinário, como definiu Carvalho,[450] pode optar por separar em três grupos as mercadorias – hipótese que, sem dúvida, atribuiria maior efetividade ao princípio da essencialidade. Apenas para elucidar, esse modelo, de grupos múltiplos de comparação, é o que vem sendo atualmente adotado, com base no critério de comparação capacidade contributiva, para a aplicação da progressividade do Imposto de Renda da Pessoa Física – hipótese que, para esse imposto, tem revelado um grau mais elevado de concretização da igualdade, frente à técnica anterior, de adoção de apenas dois grupos de contribuintes.[451]

A ideia, no caso em que se identificam mais de dois grupos de mercadorias ou serviços, seria a de se separar, em um grupo, mercadorias e serviços que promovam em maior grau alguma das finalidades constitucionalmente prescritas – mercadorias e serviços que Carvalho[452] denominou de necessárias à subsistência; em outro grupo, mercadorias e serviços que promovam em menor grau, ou indiretamente, as finalidades prescritas – mercadorias ou serviços úteis mas não necessários; e, finalmente, mercadorias e serviços que não promovam as finalidades prescritas pelo Texto Constitucional – mercadorias ou serviços identificados como "produtos de luxo".

Em caráter ilustrativo, é possível referir aqui a comparação que ocorre no Rio Grande do Sul entre mercadorias com utilidades diversas, ligadas à área da saúde. Os medicamentos de uso humano são selecionados em dois grupos para serem tributados de forma diversa – alguns, os integrantes da denominada "Cesta Básica", são tributados pelo ICMS, com uma alíquota de 17% incidente sobre base de cálculo reduzida de 41.176%;[453] outros são tributados com alíquota de 17% incidente sobre base de cálculo normal.[454] Independentemente desses dois grupos, há ainda um terceiro grupo de medicamentos – de uso animal –, isento da tributação do ICMS.[455] Em que pese a ideia de, neste momento, não

---

[450] CARVALHO, Paulo de Barros. Introdução ao Estudo do Imposto sobre Produtos Industrializados. In: *Revista de Direito Público*. nº 11. São Paulo: Revista dos Tribunais, 1970. p. 77.

[451] Atualmente, em decorrência da alteração na legislação federal promovida originariamente pelo MP 451/09, mais tarde convertida na Lei 11.945/09, o Imposto de Renda da Pessoa Física é graduado através da comparação de sujeitos, a partir da seleção, em quatro grupos, além de um quinto grupo integrado pelos contribuintes isentos.

[452] CARVALHO, Paulo de Barros. Introdução ao Estudo do Imposto sobre Produtos Industrializados. *Revista de Direito Público*. nº 11. São Paulo: Revista dos Tribunais, 1970. p. 77.

[453] Cf. Inciso VIII do Art. 23, Livro I, e Apêndice V do Regulamento do ICMS do Estado do Rio Grande do Sul – Dec. 37.699/97.

[454] Cf. Inciso VIII do Art. 27 do Livro I do Regulamento do ICMS do Estado do Rio Grande do Sul – Dec. 37.699/97.

[455] Cf. Alínea "a" do Inciso VIII do Art. 9º do Livro I do Regulamento do ICMS do Estado do Rio Grande do Sul – Dec. 37.699/97.

aferir o que é mais (ou menos) essencial, ou tampouco aferir se o legislador estadual está conferindo efetividade ao princípio da essencialidade, verifica-se que a separação em três ou mais grupos de comparação pode ser adotada; porém, não garante por si só efetividade ao princípio da essencialidade.

O que se percebe, em última análise, é que de acordo com o definido pelo sistema não existem apenas mercadorias e serviços essenciais, nem consequentemente o seu oposto, os supérfluos. A Constituição Federal de 1988, além de pontuar os elementos a serem utilizados no preenchimento do conceito de essencialidade sob o ponto de vista jurídico, definiu também um critério para identificação do que não é essencial, mas que também não se caracteriza como supérfluo. A Constituição, como definiu Carvalho, permite-nos, em razão de seu conteúdo, que se identifique um terceiro grupo: o de mercadorias e serviços úteis à realização dos fins constitucionais, porém não essenciais.[456]

2.2.3. Instrumentos de concretização da essencialidade tributária

2.2.3.1. A diversificação de alíquotas e a redução da base de cálculo – instrumentos de concretização da essencialidade tributária

A grande maioria da doutrina, que procura indicar os instrumentos aptos à promoção da essencialidade, associa-a à variação de alíquotas. Para esses, a essencialidade estaria vinculada a um sistema de alíquotas diferenciadas – menores, para mercadorias e serviços essenciais, e maiores para mercadorias e serviços não essenciais, supérfluos ou de luxo. A adoção de tal prática, por parte do legislador ordinário, é sem dúvida uma excelente forma de concretização do princípio da essencialidade. Vale lembrar, todavia, que não é a única.

A essencialidade, como verificado, é princípio, pois deve ser promovido em prol de um estado a ser alcançado: a igualdade na distribuição do ônus fiscal. Todavia, o Constituinte não definiu expressamente, por meio de regras, os instrumentos aptos à sua concretização. Sob tal aspecto, a essencialidade difere da capacidade contributiva: mesmo que não haja uma referência direta entre o art. 145 e o art. 153, § 2º, I, o Texto Constitucional trouxe expressa uma das formas de concretização do princípio da capacidade contributiva: mediante a adoção da progressividade de alíquotas.

---

[456] CARVALHO, Paulo de Barros. Introdução ao Estudo do Imposto sobre Produtos Industrializados. *Revista de Direito Público*. nº 11. São Paulo: Revista dos Tribunais, 1970. p. 77.

Essencialidade Tributária

De qualquer forma, a progressividade não se apresenta como a única alternativa do legislador para que seja promovida a igualdade na tributação pelo princípio da capacidade contributiva. O próprio Imposto de Renda da Pessoa Jurídica observa a técnica que difere da progressividade – a alíquota adicional de 10%[457] –, mas nem por isso desconsidera a capacidade dos contribuintes sujeitos ao Imposto.

Ainda em relação aos instrumentos para a promoção da essencialidade, é necessário mais uma vez pontuar que a concretização desse princípio na tributação sobre o consumo não garante que mercadorias e serviços sejam completamente desonerados, ou seja, que não recaia sobre esses alíquota alguma.[458] Diferentemente, no entanto, a retirada completa do ônus fiscal para as mercadorias essenciais é defendida por parte da doutrina nacional[459], conforme leciona Carrazza:[460]

> No que concerne aos gêneros e produtos de primeira necessidade, estamos convencidos de que deveriam ser completamente isentados de ICMS, já que em relação a eles, o contribuinte não tem liberdade de escolha.

Não obstante a divergência apontada, a desoneração fiscal, em decorrência por exemplo da concessão de isenção, pode fundar-se no princípio da essencialidade.[461] E situações que vão ao encontro do aqui referido não são tão raras: tanto na legislação dos estados em tratando-se de ICMS, quanto nas legislações federais e municipais, diversas são as isenções baseadas na essencialidade das mercadorias e dos serviços. No Rio Grande do Sul, por exemplo, encontram-se isentas do ICMS as saídas internas, ao consumidor final, de frutas e hortaliças, de pão francês e de leite.[462]

---

[457] Cf. § 1º, art. 3º. Lei 9.249/95.

[458] Neste sentido, STF. *AI 515.168 AgR-ED/MG*. Primeira Turma. Rel. Min. Cezar Peluso, DJ de 21/10/2005 p. 26. Ementário vol. 2210-06, p. 1061.

[459] A doutrina italiana não chega a examinar de forma segregada a questão da desoneração das mercadorias ditas essencias, mas afirma que em relação à renda, faz-se necessária, por parte do legislativo, a desoneração do mínimo para uma existência com liberdade e dignidade. No caso, segundo Moschetti, *"La necessità di esentare un minimo risulta [...] Da questa disposizione si ricavano tre importanti conseguenze in materia tributaria: prima di tutto, l'imposta non può mai colpire una retribuzione appena 'sufficiente' (viene quindi confermato il principio dell'esenzione del minimo); in secondo luogo, il minimo non è il 'minimo' vitale, ma il minimo per una esistenza 'dignitosa e libera'; in terzo luogo, poiché il minimo di retribuzione, i tributi gravanti sulle persone dovranno sempre tener conto delle situazioni familiari"*. MOSCHETTI, Francesco. *Il Principio Della Capacitá Contributiva*. Padova: Cedam, 1973. p. 228.

[460] CARRAZZA. Roque Antônio. *ICMS*. 9. ed. São Paulo: Malheiros, 2002. p. 324.

[461] O italiano, professor da Universidade de Turin, Luigi Einaudi, em 1940 já argumentava no sentido de que a concretização da igualdade na tributação sobre o consumo deveria ocorrer através da exclusão da tributação para os produtos que sejam absolutamente necessários para a existência do contribuinte. EINAUDI, Luigi. *Principios de Hacienda Publica*. Traduccion de La Segunda Edicion Italiana (1940) por Jaime Algarra y Miguel Paredes. Madrid: M. Aguilar, 1948. p. 256.

[462] Cf. Alínea "a"do inciso I e alíneas "a" e "b" do inciso II do art. 55 da Lei 8.820/89.

Em que pese, portanto, o verificado, o princípio da essencialidade não garante que produtos essenciais não sejam tributados; a efetividade do princípio da essencialidade na tributação sobre o consumo não impõe ao legislador ordinário que retire por completo o ônus fiscal de todos os produtos que são essenciais sob o ponto de vista jurídico. Neste ponto, importa mais uma vez referir que a essencialidade é princípio, não regra; e, como princípio, atua orientando o legislador ordinário a adotá-la, como critério de comparação na tributação sobre o consumo, com base no fator de diferenciação grau ou nível de essencialidade de mercadorias e serviços sujeitos à tributação.

Importa referir que a desoneração mediante a concessão de isenções não é a única alternativa para o legislador ordinário – detentor da competência tributária – concretizar o princípio da essencialidade, quando esse opta por não adotar alíquotas reduzidas. A promoção da igualdade, por meio da essencialidade, pode ser levada a efeito também mediante a redução de base de cálculo, hipótese em que a intenção é reduzir o gravame fiscal sem alterar a alíquota. Exemplo da adoção de tal sistemática ocorre com o ICMS incidente sobre as operações com gêneros alimentícios que integram a denominada "Cesta Básica" no estado do Rio Grande Sul.[463]

Por outro lado, a concessão de incentivos fiscais – por exemplo, o crédito presumido – é medida que não garante a realização do princípio da essencialidade. Essa posição não é, todavia, unânime. Carrazza e Bottallo[464] advogam no sentido de que a criação de incentivos fiscais seria também uma forma de promoção da essencialidade. Entretanto, essa afirmação não é totalmente sustentável quando se analisa a estrutura das regras inerentes aos incentivos e, mais especificamente, os seus fundamentos.

Em que pese este não ser o momento oportuno para se analisar o mecanismo dos incentivos fiscais, é de se referir, ainda que sumariamente, que, na maioria das vezes, tais são levados a efeito por outorga de um crédito fiscal, o qual, por força do disposto na legislação, é usado para o próprio pagamento – ainda que parcial – do imposto. Logo, tal sistemática não importa na redução direta e efetiva do imposto transferido ao

---

[463] Lei 8.820/89: Art. 10 A base de cálculo do imposto é: [...] § 10. Poderá ser reduzida a base de cálculo para até 41,176% (quarenta e um inteiros e cento e setenta e seis milésimos por cento) do valor da operação, quando a alíquota aplicável for 17% (dezessete por cento), e para até 58,333% (cinqüenta e oito inteiros e trezentos e trinta e três milésimos por cento) do valor da operação, quando a alíquota aplicável for 12% (doze por cento), nas saídas internas das mercadorias que compõem a Cesta Básica do Estado do Rio Grande do Sul, definida pelo Poder Executivo dentre as mercadorias elencadas no Apêndice I que, na sua composição, levou em conta a essencialidade das mercadorias na alimentação básica do trabalhador. [...]

[464] CARRAZA, Roque Antonio; BOTTALLO, Eduardo Domingos. IPI, Seletividade e Alteração de Alíquotas. In: *Revista Dialética de Direito Tributário*. nº 159. São Paulo: Dialética, 2008. p. 109.

Essencialidade Tributária

133

consumidor, já que segue na maioria das vezes sendo o imposto sobre o consumo, transferido integralmente.

Em outras palavras, diferentemente da redução da alíquota ou da base de cálculo, os incentivos muitas vezes não têm seu efeito econômico transferido ao adquirente da mercadoria; o efeito, no caso, permanece restrito à esfera dos estabelecimentos em que circulam as mercadorias, o que pode vir a ocasionar perda de efetividade à norma da essencialidade.

A essencialidade, como já definida, tem por objetivo favorecer diretamente os consumidores, distanciando-se dos interesses do produtor ou do vendedor das mercadorias – o comumente denominado de contribuinte de direito. Logo, quando em face da concessão do incentivo fiscal o favorecimento é indireto ou a transferência do encargo não sofre os efeitos do benefício, há um distanciamento da finalidade a ser promovida devido à concretização da essencialidade, o que termina por não garantir sua efetividade.

2.2.3.2. A impossibilidade de utilização da progressividade como instrumento de concretização da essencialidade tributária

Ao proceder ao exame de alguns casos, em especial em relação ao ICMS, não há como se fechar os olhos para a desconsideração, por parte do legislador, ao princípio da essencialidade. Um exemplo que pode ilustrar melhor tal situação é o do fornecimento de energia elétrica. No Brasil, essa operação é atualmente tributada com a maior alíquota de ICMS existente, sem que haja a previsão, na legislação ordinária, de incentivos ou de redução da base de cálculo em relação ao seu consumo.[465]

Por conta disso, contribuintes e a própria doutrina[466] têm questionado porque algo tão essencial para a população, como é a energia elétrica, tem uma tributação tão elevada. E mais: questionam se tal tributação não estaria a violar o princípio da essencialidade, que, como já visto,

---

[465] No estado de São Paulo, por exemplo, a alíquota padrão do ICMS sobre o fornecimento de energia elétrica para conta residencial que apresente consumo mensal acima de 200 kW é de 25%, nos termos da Lei nº 6.374/1989, art. 34, § 1º, item 4, "b" – alíquota essa que é a mesma definida pela legislação para fumo e bebidas alcoólicas.

[466] Como exemplo, MACHADO, Hugo de Brito. O ICMS no Fornecimento de Energia Elétrica: Questões de Seletividade e da Demanda Contratada. In: *Revista Dialética de Direito Tributário*. nº 155. São Paulo: Dialética, 2008. p. 48-56. SEGUNDO, Hugo de Brito Machado. A Tributação da Energia Elétrica e a Seletividade do ICMS. In: *Revista Dialética de Direito Tributário*. nº 62. São Paulo: Dialética, 2000. p. 70-7. BRASILEIRO, Georgina de Paula. O Princípio da Seletividade e o ICMS Incidente sobre Energia Elétrica. In: *Revista Tributária e de Finanças públicas*. nº 57. São Paulo: Revista dos Tribunais, 2004. p. 122-137.

deve orientar o legislador ordinário na instituição do Imposto Estadual, em prol de um estado de igualdade.

Essas questões têm sido respondidas pelos próprios executivos estaduais. Primeiro, estes se têm valido de um argumento que já foi completamente aqui refutado: a essencialidade, alegam os estados, em relação ao ICMS, é uma opção do legislador. Não obstante tal afirmação, em seguida os estados reconhecem que estariam a considerar a essencialidade, pois adotam um sistema de alíquotas progressivas em razão da quantidade de consumo da energia elétrica, sob o argumento de que a essencialidade cederia espaço à justiça fiscal, a qual seria levada a efeito pela aferição de capacidades contributivas diversas em razão de consumos diversos.[467]

O estado do Rio Grande do Sul, por exemplo, adota esse sistema de alíquotas progressivas. No caso, duas são as alíquotas previstas pela lei estadual nas operações internas de fornecimento de energia elétrica a consumidores residenciais: a primeira de 12% para o consumo de até 50 kw por mês,[468] e a segunda de 25% para o consumo mensal acima de daquela medida.[469] O argumento utilizado como justificativa pelo Executivo é que cidadãos que suportam maior encargo econômico – materializado pela quantidade da energia consumida – teriam maior capacidade de contribuir para o estado.[470]

A pergunta que surge, no entanto, e que deve aqui ser objeto de análise é se a adoção de alíquotas progressivas, em razão de faixas de consumo, atende ao princípio da essencialidade. Para dirimir essa questão, temos de recorrer à estrutura da essencialidade. Como visto, a essencialidade é princípio que visa, sobretudo, garantir que mercadorias e serviços sejam tributados em respeito à norma da igualdade. Diante do definido, a essencialidade apresenta-se como uma limitação ao exercício da competência conferida, pela Constituição, aos legisladores federal, estaduais, distrital e municipais – estes últimos por considerarmos que, para o ISS, a essencialidade é princípio implícito.

No caso, para dar efetividade ao princípio, e em consequência para que seja promovida a igualdade na tributação sobre o consumo, o destinatário da norma deve comparar grupos de mercadorias e serviços;

---

[467] Nesse sentido, CONTINENTINO, Marcelo Casseb. A Seletividade do ICMS Incidente Sobre Energia Elétrica e a Constitucionalidade da Graduação de Alíquotas Segundo o Princípio da Capacidade Contributiva. In: *Revista Dialética de Direito Tributário*. Nº 114. São Paulo: Dialética, 2007. p. 113-4.

[468] Cf. Item 25, alínea "d" do inciso II do art. 12 da Lei 8.820/89.

[469] Cf. Item 7, alínea "a" do inciso II do art. 12 da Lei 8.820/89.

[470] Cf. CONTINENTINO, Marcelo Casseb. A Seletividade do ICMS Incidente Sobre Energia Elétrica e a Constitucionalidade da Graduação de Alíquotas Segundo o Princípio da Capacidade Contributiva. In: *Revista Dialética de Direito Tributário*. nº 114. São Paulo: Dialética, 2007. p. 119.

Essencialidade Tributária

e o fator de diferenciação é o grau (ou o nível) de essencialidade dessas mercadorias e desses serviços.

Diante disso, é possível chegar a uma primeira conclusão. Comparam-se mercadorias e serviços diferentes; nunca aqueles que são iguais. Até mesmo nos impostos sobre a renda – cujo critério de comparação para a promoção da igualdade é a capacidade contributiva –, não se separam em grupos diversos e posteriormente se comparam contribuintes com a mesma capacidade. O que se separa e compara-se são contribuintes com capacidades diversas; em um grupo, por exemplo, contribuintes com rendimentos de até R$ 2.000,00, e em outro grupo contribuintes com rendimentos acima de R$ 2.000,00. O objetivo é exatamente separar aquilo que é diferente, para se tributar de forma diversa um grupo do outro. A ideia é tratar desigualmente aqueles que são efetivamente desiguais.[471]

Ao se tributar a energia elétrica com alíquotas diferentes – progressivas – em atenção à quantidade consumida, não se está tributando a mercadoria energia elétrica. O que se está tributando é uma medida: a medida de, repete-se, quantidade consumida. Em tal hipótese, em que se estabeleceu a progressividade de alíquotas para a mesma mercadoria, está-se separando um produto igual em dois grupos diversos;[472] e o fator de diferenciação adotado – a quantidade de energia consumida – não possui correlação lógica com o critério de comparação eleito.[473] Nesse sentido, também, a doutrina de Machado Segundo:[474]

> A Constituição facultou a instituição do ICMS ser seletivo ou não seletivo, sendo excluída, implicitamente, a possibilidade de progressividade. Porque a progressividade deste imposto faria com que uma mercadoria embora essencial, termine sendo tributada com alíquotas superiores à de mercadorias suntuosas e supérfluas apenas por haver sido consumida em maior quantidade, implicando clara violação ao artigo 155, § 2º, III, de nossa Carta Magna.

O nível de essencialidade das mercadorias e dos serviços é o fator de diferenciação para a promoção da igualdade na tributação de natureza fiscal sobre o consumo; a quantidade consumida não. A energia elétrica consumida de até 50 kW não é mais essencial do que a energia

---

[471] ARISTOTLE. *Nicomachean Ethics*. Upper Saddle River, New Jersey: Prentice Hall, 1999. Livro V, p. 112-114.

[472] Hipótese que, em tese, é condenada por Peter Westen, ao defender a ideia de que a comparação deve se basear em fatores que sejam efetivamente relevantes. WESTEN. Peter. *Speaking Of Equality*: *An analysis of the rhetorical force of equality in moral and legal discourse*. Princeton: Princeton University Press, 1990. p. 62.

[473] BANDEIRA DE MELLO, Celso Antônio. *O Conteúdo Jurídico do Princípio da Igualdade*. 3. ed. São Paulo: Malheiros, 2006. p. 17.

[474] MACHADO SEGUNDO, Hugo de Brito. O ICMS no Fornecimento de Energia Elétrica: Questões de Seletividade e da Demanda Contratada. In: *Revista Dialética de Direito Tributário*. nº 155. São Paulo: Dialética, 2008. p. 74.

consumida acima dessa quantidade. Em outras palavras, a essencialidade não pode ser medida pela unidade de mercadoria consumida. O fator quantidade consumida não leva em consideração, por exemplo, que em uma residência pode haver apenas um morador, ou um casal, situação em que o consumo será menor que em outra, onde resida uma família com 4 filhos. Em tal caso, o consumo de uma residência será, em tese, maior que o da outra, já que em uma delas há mais pessoas habitando. Consequentemente, tais consumidores suportarão um imposto mais elevado, por conta da variação proporcional da fatura em razão do maior número de moradores, ainda que estejam consumindo a mesma mercadoria, no mesmo grau de necessidade e, consequentemente, de essencialidade.[475]

Se essa premissa fosse verdadeira, o legislador poderia adotar a progressividade para todas mercadorias e serviços. Bastaria apenas que houvesse um incremento no consumo, e a progressão de alíquotas estaria lá, independentemente das características das mercadorias – sejam essenciais, úteis ou supérfluas. Em tal caso extremo poderia haver até mesmo uma alíquota única, inicial, para todas as mercadorias, já que na realidade o que interessaria para a graduação do ônus fiscal seria apenas a quantidade consumida.

A progressividade de alíquotas é, sem dúvida, uma excelente técnica para a concretização da igualdade, porém quando o critério de comparação adotado for a capacidade contributiva. Em tal hipótese, a separação de contribuintes com base no fator de diferenciação rendimentos auferidos autoriza, por exemplo, que para o grupo "a" o legislador adote uma alíquota, e para o grupo "b" adote outra mais elevada. Por outro lado, quando a relação ocorre entre mercadorias e serviços e o fator de diferenciação é o nível de essencialidade, a progressividade não pode ser adotada.[476]

Em conclusão, são inconstitucionais, violando o princípio da essencialidade como critério de comparação apto à promoção da igualdade na tributação sobre o consumo, os dispositivos de leis estaduais que estabeleçam alíquotas progressivas, ou diferenciadas para o mesmo produto. Em impostos sobre o consumo de natureza fiscal, a variação do ônus só

---

[475] Não exatamente em relação a esse caso, mas de modo geral, em comparação à tributação sobre a renda e em relação às variações de consumo em razão do número de integrantes de uma família, em 1916, o Prof. Luigi Einaudi já alertava sobre hipóteses de violação à igualdade em relação ao imposto sobre o consumo suportado por famílias de numerosa prole. EINAUDI, Luigi. *Corso di Scienza Della Finanza*. 3. ed. Torino: Edizione Della Rivista, 1916. p. 199-202.

[476] Em sentido idêntico, na defesa de que a progressividade de alíquotas não pode ser adotada em relação a todos os tributos, vide a crítica de Barreto, a adoção da progressividade nos impostos ditos *reais*. Em: BARRETO, Aires Fernandino. *Comentários ao Código Tributário Nacional*. Vol. 1. 3. ed. São Paulo: Saraiva, 2002. p. 272.

pode ocorrer em face das características das mercadorias e dos serviços; não em atenção à quantidade consumida.[477]

2.2.4. Essencialidade tributária e extrafiscalidade

Parte da doutrina, a exemplo de Carrazza,[478] afirma que a forma de manifestação da extrafiscalidade no IPI ocorre por meio da concretização do princípio da essencialidade.[479] Para essa corrente, a essencialidade seria um meio para induzir condutas do cidadão; a lógica desse raciocínio seria: produtos mais essenciais teriam, pela legislação, seu consumo incentivado; em contrapartida, os produtos, por exemplo, supérfluos, em razão da concretização da norma da essencialidade, teriam seu consumo desestimulado.[480]

Outros autores, a exemplo de Carvalho,[481] no entanto, reconhecem que a atenção à essencialidade das mercadorias é meio fiscal; a referida doutrina, neste caso, não afasta a utilização do IPI como imposto extrafiscal; todavia, afirma que precipuamente, em face da essencialidade, o imposto sobre produtos industrializados tem natureza fiscal:

> A finalidade precípua da exigência constitucional, constante na seletividade em função da essencialidade dos produtos, será a de suavizar a injustiça do imposto, atenuando o impacto tributário que deve ser suportado pelas classes mais desprotegidas e onerando os bens consumidos em padrões sociais mais altos. Daí o reconhecimento geral de ser o imposto sobre produtos industrializados tributo de eminente caráter fiscal da União.

Como já referido, a melhor conclusão está com aqueles que desvinculam a essencialidade da extrafiscalidade. A extrafiscalidade não é

---

[477] Praticamente no da mesma forma, com fundamento na doutrina do italiano LUIGI EINAUDI, já há muito tempo atrás, Baleeiro destacava que o "imposto sobre coisa, em princípio, exclui, por exemplo, a progressividade em atenção à pessoa, salvo casos de aplicação extrafiscal". Em: BALEEIRO, Aliomar. *Limitações Constitucionais ao Poder de Tributar*. 7. ed. Rio de Janeiro: Forense, 1999. p. 745.

[478] CARRAZA, Roque Antonio; BOTTALLO, Eduardo Domingos. IPI, Seletividade e Alteração de Alíquotas. In: *Revista Dialética de Direito Tributário*. n° 159. São Paulo: Dialética, 2008. p. 108. Nesse sentido, ainda, MACHADO, Hugo de Brito. IPTU. Ausência de Progressividade. Distinção entre Progressividade e Seletividade. In: *Revista Dialética de Direito Tributário*. n° 31. São Paulo: Dialética, 1998. p. 84. Também nesse sentido, XAVIER, Alberto. A Tributação do IPI sobre Cigarros. In: *Revista Dialética de Direito Tributário*. n° 118. São Paulo: Dialética, 2005. p. 21.

[479] Nesse sentido, também o Supremo Tribunal Federal. "A seletividade, na linha do mandamento constitucional, atrela-se à essencialidade do produto. A idéia básica é a de que o Fisco dispõe de discricionariedade para estabelecer cargas tributárias diferenciadas para os diferentes produtos industriais, tendo em vista objetivos extrafiscais". STF. *RE 370.682/SC*. Pleno. Rel. Min. Ilmar Galvão. DJe-165 de 19/12/2007,p. 24. Ementário vol. 2304-03, p. 392.

[480] Cf. BOTTALLO, Eduardo Domingos. O Imposto Sobre Produtos Industrializados na Constituição. In: TÔRRES, Heleno Taveira (Coord.). *Tratado de Direito Constitucional Tributário*. Saraiva: São Paulo, 2005. p. 633.

[481] CARVALHO, Paulo de Barros. Introdução ao Estudo do Imposto sobre Produtos Industrializados. In: *Revista de Direito Público*. n° 11. São Paulo: Revista dos Tribunais, 1970. p. 77.

forma de manifestação (ou meio para a concretização) da essencialidade. O princípio da essencialidade, em outras palavras, não se justifica com a adoção de uma conduta; não é, por exemplo, em razão do interesse do estado no consumo de mercadorias essenciais que tais (mercadorias) serão tributadas de forma mais branda. Como anotado, a tributação extrafiscal é meio para se alcançar um fim, e a essencialidade não é uma das justificativas para adoção desse meio.

Quando os impostos sobre o consumo, portanto, destinam-se imediatamente à geração de receitas para o estado – ou seja, quanto tais atuam como meio fiscal, e não extrafiscal –, o critério de comparação para a promoção da igualdade é a essencialidade. Nesse caso, será o grau de essencialidade das mercadorias e dos serviços que irá nortear a separação destas em grupos – a imposição tributária sobre o consumo irá orientar-se em face do grau de essencialidade das mercadorias e dos serviços sujeitos ao imposto, de forma que haja uma distribuição igualitária do ônus tributário. Justamente no que diz respeito a esse ponto, resulta evidente que o grau de essencialidade é pressuposto constitucional à tributação sobre o consumo como meio fiscal.

Por outro lado, quando os impostos sobre o consumo assumem o papel de instrumento de intervenção estatal no meio social e na economia privada,[482] dirigindo-se imediatamente à orientação de condutas do cidadão, o critério de comparação poderá não ser a essencialidade.[483] [484]

Para o IPI, restou definido por uma regra – o art. 4º do Decreto-Lei 1.199/71[485] – que a adoção de normas de cunho extrafiscal deve estar vinculada à promoção de objetivos de política econômica governamental ou à correção de distorções. Pois essa mesma regra também definiu, em específico, que apenas na realização de um dos objetivos – o vinculado à política econômica governamental – o Executivo deve ater-se ao princípio da essencialidade.

Evidentemente que não foi por mera distração do legislador que o dispositivo atrelou a apenas um dos objetivos a consideração ao grau de essencialidade das mercadorias. O que pretendeu o legislador foi criar

---

[482] Sobre a definição de extrafiscalidade, vide BECKER, Alfredo Augusto. *Teoria Geral do Direito Tributário*. 3. ed. São Paulo: Lejus, 1998. p. 587 e ss.

[483] Em sentido diverso, afirmando que a essencialidade não pode, jamais, ser desconsiderada, PAULSEN, Leandro. *Direito Tributário: Constituição e Código Tributário à Luz da Doutrina e da Jurisprudência*. 9. ed. Porto Alegre: Livraria do Advogado: Esmafe, 2007. p. 307.

[484] Tal discussão ocorre da mesma forma com a capacidade contributiva, cuja discriminação, em tais casos, segundo Moschetti, deve ser fruto de uma correta interpretação constitucional. MOSCHETTI, Francesco. *Profili Generali. Trattato di Diritto Tributário*. Padova: Cedam, 1994. p. 266.

[485] Art 4º O Poder Executivo, em relação ao Impôsto sôbre Produtos Industrializados, quando se torne necessário atingir os objetivos da política econômica governamental, mantida a seletividade em função da essencialidade do produto, ou, ainda, para corrigir distorções, fica autorizado: [...]

Essencialidade Tributária

uma exceção. Na adoção de tributo como meio extrafiscal, a regra é não considerar o critério de comparação essencialidade; isso porque, em relação às normas com viés extrafiscal, salvo a exceção antes prevista, é atribuída uma maior carga axiológica a outros princípios que se encontram envolvidos na relação.[486] Convém lembrar que a essencialidade é princípio e, portanto, norma que se sujeita à ponderação frente a outros princípios, sempre em consideração às finalidades do Texto Constitucional.[487]

A Constituição Federal, na alínea "d" do inciso III, e no parágrafo único do art. 146, previu a possibilidade de instituição de um regime – especial, unificado e simplificado – de arrecadação de tributos, para as micro e pequenas empresas. Com base nessa regra o legislativo nacional – detentor de competência para a instituição de lei complementar que emana efeitos sobre todos os entes da federação – está autorizado a editar norma de cunho extrafiscal, de forma a estimular o desenvolvimento do pequeno empresário, promovendo inclusive a criação de novos postos de trabalho, bem como o resgate daqueles que se encontram na informalidade.

A instituição do Regime Especial Unificado de Arrecadação de Tributos e Contribuições Devidos Pelas Microempresas e Empresas de Pequeno Porte -Simples Nacional, pela Lei Complementar 123/2006, teve por objetivo exatamente a realização das finalidades antes descritas; e isso ocorreu, inclusive, mediante a adoção de uma alíquota única, incidente sobre o faturamento dessas empresas – micro e pequenas –, independentemente da consideração do nível de essencialidade das mercadorias e dos serviços por elas comercializadas/prestados. Pois essa é uma hipótese de adoção, pelo legislador, de critério de comparação diverso da essencialidade. No caso, ainda que a tributação envolva o consumo, o meio adotado – extrafiscal – visa à promoção de outros fins, os quais de forma imediata não se vinculam exclusivamente à distribuição igualitária do ônus tributário.

O exemplo nos mostra que tributação que observa a divisão equânime do ônus fiscal não é a única finalidade a ser implementada, de

---

[486] "Um princípio cede lugar quando, em um determinado caso, é conferido um peso maior a um outro princípio antagônico". ALEXY, Robert. *Teoria dos Direitos Fundamentais*. Traduzido por: Virgílio Afonso da Silva. São Paulo: Malheiros, 2008. p. 105.

[487] A ponderação, ensina Heleno Tôrres, "pode ser vista como *processo* e como *produto*. Como *processo*, seria todo o conjunto de atos, a partir da interpretação dos enunciados normativos e da identificação da colisão de princípios, até chegar à regra aplicável ao caso concreto (*produto*). Neste procedimento, o *julgamento de valor* equivaleria a uma comparação entre princípios, como conteúdo dessa ponderação. O *produto* seria, pois, o conteúdo da norma posta". TÔRRES, Heleno Taveira. *Direito Constitucional Tributário e Segurança Jurídica: metódica da segurança jurídica do sistema constitucional tributário*. São Paulo: Revista dos Tribunais, 2011. p. 549.

acordo com o Texto Constitucional.[488] Ao Estado, como ente tributante, não cabe apenas, como já referido, arrecadar recursos para a promoção dos direitos fundamentais; é sua tarefa também a promoção de outros direitos de forma direta, a exemplo da garantia da livre concorrência, o que pode ser levado a efeito por meio de norma de cunho extrafiscal que corrija distorções ou desequilíbrios de mercado; tudo isso, sem que o critério de comparação entre grupos, ainda que em se tratando de imposto sobre o consumo, seja a essencialidade.

Diferentemente ocorre quando o ato do Executivo que altera as alíquotas do IPI, nos termos do parágrafo único do art. 153 da CF/88, visa a atingir objetivos de política governamental. Em tal hipótese, nos termos da já referida regra constante do art. 4º do Decreto-Lei 1.199/71, a norma deve excepcionalmente considerar o princípio da essencialidade.[489]

A Constituição Federal, no inciso VI do art. 170, estabelece a defesa do meio ambiente como um dos fins a serem promovidos pelo Estado, inclusive mediante tratamento diferenciado conforme o impacto ambiental dos produtos e serviços e de seus processos de elaboração. Logo, poderia o Executivo reduzir a alíquota do IPI incidente apenas sobre o papel reciclado, mantendo nos patamares normais a alíquota incidente sobre o papel não reciclado. Nesse caso, por meio do imposto sobre o consumo, a União estaria realizando um dos objetivos governamentais – a promoção do meio ambiente –, sem no entanto desviar-se da essencialidade, que é inerente ao papel. Na hipótese, o Executivo estaria ainda adotando um critério de comparação entre mercadorias distintas com base na essencialidade, já que para a finalidade defesa do meio ambiente é mais essencial que se consuma papel reciclado.

Diferentemente ocorreria se, para incentivar o consumo de papel reciclado, o Executivo mantivesse a alíquota desse tipo de papel no patamar regular, mas elevasse a alíquota do papel comum, em percentuais que ultrapassassem, por exemplo, a alíquota definida para a incidência do IPI sobre artigos de luxo, como adornos para decoração de residências. Em tal hipótese, restaria violado o princípio da essencialidade. E isso porque, mesmo objetivando incentivar uma conduta vinculada a um objetivo de política governamental – a de consumir papel reciclado –, ou coibir outra – a de reduzir o consumo do papel normal –, o Executivo não teria considerado a essencialidade como critério de comparação

---

[488] Cf. ÁVILA, Humberto. O Princípio da Isonomia em Matéria Tributária. In: TÔRRES, Heleno Taveira (Coord.). *Tratado de Direito Constitucional Tributário:* Estudos em Homenagem a Paulo de Barros Carvalho. São Paulo: Saraiva, 2005. p. 416.

[489] Neste sentido, CARRAZA, Roque Antonio; BOTTALLO, Eduardo Domingos. IPI, Seletividade e Alteração de Alíquotas. In: *Revista Dialética de Direito Tributário.* nº 159. São Paulo: Dialética, 2008. p. 112.

Essencialidade Tributária

entre os dois grupos, o grupo integrado pela mercadoria papel e o grupo integrado pelas mercadorias de luxo, já que acabaria por tributar com uma alíquota maior o grupo integrado por uma mercadoria não tão essencial como o papel reciclado, mas nem tão supérflua como os adornos decorativos para residências.

O exemplo nos mostra que, em casos específicos, ainda que sendo o tributo utilizado como meio extrafiscal, haverá situações em que o destinatário da norma – no caso o Executivo – estará atrelado à promoção do princípio da essencialidade, sob pena de editar norma inconstitucional.

Para o ICMS, a adoção de regras de cunho extrafiscal deve observar a mesma sistemática a que se sujeita o IPI, com uma única diferença: não há, para o Imposto Estadual, uma exceção que determine, em casos específicos, a atenção ao princípio da essencialidade. Desse modo, quando o legislador estadual utiliza o ICMS como meio extrafiscal, o critério de comparação para a promoção da igualdade não será a essencialidade.

Em conclusão, quando os impostos sobre o consumo são utilizados como meio extrafiscal, apenas no caso do IPI, em prol da realização dos objetivos da política econômica governamental por conta da existência de uma regra – o art. 4º do Decreto-Lei 1.199/71 –, é que o grau de essencialidade deve ser adotado como fator de diferenciação. Nas outras hipóteses previstas – seja em relação ao IPI, quando o objetivo é a correção de distorções, seja em relação ao ICMS –, o princípio da essencialidade tributária aplicável à tributação sobre o consumo é restringido frente a outros princípios, os quais acabam por revelar maior carga axiológica ou dimensão de peso no caso concreto.[490] Nesse sentido já decidiu o STF:[491]

> A localização em si, enquanto critério de discriminação tributária, guarda correlação com a necessidade de tratamento legislativo distinto, tendente a estimular produção de açúcar de cana nas regiões beneficiadas, razão por que não se lhe descobre ofensa à isonomia (art. 150, II, da CF/88, nem a uniformidade de tributação (art. 151, I).

Como se vê, na hipótese, a essencialidade teve sua aplicação restringida face a outro princípio: o do equilíbrio do desenvolvimento socioeconômico entre as diferentes regiões do País. Isso significa que a promoção da igualdade foi levada a efeito em prol de outra finalidade, que não a relativa à divisão equânime do ônus fiscal – a finalidade de estímulo ao crescimento e à redução de desigualdades regionais.

---

[490] Sobre a dimensão de peso inerente aos princípios, vide ALEXY, Robert. *Teoria dos Direitos Fundamentais*. Traduzido por: Virgílio Afonso da Silva. São Paulo: Malheiros, 2008. p. 105. Ainda neste sentido, DWORKIN, Ronald. *Taking Rights Seriously*. Cambridge: Harvard University Press. 17. ed. 1999. p. 27.

[491] STF. *AI 515.168 AgR-ED/MG*. Primeira Turma. Rel. Min. Cezar Peluso, DJ de 21/10/2005 p. 26. Ementário vol. 2210-06, p. 1061.

A ausência de atenção à essencialidade, nesses casos em que a tributação assume um viés extrafiscal, não importa em violação da igualdade na tributação sobre o consumo. Como visto, em tais hipóteses a igualdade é garantida pela eleição de outros critérios de comparação, vinculados a finalidades constitucionais distintas – a exemplo do antes citado, estímulo ao desenvolvimento do pequeno empresário.

2.2.5. Os sujeitos da essencialidade tributária

2.2.5.1. A essencialidade tributária e os Poderes Legislativo e Executivo

Nesse momento, importa apontar aqueles que detêm a titularidade para concretizar o princípio da essencialidade como critério de comparação, visando à promoção da igualdade na tributação sobre o consumo. De forma imediata, com base no definido pelo sistema e em especial pela orientação deste acerca de como deve ser exercida a competência constitucionalmente conferida, o destinatário do princípio da essencialidade é o Poder Legislativo.

Noutros termos, cumpre ao Legislativo a tarefa de concretizar a essencialidade como princípio da tributação sobre o consumo – o que, como já verificado, não se apresenta como uma mera faculdade ou opção, mas sim como verdadeira limitação formal e material ao poder de tributar.

Todavia, não é apenas o Legislativo o sujeito da essencialidade.[492] A essencialidade vincula ainda o Poder Executivo de duas formas. Primeiro, a essencialidade vincula o Executivo em relação à sua tarefa regulamentar.[493] Nesse caso, o Executivo, ao estabelecer instrumentos normativos secundários – como o decreto, e as normas complementares (portarias, instruções normativas, etc.) –, deve atentar e, em última análise, promover com a máxima efetividade possível, o princípio da essencialidade.

Segundo, a essencialidade vincula o Executivo quando a própria Constituição, em determinados casos, redefine a forma como será

---

[492] Nesse sentido, Heleno Tôrres afirma que "pela supremacia da Constituição, a efetividade dos princípios é uma exigência que se impõe a todos os órgãos do Estado". TÔRRES, Heleno Taveira. *Direito Constitucional Tributário e Segurança Jurídica: metódica da segurança jurídica do sistema constitucional tributário*. São Paulo: Revista dos Tribunais, 2011. p. 498.

[493] Conforme ensina Carrazza, no Direito Tributário, "os regulamentos executivos devem limitar-se a estabelecer os pormenores normativos de ordem técnica que viabilizam o cumprimento das leis a que se referem." [...] "por maioria de razão, ele também deve estrita observância à Constituição [...]". CARRAZZA, Roque Antonio. *Curso de Direito Constitucional Tributário*. 22. ed. São Paulo: Malheiros, 2006. p. 352

Essencialidade Tributária

exercida a competência, dirigindo-a também aos Poderes Executivos, quando esses assumem excepcionalmente o papel do legislador ordinário. Esse é o caso, por exemplo, da fixação de alíquotas do IPI: como definido, mesmo quando a tributação passa a ser utilizada como meio extrafiscal, se o objetivo for atingir objetivos de política econômica governamental, o grau de essencialidade das mercadorias sujeitas a esse imposto deverá ser considerado. Logo, ao lado do Poder Legislativo, é também destinatário do princípio da essencialidade o Poder Executivo.

2.2.5.2. A essencialidade tributária e o Poder Judiciário

Outro ponto que cumpre ser investigado: a possibilidade de controle, pelo Poder Judiciário, da violação do princípio da essencialidade por parte de seus sujeitos diretos – o Poder Legislativo e o Poder Executivo.

Durante muito tempo, a doutrina defendeu não ser possível a intervenção do Judiciário em relação a tal questão – a consideração ou não, por parte do detentor da competência tributária, do princípio da essencialidade – sob o argumento de que o conteúdo da essencialidade seria preenchido livremente pelo legislador ordinário.[494] Para esses, a essencialidade, como já referido, integraria uma zona de discricionariedade legislativa que estaria fora do controle do Judiciário.

Entretanto, diferentemente do argumento trazido por esses autores – e, em especial, em face ao antes verificado –, tal princípio possui um conteúdo definido pela própria Constituição, um conteúdo preenchido pelas finalidades constitucionalmente prescritas.

O Legislativo não possui uma liberdade total no que tange à adoção do critério de comparação essencialidade, bem como na identificação dos grupos baseados no fator de diferenciação, na relação entre mercadorias e serviços em prol da promoção da igualdade; essa relação – critério de comparação – fator de diferenciação – deve ter correlação lógica,[495] a qual deverá ser aferida pelo Judiciário. O princípio da essencialidade, como já definido, atua como um limite ao exercício da competência. Assim, é possível considerar que, ao mesmo tempo em que a Constituição confere poder ao legislador ordinário (e excepcionalmente ao Executivo), ela encerra um limite: o limite da essencialidade.

---

[494] BALEEIRO, Aliomar. *Direito Tributário Brasileiro*. 11. ed. Rio de Janeiro: Forense, 2004.p. 347. TORRES, Ricardo Lobo. O IPI e o Princípio da Seletividade. In: *Revista Dialética de Direito Tributário*. nº 18. São Paulo: Dialética, 1997. p. 98-9.

[495] BANDEIRA DE MELLO, Celso Antônio. *O Conteúdo Jurídico do Princípio da Igualdade*. 3. ed. São Paulo: Malheiros, 2006. p. 37-9.

O afirmado anteriormente nos mostra, portanto, que o Judiciário também ocupa o rol de destinatários da essencialidade. Relativamente ao exercício da competência conferida ao Legislativo, por exemplo, inúmeras já foram às vezes em que os tribunais verificaram a violação às normas que limitam o poder de tributar. Pois, no caso da essencialidade, essa verificação não deve ocorrer de outra forma. Como limite ao poder de tributar, o Judiciário deve aferir, por parte dos destinatários Legislativo e Executivo, a atenção à essencialidade, tanto na tributação de cunho fiscal, quanto em alguns casos na de cunho extrafiscal.[496]

2.2.5.2.1. A essencialidade tributária, Poder Judiciário e tributação fiscal

Na tributação de cunho fiscal, incidente sobre o consumo, o controle por parte do Judiciário deve ocorrer quando a norma elaborada pelo Legislativo não considera o grau de essencialidade como fator de diferenciação na relação entre mercadorias e serviços, afastando-se da finalidade a ser promovida; ou seja, quando a essencialidade não é corretamente adotada como critério de comparação. Nesse sentido, Carrazza:[497]

> Não estamos sustentando que o Judiciário vai legislar, no lugar do legislativo, mas averiguar se os critérios adotados por este Poder foram adequados e racionais. Se concluir que a legislação ultrapassou os critérios de razoabilidade e bom senso ao revogar, por exemplo, uma isenção sobre a venda de remédios, tornando-a mais tributada que a comercialização de ração para gatos, poderá perfeitamente restabelecer o benefício fiscal.

O antes anotado demonstra que há espaço para o Judiciário – em prol da promoção da igualdade na tributação sobre o consumo – aferir se a norma editada pelo Legislativo – e até mesmo pelo Executivo – concretiza o princípio da essencialidade. Mas a tarefa do Judiciário, nesse caso, não para por aí. Se o Judiciário verificar que a legislação restringe em demasia o referido princípio, é seu dever adequá-la, se possível, mediante uma interpretação conforme a Constituição, ou até mesmo declará-la inconstitucional, sob o fundamento de violação à essencialidade tributária.

O Tribunal de Justiça do Rio Grande do Sul (TJRS), ao examinar dispositivo de lei estadual que definia a alíquota do ICMS incidente

---

[496] Favorável à aferição, por parte do Judiciário, da efetividade do princípio da essencialidade, merece destaque a doutrina de BOTTALLO, Eduardo Domingos. O Imposto Sobre Produtos Industrializados na Constituição. In: TÔRRES, Heleno Taveira (Coord.). *Tratado de Direito Constitucional Tributário*. Saraiva: São Paulo, 2005. p. 634. MACHADO, Hugo de Brito. O ICMS no Fornecimento de Energia Elétrica: Questões de Seletividade e da Demanda Contratada. In: *Revista Dialética de Direito Tributário*. n° 155. São Paulo: Dialética, 2008. p. 52.

[497] CARRAZZA. Roque Antônio. *ICMS*. 9. ed. São Paulo: Malheiros, 2002. p. 326. Também sobre o tema vide, COÊLHO, Sacha Calmon Navarro. *Comentários à Constituição de 1988: Sistema Tributário*. 3. ed. Rio de Janeiro: Forense, 1991. p. 239.

sobre o fornecimento de refeições – mercadorias indiscutivelmente essenciais –, decidiu, conforme a Constituição, em prol do princípio da essencialidade. No caso, a divergência de interpretação ocorria em relação à aplicação do dispositivo sobre o fornecimento de refeições por supermercados, já que tal previa alíquota e base de cálculo reduzidas para operações realizadas por bares, restaurantes, cozinhas industriais e similares.

De um lado, argumentava o Estado no sentido de que os supermercados não eram estabelecimentos similares aos bares e restaurantes, pois possuíam um vasto leque de operações e, em decorrência, maior capacidade econômica, o que afastaria a possibilidade de "tributação reduzida", nos termos da lei. De outro lado, argumentavam os contribuintes no sentido de que a igualdade, em tal hipótese, não poderia ser aferida pelo critério "diversidade de operações realizadas" ou por conta da demonstração objetiva de capacidade econômica: em se tratando de mercadorias e da incidência do imposto sobre o consumo, o critério a ser adotado, em sintonia com o meio – fiscal – e o fim constitucionalmente protegido – divisão equânime do ônus –, é o baseado na essencialidade do produto. Nesse sentido, merece destaque um trecho do voto da Relatora, quando referiu a essencialidade como elemento norteador da interpretação dos dispositivos da lei estadual que versam sobre o ICMS das refeições:[498]

> Nem poderia ser de outro modo, porque o art. 155, § 2º, inc. III da Constituição Federal, consagra a adoção do critério da seletividade do ICMS "em função da essencialidade das mercadorias e serviços" [aqui, relacionada, inequivocamente, à redução do custo final da alimentação "fornecida" ao universo de consumidores (contribuintes de fato do tributo)], e não da natureza do estabelecimento fornecedor/prestador.

Fica claro, desse modo, que diferentemente de ter assumido o lugar do legislador, o Judiciário exerceu controle sobre a legislação inerente ao ICMS, interpretando-a em sintonia com a Constituição Federal. Em concreto, definiu que, em se tratando de tributação sobre o consumo estabelecida em regra de cunho fiscal, é a norma da essencialidade que irá nortear a concretização da igualdade de tratamento e não as características da operação ou a natureza do estabelecimento fornecedor das mercadorias.

Em outro caso, o Tribunal de Justiça do Rio Janeiro (TJRJ), ao examinar dispositivo de decreto estadual que, na esteira de lei, determinava a alíquota de ICMS de 25% sobre o fornecimento de energia elétrica e sobre a prestação de serviço de comunicação, decidiu pela inconstitucionalidade da norma. Na hipótese, concluiu a Corte pela violação ao

---

[498] TJRS. *Embargos Infringentes nº 70040410730*. Décimo Primeiro Grupo Cível. Rel. Desembargadora Mara Larsen Chechi. DJ de 26/10/2011.

inciso III do § 2º do art. 155 da CF/88, em especial diante da fixação de alíquotas menores para mercadorias menos essenciais, a exemplo da incidente sobre a circulação de bebidas alcoólicas.[499]

Em tal julgado, mais uma vez, sem invadir a esfera de competência reservada ao Legislativo, o Judiciário exerceu controle sobre a legislação inerente ao ICMS, declarando-a inconstitucional por inobservância do princípio da essencialidade. Em concreto, entendeu o Tribunal que o legislador não observou o referido princípio como critério de comparação entre as mercadorias tributadas pelo imposto sobre o consumo, nem tampouco observou o seu fator de diferenciação – o grau de essencialidade da mercadoria consumida –, já que tributava o grupo das mercadorias supérfluas com alíquotas menores do que o das mercadorias ou dos serviços essenciais, hipótese que representa flagrante violação à igualdade.

O Judiciário mais uma vez não invadiu a esfera de competência constitucionalmente definida ao Poder Legislativo, para a fixação de alíquotas do ICMS. O reconhecimento da inconstitucionalidade de dispositivo da legislação que fixa, por exemplo, alíquota mais elevada para mercadoria mais essencial justificará, de imediato, a aplicação da alíquota inferior, de caráter residual, incidente para a maioria das mercadorias e dos serviços.[500]

2.2.5.2.2. A essencialidade tributária, Poder Judiciário e tributação extrafiscal

Na tributação de cunho extrafiscal, o controle por parte do Judiciário, em relação ao princípio da essencialidade, deve ocorrer apenas no caso específico do IPI, quando a norma elaborada pelo Executivo, que visa atingir objetivos de política econômica governamental, não consi-

---

[499] TJRJ. *Arguição de Inconstitucionalidade n° 27/2005*, Órgão Especial, Rel. Desembargador Roberto Wider. Julgado em 27/03/2006. Na mesma linha, foi julgada procedente também a Arguição de Inconstitucionalidade n° 2008.017.00021, em que foi reconhecida a inconstitucionalidade do Art. 14, VI, alínea "b", da Lei n° 2.657/96, do Estado do Rio de Janeiro, que fixa a alíquota do ICMS em 25% sobre o fornecimento de energia elétrica. TJRJ. *Argüição de Inconstitucionalidade n° 2008.017.00021*, Órgão Especial, Rel. Desembargador José Mota Filho. Julgado em 20/10/2008.

[500] No caso, o que se revela em desconformidade com a Constituição é o dispositivo que fixa a alíquota que não considera o princípio da essencialidade. Pois, em sendo reconhecida a inconstitucionalidade desse dispositivo, restará, de imediato, aplicável a alíquota inferior, incidente sobre a maioria das operações suscetíveis ao Imposto, usualmente de caráter residual. Esse é, também, o entendimento que vem sendo adotado pelo STF, ao reconhecer como inconstitucional dispositivo de lei municipal que institui alíquotas progressivas de IPTU – acima, portanto, da alíquota mínima – antes da entrada em vigor da E/C 29/00. Nesse caso, a Corte declara a inconstitucionalidade do dispositivo, mas não impede a incidência pela alíquota mantida (no caso, a alíquota mínima). Como exemplo em relação ao IPTU, vide STF. *RE 562.783 AgR/SE*. Primeira Turma. Rel. Min. Dias Toffoli. DJe-179 de 19/09/2011. Ementário vol. 2589-02, p. 212.

dera a essencialidade como critério de comparação entre os grupos de mercadorias.

No caso, não é demais lembrar que o ato do Executivo que altera as alíquotas do IPI, nos termos do parágrafo único do art. 153 da CF/88, deve ser motivado. E a motivação, em tal hipótese, deve ter reflexo direto em relação aos consumidores,[501] afastando, na maior medida possível, o gravame tributário incidente na aquisição de produtos essenciais.[502]

Nesse momento, o Judiciário também deve exercer o seu papel, não aferindo apenas se a medida adotada atendeu, de forma proporcional, a algum fim constitucional – exame da relação meio *versus* fim –, mas também, na hipótese, se não foi violado o princípio da essencialidade.[503]

Em relação à dimensão extrafiscal do ICMS, não há controle a ser levado a efeito pelo Judiciário no tocante à concretização do princípio da essencialidade. No caso, o Judiciário não deve aferir se a norma veiculada promoveu o princípio da essencialidade na maior medida possível; deve aferir, sim, se o meio adotado – extrafiscal – é proporcional aos fins pretendidos. Em tal hipótese, o exame não se baseará na essencialidade, mas na possibilidade de concretização de outros princípios envolvidos na relação, a exemplo daqueles destinados à promoção do equilíbrio do desenvolvimento socioeconômico entre as diferentes regiões do País (art. 151, I), ou à prevenção de desequilíbrios de concorrência (art. 146-A).

---

[501] O Professor Roque Carrazza chega a identificar o consumidor como um destinatário do princípio da essencialidade tributária. Todavia, na perspectiva estudada, o consumidor não é identificado como destinatário, já que ele não concretiza a essencialidade tributária; em face disso, preferimos identificá-lo como beneficiário. CARRAZZA. Roque Antônio. *ICMS*. 9. ed. São Paulo: Malheiros, 2002. p. 324. Ainda, neste sentido, Misabel Derzi reconhece, como destinatário, apenas o contribuinte *de fato*. Em: DERZI, Mizabel. Notas. In: BALEEIRO, Aliomar. *Limitações Constitucionais ao Poder de Tributar*. 7. ed. Rio de Janeiro: Forense, 1999. p. 349.

[502] Conf. CARRAZA, Roque Antonio; BOTTALLO, Eduardo. Alcance das Vantagens Fiscais Concedidas com Fundamento no Princípio da Seletividade do IPI. In: ROCHA, Valdir de Oliveira (Coord.). *Grandes Questões Atuais do Direito Tributário*. Vol. 3. São Paulo: Dialética, 1999. p. 276-80.

[503] Nesse sentido CARRAZA, Roque Antonio; BOTTALLO, Eduardo Domingos. IPI, Seletividade e Alteração de Alíquotas. In: *Revista Dialética de Direito Tributário*. Nº 159. São Paulo: Dialética, 2008. p. 112.

Conclusões

A eficácia e a efetividade dos princípios constitucionais que limitam a competência tributária são alcançadas com base na compreensão de sua estrutura, e em especial na verificação de seu fundamento. Assim ocorre com o princípio da essencialidade tributária. Primeiro é preciso que se identifique o seu fundamento para, a partir de então, analisar e compreender os elementos que integram a sua estrutura, bem como a sua forma de realização.

Este estudo buscou identificar e aproximar cada um desses pontos. Primeiramente, demonstrou a efetividade da essencialidade tributária em relação ao IVA na Comunidade Europeia. Em seguida, procedeu à análise crítica do que já havia sido discutido acerca de seus fundamentos. Em um segundo momento, identificou e explicou o papel da igualdade, como norma que lhe confere fundamento, o que lhe propiciou aferir os elementos que integram a estrutura da essencialidade tributária, bem como a sua forma de concretização.

É possível perceber, portanto, que este estudo não se restringiu apenas à identificação do efetivo fundamento da norma de essencialidade tributária. Essa foi somente a ponte para poder justificar a essencialidade como princípio jurídico e, sob a perspectiva interna do princípio fundamental da igualdade, consequentemente como um de seus elementos – o critério de comparação.

Além disso, a presente investigação revelou que a essencialidade é naturalmente sujeita à ponderação, em decorrência da dimensão de peso que lhe é atribuída caso a caso. Isso evidencia que tal poderá, inclusive, ceder espaço para a concretização de outros princípios, a exemplo de algumas hipóteses em que a tributação sobre o consumo assume o caráter extrafiscal.

A investigação ora desenvolvida demonstrou, ainda, que a desconsideração dos elementos que integram a estrutura da norma de essencialidade tem colaborado para sua completa corrosão – estado esse materializado pelo desrespeito por parte dos detentores de competência tributária, bem como pela ausência de consideração por parte do Poder

Essencialidade Tributária

149

Judiciário no que tange ao exercício de controle da atuação do legislador ordinário e, consequentemente, da sua observância em relação aos limites do poder de tributar.

Diante de tal panorama, restou evidenciado que a essencialidade é norma dotada de eficácia. Norma que necessita, tanto pelos Poderes Legislativo e Executivo quanto pelo Judiciário, ter sua efetividade resgatada e então garantida, em prol da promoção de um estado de igualdade na tributação sobre o consumo.

Pois, terminada a investigação, é pertinente sistematizar as conclusões específicas, as quais, alinhadas ao longo da pesquisa, confirmam o propósito do estudo.

1. Os países integrantes da Comunidade Europeia não possuem, em suas leis fundamentais, a previsão expressa de uma norma de essencialidade tributária. Todavia, isso não significa que o grau de essencialidade das mercadorias e dos serviços deixe de ser considerado pelos legisladores, ao tempo do exercício da competência tributária.

Em relação ao IVA – principal imposto sobre o consumo dos países integrantes do Bloco, em face da harmonização promovida pelas diretivas comunitárias –, há a orientação para a segregação de dois ou três grupos diversos de mercadorias e serviços, em atenção às suas características. A seletividade, assim, justifica a adoção de uma alíquota normal, uma reduzida – em certo grau –, e outra ainda mais reduzida, sobre mercadorias que revelam níveis de essencialidade diversos, como forma de promoção da igualdade tributária.

2. O princípio da capacidade contributiva, norma que possui fundamento no princípio fundamental da igualdade, não deve ser observado na graduação de todos os tributos. Nos impostos sobre o consumo, por exemplo, não há como se aferir a capacidade daquele que consome e que efetivamente está suportando o ônus do imposto. O consumo, portanto – de mercadorias e serviços variados e essenciais –, não é sempre indício de capacidade contributiva.

A capacidade contributiva, em relação à igualdade, legitima-se como um critério de comparação, o que não afasta a possibilidade da existência de outros (critérios), como a essencialidade. Assim, nos impostos sobre o consumo, em que não é possível atentar-se à capacidade contributiva, a igualdade é concretizada a partir da seleção (ou da seletividade), em atenção ao grau de essencialidade das mercadorias e dos serviços.

3. Tributo é um meio para atingir-se um fim. É dever fundamental materializado por meio de uma prestação pecuniária de caráter compul-

sório, instituído por lei, devido à entidade de direito público e cobrado mediante atividade plenamente vinculada, com vistas à promoção dos direitos fundamentais, seja mediante a geração de receita pública, seja mediante a orientação socioeconômica dos cidadãos.

O presente conceito justifica a classificação dos tributos em dois grupos. O grupo dos tributos de natureza fiscal, em que o fim – a promoção dos direitos fundamentais –, dá-se a partir da atividade de geração de receita, isso para em momento posterior fazer frente às despesas do Estado; e o grupo dos tributos de natureza extrafiscal, em que o fim – a promoção dos direitos fundamentais –, dá-se a partir da orientação de condutas que estejam em sintonia com os objetivos do Estado Democrático de Direito.

4. A adoção da extrafiscalidade não justifica, ou serve de fundamento, à norma da essencialidade tributária. A graduação do ônus fiscal, de acordo com o nível de essencialidade das mercadorias e serviços, não é motivada precipuamente pelo interesse da Constituição em incentivar o consumo de mercadorias e de serviços essenciais e, via de regra, desestimular o consumo daquilo que é supérfluo.

A essencialidade impõe a divisão do ônus de forma diversa, em atenção ao grau de essencialidade (ou de utilidade) das mercadorias e dos serviços, como garantia da igualdade na tributação. Na tributação de cunho extrafiscal, por outro lado, o ônus é dividido em atenção à promoção de outros objetivos do sistema, como forma de induzir, positiva ou negativamente, a assunção de determinadas condutas.

Em alguns casos, a extrafiscalidade é utilizada como meio apto a inibir o consumo de mercadorias supérfluas; todavia, isso não garante que o legislador está a concretizar a norma da essencialidade. Como já referido, a extrafiscalidade é meio apto para promover os mais variados fins – proteção à saúde e ao desenvolvimento nacional, entre outros. A essencialidade é um critério de comparação destinado à promoção da igualdade.

5. A dignidade da pessoa humana, norma que confere fundamento ao Estado de Direito e, consequentemente, aos direitos fundamentais na relação tributária, de um lado justifica o dever de pagar tributos e em consequência as próprias regras de competência; de outro atua como baliza ou parâmetro, delimitando o exercício da competência e evitando que a tributação venha a atingir os requisitos mínimos a uma existência digna, ao efeito de restringir o desenvolvimento da personalidade do cidadão ou de penetrar na esfera de sua intimidade.

Tal faceta, todavia, não confere à dignidade o *status* de fundamento à essencialidade. Mercadorias e serviços não são selecionados e tributa-

Essencialidade Tributária

dos de forma diversa, em prol da dignidade da pessoa humana. A dignidade, frente à essencialidade, tem eficácia indireta. Tal norma serve para delimitar um dos elementos que integram a estrutura da essencialidade; ou seja, serve para estabelecer parâmetros com vistas à identificação do grau de essencialidade do que é sujeito ao imposto de consumo.

6. A igualdade, na sua dimensão jurídica, enquanto princípio fundamental, possui função fundamentadora, hipótese em que justifica a existência da norma da essencialidade.

A essencialidade tributária, portanto, encontra seu fundamento no dever constitucional de promoção da igualdade. A igualdade pressupõe uma seleção – ou a seletividade – a qual, no sistema tributário, não ocorre apenas entre pessoas, mas também entre mercadorias e serviços que sofrem o ônus fiscal, por meio da tributação sobre o consumo.

7. A igualdade jurídica é formal e material. A igualdade material – também denominada prescritiva – tem sua estrutura preenchida com base nos elementos extraídos do sistema, mediante a realização de um exercício contínuo e sistemático de comparação entre pessoas, coisas ou fatos, com vistas a atingir um fim constitucionalmente protegido.

Não é, portanto, apenas nas hipóteses em que se verificam arbitrariedades que se está violando a igualdade na sua dimensão material. A inobservância da capacidade contributiva nos impostos sobre a renda, da equivalência nas taxas, e da essencialidade na tributação sobre o consumo importa em transgressão à igualdade.

8. Do princípio fundamental da igualdade derivam dois deveres: o dever de tratamento igualitário e o dever de tratamento diverso. A adoção de condutas, por parte do destinatário da norma da igualdade, ocorre com base na compreensão e na consideração dos quatro elementos que compõem (ou integram) a sua estrutura: (i) os sujeitos, (ii) o critério de comparação, (iii) o fator de diferenciação, e (iv) o fim constitucionalmente protegido.

A essencialidade tributária, em relação aos elementos que integram a estrutura da igualdade, apresenta-se como um critério de comparação. A comparação entre as mercadorias e os serviços, como forma de promoção da igualdade, deverá ocorrer com base em algum critério. Nesse caso, o critério apto a orientar tal comparação é a essencialidade.

9. A afirmação de que, em relação à tributação sobre o consumo, o critério de comparação apto à promoção da igualdade é a essencialidade está calcada na sintonia entre este (critério) e o fim constitucionalmente protegido: a divisão equânime do ônus fiscal, que nesse caso, como demonstrado, não guarda harmonia com a capacidade contributiva.

A essencialidade, como critério de comparação, tem ainda conexão lógica com a medida adotada para que se promova a diferenciação – o fator de diferenciação –, que no caso é o grau (ou nível) de essencialidade das mercadorias e serviços sujeitos à tributação.

10. A Constituição traz expresso, além do princípio geral da igualdade, previsto no art. 5º, princípios autônomos de igualdade. Na relação entre fisco e contribuinte, a igualdade é promovida, em especial, pelo princípio da igualdade tributária (art. 150, inciso II), pelo princípio da capacidade contributiva (parágrafo único do art. 145), e pelo princípio da essencialidade.

O princípio da igualdade tributária é limitação expressa formal – em relação à aplicação da lei – e material – em relação à elaboração da lei – ao poder de tributar. Tal orienta o aplicador da norma, exigindo uma atuação do legislador para igualar sujeitos, inclusive através de tratos díspares, mas também proíbe a utilização de critérios que não estejam em sintonia com o Texto Constitucional.

O princípio da capacidade contributiva, por sua vez, é limitação expressa formal ao poder de tributar. É norma que, em relação aos elementos que integram a estrutura da igualdade, apresenta-se como um critério de comparação, garantindo a igualdade horizontal e a igualdade vertical, em relação à graduação do ônus de alguns tributos. A igualdade horizontal é promovida por meio da edição de lei que estabeleça tratamento equânime para contribuintes que possuam a mesma capacidade para suportar o encargo fiscal. A igualdade vertical é promovida por meio da edição de norma que estabeleça tratamento diverso para contribuintes com capacidades diversas.

11. A seletividade, no Direito Tributário, pressupõe a separação ou a seleção com base em características ou qualidades predefinidas pelo sistema para fins de incidência do tributo. A seletividade é o pressuposto da igualdade. A seletividade, portanto, não é princípio: é um meio para separação de diferentes sujeitos (grupos de pessoas, mercadorias e serviços).

A seletividade, assim, não se encontra vinculada exclusivamente à essencialidade ou à identificação do grau de essencialidade das mercadorias e dos serviços. Ao separar-se, por exemplo, contribuintes de acordo com fatores que indiquem capacidade contributiva para fins de incidência do Imposto de Renda, o legislador pratica a seletividade.

12. O conceito de essencialidade tributária não se confunde com o de mercadoria ou serviço essencial sob o ponto de vista jurídico. Para que se atribua eficácia à essencialidade, o mais importante não é definir

o que é essencial, mas sim realizar o exercício de comparação entre grupos de mercadorias e serviços em razão de seu grau de essencialidade.

Nesse sentido, a essencialidade tributária é norma que visa à promoção da igualdade no que tange à distribuição do ônus tributário nos impostos sobre o consumo; norma que atua como critério de comparação, integrando a relação entre grupos de mercadorias e/ou serviços, para a promoção de um fim: um estado de igualdade na tributação.

13. A essencialidade tributária caracteriza-se como limitação ao poder de tributar. É norma que impõe ao legislador a observância do grau de essencialidade das mercadorias e serviços como fator indicativo para a diferenciação, o qual é aferido em atenção às finalidades estabelecidas no sistema.

Em relação aos efeitos emanados sobre seus destinatários, a essencialidade é limitação positiva e também negativa. Positiva porque exige que o legislador, ao tempo do exercício da competência tributária, atente ao grau de essencialidade das mercadorias e dos serviços, ao dimensionar a tributação sobre o consumo; negativa porque proíbe a utilização de fatores indicativos diversos do (fator) grau de essencialidade das mercadorias e serviços.

Em relação ao seu conteúdo, a essencialidade é limitação material; é norma que restringe o poder de tributar conferido pela Constituição Federal.

14. O legislador não é livre para identificar ou conceituar o que é e o que não é essencial como fator indicativo, visando à promoção da igualdade.

Mercadorias e serviços essenciais, sob o ponto de vista jurídico, são aquelas cujos valores constitucionais denotam ser indispensáveis à promoção da liberdade, da segurança, do bem-estar, do desenvolvimento, da igualdade e da justiça – ou seja, das finalidades constitucionalmente prescritas. São as mercadorias e serviços destinados à proteção e à manutenção da dignidade humana, à erradicação da pobreza e da marginalização, à educação, à saúde, à alimentação, ao trabalho, à moradia, ao lazer, à segurança, à proteção à maternidade e à infância, à assistência aos desamparados e à defesa do meio ambiente.

15. A essencialidade tributária é princípio. É norma que orienta o intérprete na promoção da igualdade, no que tange à distribuição do ônus nos impostos sobre o consumo.

16. Em relação ao ICMS, a atenção ao grau de essencialidade das mercadorias e dos serviços por parte do legislador ordinário é um dever, e não uma faculdade. A essencialidade, como antes referido, é princípio,

e integra a estrutura das regras de competência dos tributos sobre o consumo, limitando também, como já verificado, positiva e negativamente o exercício dessa competência.

17. Em relação ao ISS, não é a ausência de disposição expressa na Constituição que irá afastar a sujeição do tributo ao princípio da essencialidade.

A essencialidade, frente ao ISS, é princípio implícito, norma que, embora não prevista expressamente na regra de competência do Imposto Municipal – em face da uniformidade assegurada pelo sistema e do dever de promoção da igualdade na tributação sobre o consumo –, norteia o exercício da competência por parte do legislador ordinário.

10. No que tange à seletividade como meio para que seja concretizado o princípio da essencialidade, o sistema não estabelece uma regra em relação ao número de categorias ou grupos de mercadorias ou serviços a serem comparados. O indispensável, no caso, é que sejam comparados no mínimo dois grupos.

19. A variação de alíquotas é um dos instrumentos a ser adotado pelo legislador ordinário para a promoção do princípio da essencialidade. A norma de essencialidade pode ser concretizada ainda mediante a redução de base de cálculo, hipótese em que a intenção é a de diminuir o gravame fiscal sem alterar a alíquota.

Por outro lado, a concessão de incentivos fiscais, a exemplo do denominado crédito presumido, é instrumento que não garante a concretização do princípio da essencialidade. Na maioria das vezes, os incentivos não têm seus efeitos econômicos transferidos aos adquirentes das mercadorias – os consumidores.

20. A adoção de alíquotas diversas (progressividade) sobre mercadorias e serviços que integram o mesmo grupo não guarda sintonia com o critério de comparação essencialidade. Na tributação sobre o consumo, comparam-se grupos de mercadorias e serviços diferentes, a partir de um fator indicativo para a diferenciação – mercadorias e serviços idênticos não podem ser separados em grupos diversos para comparação.

São inconstitucionais, portanto, por violar o princípio da essencialidade como medida de comparação apta para a promoção da igualdade na tributação sobre o consumo, os dispositivos de leis estaduais que estabelecem alíquotas progressivas, em atenção à quantidade consumida, para o mesmo produto ou serviço.

21. Quando os impostos sobre o consumo são utilizados como meio extrafiscal, apenas no caso do IPI, em prol da realização de objetivos de

política econômica governamental, por conta da existência de uma regra – o art. 4º do Decreto-Lei 1.199/71 –, é que o grau de essencialidade deve ser adotado como fator indicativo para a diferenciação. Nas outras hipóteses – seja em relação ao IPI, quando o objetivo é a correção de distorções, seja em relação ao ICMS –, o princípio da essencialidade tributária aplicável à tributação sobre o consumo é restringido frente a outros princípios que, na relação, revelem maior carga axiológica.

22. São destinatários do princípio da essencialidade tributária os Poderes Legislativo, Executivo e o Judiciário. O Poder Executivo é destinatário em primeiro plano, face à competência constitucionalmente conferida para a instituição dos tributos, limitada formal e materialmente pela norma de essencialidade.

O Poder Executivo é destinatário do princípio da essencialidade tributária, primeiro ao regulamentar as leis, e segundo ao assumir excepcionalmente o papel do legislador ordinário no caso específico do IPI (§ 1º do art. 153 da CF/88), se a norma estiver vinculada à promoção de objetivos de política econômica governamental.

O Poder Judiciário é destinatário do princípio da essencialidade tributária, pois tem o dever de aferir a atenção à essencialidade, tanto na tributação de cunho fiscal quanto excepcionalmente na tributação de cunho extrafiscal. Ademais, em verificando o Órgão que a legislação restringe em demasia o referido princípio, é sua obrigação adequá-la, se possível, por meio de uma interpretação em conformidade com a Constituição, ou até mesmo declará-la inconstitucional sob o fundamento de violação ao princípio da essencialidade.

Referências

ALEXY, Robert. *Teoria dos Direitos Fundamentais*. Traduzido por: Virgílio Afonso da Silva. São Paulo: Malheiros, 2008.

AMARAL, Antonio Carlos Rodrigues do. Visão Global da Fiscalidade no MERCOSUL: Tributação do Consumo e da Renda. In: MARTINS, Ives Gandra da Silva (Coord.). *Direito Tributário no MERCOSUL*. Rio de Janeiro. Forense, 2000.

AMARO, Luciano. *Direito Tributário Brasileiro*. 14. ed. São Paulo: Saraiva, 2008.

ARISTOTLE. *Nicomachean Ethics*. New Jersey: Prentice Hall, 1999.

ÁVILA, Humberto. Sistema Constitucional Tributário: De acordo com a Emenda Constitucional n° 42, de 19.12.2003. São Paulo: Saraiva, 2004.

——. O Princípio da Isonomia em Matéria Tributária. In: TÔRRES, Heleno Taveira (Coord.). *Tratado de Direito Constitucional Tributário*: Estudos em Homenagem a Paulo de Barros Carvalho. São Paulo: Saraiva, 2005.

——. *Teoria da Igualdade Tributária*. São Paulo: Malheiros, 2008.

——. Teoria dos Princípios: da definição à aplicação dos princípios jurídicos. São Paulo: Malheiros, 2003.

ATALIBA, Geraldo. *Sistema Constitucional Tributário Brasileiro*. São Paulo: Revista dos Tribunais, 1968.

——. *Hipótese de Incidência Tributária*. São Paulo: Revista dos Tribunais, 1973.

AYALA, José Luiz Pérez de; BECERRIL, Miguel Pérez de Ayala. *Fundamentos de Derecho Tributário*. Madrid: Dykinson, 2009.

BALEEIRO. Aliomar. *Uma Introdução a Ciência das Finanças*. Vol. 1. Rio de Janeiro: Forense, 1955.

——. Limitações Constitucionais ao Poder de Tributar. 7.ed. Rio de Janeiro: Forense, 1999.

——. *Direito Tributário Brasileiro*. 11.ed. Rio de Janeiro: Forense, 2004.

BANDEIRA DE MELLO, Celso Antônio. *O Conteúdo Jurídico do Princípio da Igualdade*. 3.ed. São Paulo: Malheiros, 2006.

BARBOSA, Rui. *Oração aos Moços*. Documento eletrônico. Disponível em: <http://www.casarui-barbosa.gov.br/dados/DOC/artigos/rui_barbosa/FCRB_RuiBarbosa_Oracao_aos_mocos.pdf.> Acesso em: 03 de janeiro de 2012.

BARROZO, Paulo Daflon. A Idéia de Igualdade e as Ações Afirmativas. In: *Lua Nova Revista de Cultura e Política*. N° 63. São Paulo: Cedec, 2004.

BARRETO, Aires. Base de Cálculo, Alíquota e Princípios Constitucionais. São Paulo: Ed. Max Limonad, 1998.

——. *Comentários ao Código Tributário Nacional*. Vol. 1. 3.ed. São Paulo: Saraiva, 2002.

BASTO, José Guilherme Xavier de. A Tributação do Consumo e a sua Coordenação Internacional: Lições Sobre Harmonização Fiscal na Comunidade Econômica Européia. In: *Ciência e Técnica Fiscal*, n° 361 e 362, janeiro – março e abril – junho. Centro de Estudos Fiscais. Lisboa: Direção Geral das Contribuições e Impostos, Ministério das Finanças, 1991.

BASTOS, Celso Ribeiro; MARTINS, Ives Gandra da Silva. *Comentários à Constituição do Brasil*. Vol. 2. Saraiva: São Paulo, 1989.

Essencialidade Tributária

BECKER, Alfredo Augusto. *Teoria Geral do Direito Tributário*. 3.ed. São Paulo: Lejus, 1998.

BERLIRI, Antonio. *Principi di Diritto Tributário*. Vol. I. Milano: Dott. A. Giuffrè Editore, 1967.

———. *L'Imposta Sul Valore Aggiunto*: Studi e Scritti Vari. Milano: Dott. A. Giuffrè Editore, 1971.

BEYLEVELD, Deryck; BROWNSWORD, Roger. *Human Dignity in Bioethics and Biolaw*. Oxford: Oxford University Press, 2004.

BOBBIO, Norberto. *Igualdad y libertad*. Barcelona: Ediciones Paidós I.C.E. de la Universidad Autónoma de Barcelona, 1993.

BONAVIDES, Paulo. *Curso de Direito Constitucional*. 24.ed. São Paulo: Malheiros, 2009.

BORGES, José Souto Maior. *Curso de Direito Comunitário*. São Paulo: Saraiva, 2005.

BOTTALLO, Eduardo Domingos. O Imposto Sobre Produtos Industrializados na Constituição. In: TÔRRES, Heleno Taveira (Coord.). *Tratado de Direito Constitucional Tributário*. São Paulo: Saraiva, 2005.

———. Linhas Básicas do IPI. In: *Revista de Direito Tributário*. Nº 13-14. Ano IV. São Paulo: Revista dos Tribunais, 1980.

BRASIL. *CONSTITUIÇÃO DE 1824*. Documento eletrônico. Disponível em: <http://www.planalto.gov.br/ccivil_03/Constituicao/Constituicao24.htm>. Acesso em: 01 de março de 2012.

———. *CONSTITUIÇÃO DE 1891*. Documento eletrônico. Disponível em: <http://www.planalto.gov.br/ccivil_03/Constituicao/Constituicao91.htm>. Acesso em: 01 de março de 2012.

———. *CONSTITUIÇÃO DE 1934*. Documento eletrônico. Disponível em: <http://www.planalto.gov.br/ccivil_03/Constituicao/Constituicao34.htm>. Acesso em: 01 de março de 2012.

———. *CONSTITUIÇÃO DE 1937*. Documento eletrônico. Disponível em: <http://www.planalto.gov.br/ccivil_03/Constituicao/Constituiçao37.htm>. Acesso em: 01 de março de 2012.

———. *CONSTITUIÇÃO DE 1946*. Documento eletrônico. Disponível em: <http://www.planalto.gov.br/ccivil_03/Constituicao/Constituicao46.htm>. Acesso em: 01 de março de 2012.

———. *CONSTITUIÇÃO DE 1967*. Documento eletrônico. Disponível em: <http://www.planalto.gov.br/ccivil_03/constituicao/constituicao67.htm>. Acesso em: 01 de março de 2012.

———. *CONSTITUIÇÃO DE 1969*. Documento eletrônico. Disponível em: <http://www.planalto.gov.br/ccivil_03/constituicao/emendas/emc_anterior1988/emc01-69.htm>. Acesso em: 01 de março de 2012.

———. *CONSTITUIÇÃO DE 1988*. Documento eletrônico. Disponível em: <http://www.planalto.gov.br/ccivil_03/Constituicao/Constituiçao.htm>. Acesso em: 01 de março de 2012.

———. *Lei 9.249/95*. Documento eletrônico. Disponível em: <http://www.planalto.gov.br/ccivil_03/leis/L9249.htm>. Acesso em: 01 de março de 2012.

———. *Decreto-Lei 1.199/71*. Documento eletrônico. Disponível em: <http://www.planalto.gov.br/ccivil_03/decreto-lei/Del1199.htm>. Acesso em: 01 de março de 2012.

———. *Decreto-Lei 7.660/11*. Documento eletrônico. Disponível em: <http://www.planalto.gov.br/ccivil_03/_Ato2011-2014/2011/Decreto/D7660.htm>. Acesso em: 01 de março de 2012.

———. Supremo Tribunal Federal. Disponível em: <http://www.stf.jus.br/portal/principal/principal.asp>. Acesso em: 01 de março de 2012.

———. Supremo Tribunal Federal. *AI AGR-ED 515.168*. Primeira Turma. Rel. Min. Cezar Peluso. DJ de 21/10/2005. Ementário vol. 2210-06.

———. Supremo Tribunal Federal. *AgReg no AI 360.461/MG*. Segunda Turma. Rel. Min. Celso de Mello. DJe-111 de 10/06/2011. Ementário vol. 2541-01, p. 41.

———. Supremo Tribunal Federal. *ADPF 153*. Pleno. DJE de 6/8/2010.

———. Supremo Tribunal Federal. *ADPF 54-QO*. Pleno. Rel. Min. Marco Aurélio, DJ de 31/8/2007.

———. Supremo Tribunal Federal. *ADI 2.010 MC/DF*. Pleno. Rel. Min. Celso de Mello. DJ de 12/04/2002, p. 51, Ementário vol. 2064-01.

———. Supremo Tribunal Federal. *ADI-MC 1.355-6*. Pleno. Rel. Min. Ilmar Galvão. DJ de 23/02/1996, p. 3623. Ementário vol. 1817-01, p. 190.

———. Supremo Tribunal Federal. *RE 336.134/RS*. Pleno. Rel. Min. Ilmar Galvão. DJ de 16/05/2003, p. 93. Ementário vol. 2110-04, p. 655.

———. Supremo Tribunal Federal. Trecho do voto do Relator. *RE 453.740.* Pleno. Rel. Min. Gilmar Mendes. DJ de 24/08/2007, Ementário vol. 2286-14.

———. Supremo Tribunal Federal. *RE 234.105/SP.* Pleno. Rel. Min. Carlos Velloso. DJ de 31/03/2000.

———. Supremo Tribunal Federal. *RE 429.306/PR.* Segunda Turma. Rel. Min. Joaquim Barbosa. DJe-049 de 16/03/2011. Ementário vol. 2482-01.

———. Supremo Tribunal Federal. *RE 370.682/SC.* Pleno. Rel. Min. Ilmar Galvão. DJe-165 de 19/12/2007, p. 24. Ementário vol. 2304-03.

———. Supremo Tribunal Federal. *ADI 1.643.* Pleno. Rel. Min. Mauricio Corrêa. DJ de 14/03/2003, p. 27, Ementário vol. 2102-01.

———. Supremo Tribunal Federal. *RE 236.604/PR.* Pleno. Rel. Min. Carlos Velloso. DJ de 06.08.1999. Ementário vol. 1957-18.

———. Supremo Tribunal Federal. *HC 101.505.* Segunda Turma. Rel. Min. Eros Grau. DJe de 12/2/2010.

———. Supremo Tribunal Federal. *ADI 1.655-MC/AP.* Pleno. Rel. Min. Maurício Corrêa. DJ de 24/10/1997, p. 54156, Ementário vol. 1888-01, p. 144.

———. Supremo Tribunal Federal. *ADI 3.105/DF.* Pleno. Voto do Min. Eros Grau. DJ de 18/02/2005. Ementário vol. 2180-2.

———. Supremo Tribunal Federal. *RE 226.184/CE.* Pleno. Rel. Min. Ilmar Galvão. DJ de 07/02/1997 p. 1365, Ementário vol. 1856-11, p. 2250.

———. Supremo Tribunal Federal. *ADI 939/DF.* Pleno Rel. Min. Sydney Sanches, DJ de 21/01/1994.

———. Supremo Tribunal Federal. *MS 26.690/DF.* Pleno. Rel. Min. Eros Grau. DJe 241 de 19/12/2008. Ementário vol. 2346-3.

———. Supremo Tribunal Federal. *ADI 2.672.* Pleno. Rel. Min. Ellen Gracie. Rel. para Acórdão, Min. Carlos Britto. DJ de 10/11/2006, p. 49. Ementário vol. 2255-02, p. 219. RTJ vol. 200-03, p. 1088.

———. Supremo Tribunal Federal. *RE 239.397/MG.* Primeira Turma. Rel. Min. Ilmar Galvão. DJ de 28/04/2000, p. 98. Ementário vol. 1988-07, p. 1351. RTJ vol. 173-03 p.1000.

———. Supremo Tribunal Federal. *RE 203.954/CE.* Pleno. Rel. Min. Ilmar Galvão. DJ de 07/02/1997, p. 1365. Ementário vol. 1856-11, p. 2250.

———. Supremo Tribunal Federal. *RE 236.881/RS.* Segunda Turma. Rel. Min. Maurício Corrêa. DJ de 26/04/2002, p. 90, Ementário vol. 2066-02.

———. Supremo Tribunal Federal. *RE 231.924 /PR.* Pleno. Rel. Min. Ricardo Lewandowski. DJe-118 de 21/06/2011. Ementário vol 2548-01, p. 84.

———. Supremo Tribunal Federal. *RE 562.783 AgR/SE.* Primeira Turma. Rel. Min. Dias Toffoli. DJe-179 de 19/09/2011. Ementário vol 2589-02.

———. Supremo Tribunal Federal. *ADI 3.510.* Pleno. Rel. Min. Ayres Britto. DJe de 28/5/2010.

———. Supremo Tribunal Federal. *RE 562045/RS.* Pleno. Rel. para acórdão Min. Cármen Lúcia. Julgado em 06/02/2013 (decisão ainda não publicada).

BRASILEIRO, Georgina de Paula. O Princípio da Seletividade e o ICMS Incidente sobre Energia Elétrica. In: *Revista Tributária e de Finanças públicas.* Nº 57. São Paulo: Revista dos Tribunais, 2004.

BUFFON, Marciano. *Tributação e Dignidade Humana*: Entre Direitos e Deveres Fundamentais. Porto Alegre: Livraria do Advogado, 2009.

CALIENDO, Paulo. Da Justiça Fiscal: Conceito e Aplicação. In: TÔRRES, Heleno Taveira (Coord.). *Tratado de Direito Constitucional Tributário*: Estudos em Homenagem a Paulo de Barros Carvalho. São Paulo: Saraiva, 2005.

———. Princípio da Igualdade de Tratamento entre Nacionais e Estrangeiros em Direito Tributário. In: TÔRRES, Heleno Taveira (Org.). *Direito Tributário Internacional Aplicado.* Vol. III. São Paulo: Quartier Latin, 2005.

———. *Direito Tributário e Análise Econômica do Direito*: Uma Visão Crítica. Rio de Janeiro: Elsevier, 2009.

Essencialidade Tributária

CAMPOS, João Mota de; CAMPOS, João Luiz Mota de. *Manual de Direito Comunitário*. 4.ed. Lisboa: Fundação Calouste Gulbenkian, 2004.

CANARIS, Claus Wilhelm. *Pensamento Sistemático e Conceito de Sistema na Ciência do Direito*. 2.ed. Lisboa: Fundação Calouste Gulbenkian, 1996.

CANAZARO, Fábio. *Lei Complementar Tributária na Constituição de 1988*. Porto Alegre: Livraria do Advogado, 2005.

CANOTILHO, J. J. Gomes. *Direito Constitucional e Teoria da Constituição*. 4.ed. Coimbra: Almedina, 2000.

CARPENTIERI, Loredana. L'Imposta Sul Valore Aggiunto. In: FANTOZZI, Augusto. *Corso di diritto tributário*. Torino: Unione Tipografico-Editrice Torinese, 2003.

CARRAZA, Roque Antonio; BOTTALLO, Eduardo. Alcance das Vantagens Fiscais Concedidas com Fundamento no Princípio da Seletividade do IPI. In: ROCHA, Valdir de Oliveira (Coord.). *Grandes Questões Atuais do Direito Tributário*. Vol. 3. São Paulo: Dialética, 1999.

——; ——. IPI, Seletividade e Alteração de Alíquotas. In: *Revista Dialética de Direito Tributário*. n° 159. São Paulo: Dialética, 2008.

CARRAZZA, Elizabeth Nazar. *Progressividade e IPTU*. Curitiba: Juruá, 1996.

CARRAZZA. Roque Antônio. *ICMS*. 9.ed. São Paulo: Malheiros, 2002.

——. Curso de Direito Constitucional Tributário. 22.ed. São Paulo: Malheiros, 2006.

CARVALHO, Paulo de Barros. Introdução ao Estudo do Imposto sobre Produtos Industrializados. In: *Revista de Direito Público*. N°. 11. São Paulo: Revista dos Tribunais, 1970.

——. *Curso de Direito Tributário*. 14. ed. São Paulo: Saraiva, 2002.

——. *Direito Tributário, Linguagem e Método*. 3.ed. São Paulo: Noeses, 2009.

CASALTA NABAIS, José. *O Dever Fundamental de Pagar Impostos*. Coimbra: Almedina, 2004.

CASELLA, Paulo Borba. Comunidade Européia e Seu Ordenamento Jurídico. São Paulo: LTr, 1994.

CAVALCANTI, João Barbalho Uchoa. *Constituição Federal Brasileira: Commentarios*. 2.ed. Rio de Janeiro: Briguiet e Cia.,1924.

CEREXHE, Etienne. *O Direito Europeu: As Instituições*. Traduzido por: António Mota Salgado. Lisboa: Editorial Notícias, 1970.

COCIVERA, Benedetto. *Principi di Diritto Tributario*. Milano: Dott. A. Giuffrè Editore, 1959.

COÊLHO, Sacha Calmon Navarro. *Comentários à Constituição de 1988: Sistema Tributário*. 3.ed. Rio de Janeiro: Forense, 1991.

——. *Curso de Direito Tributário Brasileiro*. 6.ed. Rio de Janeiro: Forense, 2001.

COMPARATO, Fábio Konder. Precisões Sobre os Conceitos de Lei e de Igualdade Jurídica. In: *Revista dos Tribunais*. v. 87. n. 750. São Paulo: Revista dos Tribunais, 1998.

CONTINENTINO, Marcelo Casseb. A Seletividade do ICMS Incidente Sobre Energia Elétrica e a Constitucionalidade da Graduação de Alíquotas Segundo o Princípio da Capacidade Contributiva. In: *Revista Dialética de Direito Tributário*. n° 114. São Paulo: Dialética, 2007.

COSTA, Alcides Jorge. *ICM na Constituição e na Lei Complementar*. São Paulo: Resenha Tributária, 1979.

COSTA, Regina Helena. *Princípio da capacidade contributiva*. 2.ed. São Paulo: Malheiros, 1996.

——. *Princípio da Capacidade Contributiva*. 3.ed. São Paulo: Malheiros, 2003.

——. *Curso de Direito Tributário*: Constituição e Código Tributário Nacional. São Paulo: Saraiva, 2009.

COUTO, Jeanlise Velloso. Tributação no MERCOSUL. In: CASELLA, Paulo Borba; VIEGAS LIQUIDATO, Vera Lúcia (Coord.). *Direito da Integração*. São Paulo: Quartier Latin, 2006.

CRAUG, Paul; DE BÚRCA, Gráinne. *EU LAW – text, cases and materials*. Oxford: Oxford University Press, 2003.

DANILEVICZ, Rosane. *A essencialidade como princípio constitucional à tributação: sua aplicação pela seletividade*. Dissertação de mestrado. Faculdade de Direito, Pontifícia Universidade Católica do Rio Grande do Sul – PUCRS, Porto Alegre, 2008.

DENARI, Zelmo. Breves Considerações à Margem da Capacidade Contributiva. In: *Revista Dialética de Direito Tributário*. N° 124. São Paulo: Oliveira Rocha, 2006.

DERZI, Mizabel. Notas. In: BALEEIRO, Aliomar. *Limitações Constitucionais ao Poder de Tributar*. 7.ed. Rio de Janeiro: Forense, 1999.

DIALLO, Alfa Oumar. *Tributação do Comércio Brasileiro e Internacional*. São Paulo: Método, 2001.

DINIZ, Maria Helena. *Norma Constitucional e seus efeitos*. 5.ed. São Paulo: Saraiva, 2001.

DI PIETRO, Maria Sylvia Zanella. *Direito Administrativo*. 23.ed. São Paulo: Atlas, 2010.

DÓRIA. Antonio Roberto Sampaio. *Princípios Constitucionais Tributários e a Cláusula Due Processo of Law*. São Paulo: Revista dos Tribunais, 1964.

DWORKIN, Ronald. *Taking Rights Seriously*. Cambridge: Harvard University Press. 17.ed. 1999.

EINAUDI, Luigi. *Corso di Scienza Della Finanza*. 3.ed. Torino: Edizione Della Rivista, 1916.

——. *Saggi Sul Risparmo e L'Imposta*. Torino: Giulio Einaudi Ed., 1941.

——. *Principios de Hacienda Publica*. Traduccion de La Segunda Edicion Italiana (1949) por Jaime Algarra y Miguel Paredes. Madrid: M. Aguilar, 1948.

ELKINS, David. Horizontal Equity as a Principle of Tax Theory. In: *Yale Law & Policy Review*. Vol. 24, No. 1. New Haven: Yale Law School, 2006.

ESPANHA. *Lei 37/1992, de 28 de dezembro de 1992*. Documento eletrônico. Disponível em: <http://0-www.westlaw.es.catoute.unileon.es/wles/app/document?docguid=Idef30750b6b011db81fe010000000000&srguid=i0ad600790000012bcf322789d0ca30b1&tid=universal#RCL_1992_2786_TIT.VII>. Acesso em: 31 de março de 2011.

——. *Constituição*. Documento eletrônico. Disponível em: <http://www.boe.es/aeboe/consultas/enlaces/documentos/ConstitucionCASTELLANO.pdf>. Acesso em: 01 de março de 2012.

——. *Ley 58/2003, de 17 de dezembro de 2003*. Documento eletrônico disponível em: http://www.aeat.es/AEAT/Contenidos_Comunes/Ficheros/Normativas/normlegi/otros/ley58_2003.pdf. Acesso em: 01 de março de 2012.

ESTURILIO, Regiane Binhara. *A Seletividade no IPI e no ICMS*. São Paulo: Quartier Latin, 2008.

EZCURRA, Marta Villar. Constitución Europea y Fiscalidad. In: TÔRRES, Heleno Taveira (Org.). *Direito Tributário Internacional Aplicado*. Vol III. São Paulo: Quartier Latin, 2005.

FANTOZZI, Augusto. *Diritto Tributario*. Torino: Unione Tipografico-Editrice Torinese, 1994.

FERRAZ JUNIOR, Tércio Sampaio. O princípio da igualdade no direito tributário. In: *Revista de Direito Tributário*. v. 15. n. 58. São Paulo: RT, 1991.

FERREIRA, Abel Henrique. O Princípio da Capacidade Contributiva frente aos Tributos Vinculados e aos Impostos Reais e Indiretos. In: *Revista Fórum de Direito Tributário*. N° 06, Belo Horizonte: Fórum, 2003.

FERREIRA DOS SANTOS, Fernando. *Princípio Constitucional da Dignidade da Pessoa Humana*. Fortaleza: Celso Bastos, 1999.

FREITAS, Juarez. *A interpretação Sistemática do Direito*. 4.ed. São Paulo: Malheiros, 2004.

——. *Sustentabilidade: Direito ao Futuro*. Belo Horizonte: Fórum, 2011.

GIANNINI, A.D. *Instituciones De Derecho Tributario*. Traduzido por: Sainz de Bujanda. Madrid: Editorial de Derecho Financiero, 1957.

GIARDINA, Emílio. *Le basi teoriche del princìpio della capacità contributiva*. Milano: Dott.A. Giuffrè Ed., 1961.

GRAU, Eros Roberto. *A Ordem Econômica na Constituição de 1988* (interpretação e crítica). 14.ed. São Paulo: Malheiros, 2010.

GRIBNAU, Hans. General Introduction. In: MEUSEN, Gerard TK (Ed.). *The Principle of Equality in European Taxation*. Boston: Kluwer Law International, 1999.

GRIZIOTTI, Benvenuto. *Studi di Scienza Delle Finanze e Diritto Finanziario*. Milano: Dott. A. Giuffrè Editore, 1956.

GUASTINI. Riccardo. Teoria e Ideologia da Interpretação Constitucional. In: *Interesse Público 40*. Porto Alegre: Notadez, 2006.

——. Problemas de Interpretación. In: *Isonomia: Revista de Teoria e Filosofia Del Derecho*. N° 7. México: Instituto Tecnológico Autónomo de México, 1997.

GUASTINI, Riccardo. *Estúdios de Teoria Constitucional*. Colônia Del Carmem: Distribuciones Fontamara S. A., 2001.

HÄBERLE, Peter. A dignidade humana como fundamento da comunidade estatal. Traduzido por: Ingo Wolfgang Sarlet e Pedro Scherer de Mello Aleixo. In: SARLET, Ingo Wolfgang (Org.). *Dimensões da Dignidade*. Ensaios de Filosofia do Direito e Direito Constitucional. 2.ed. Porto Alegre: Livraria do Advogado, 2009.

HESSE, Konrad. *Elementos de Direito Constitucional da República Federal da Alemanha*. Traduzido por: Luís Afonso Heck. 20.ed. Porto Alegre: Sergio Antônio Fabris, 1998.

ITÁLIA. *Constituição*. Documento eletrônico. Disponível em: <http://www.senato.it/documenti/repository/costituzione.pdf>. Acesso em: 01 de março de 2012.

——. *Decreto 633/1972, de 26 de outubro de 1972*. Documento eletrônico. Disponível em: <http://www.unisi.it/ammin/uff-ragi/Fisco/DPR633-72.htm>. Acesso em: 31 de março de 2011.

JARACH, Dino. *Curso de Derecho Tributario*. 3.ed. Buenos Aires: Liceu Cima, 1980.

KELSEN, Hans. *A Justiça e o Direito Natural*. Coimbra: Almedina, 2001.

LACOMBE, Américo Lourenço Masset. *Princípios constitucionais tributários*. São Paulo: Malheiros, 1996.

LAPATZA, José Juan Ferreiro. *Instituciones de Derecho Financiero*. Madrid: Marcial Pons, 2010.

LICCARDO, Gaetano. Introduzione allo Studio Del diritto tributario: Il Diritto Tributario nel Quadro Delle Scienze Giuridiche e Finanziarie. Napoli: Casa Editrice Dott. Eugenio Jovene, 1962.

LÓPEZ, José Manuel Tejerizo. Impuesto Sobre el Valor Añadido. In: LAPATZA, José Juan Ferreiro et al. *Curso de Derecho Tributário*. 13. ed. Madrid: Marcial Pons, 1997.

LORENZON, Gianfranco. *L'Ambito Oggettivo di Applicazione. Trattato di Diritto Tributário*. Vol I. Tomo I. Padova: Cedam, 1994.

MACHADO, Hugo de Brito. *Os Princípios Jurídicos da Tributação na Constituição de 1988*. 3.ed. São Paulo: Revista dos Tribunais, 1994.

——. IPTU. Ausência de Progressividade. Distinção entre Progressividade e Seletividade. In: *Revista Dialética de Direito Tributário*. n. 31. São Paulo: Dialética, 1998.

——. O ICMS no Fornecimento de Energia Elétrica: Questões de Seletividade e da Demanda Contratada. In: *Revista Dialética de Direito Tributário*. n° 155. São Paulo: Dialética, 2008.

——. *Curso de Direito Tributário*. 31.ed. São Paulo: Malheiros, 2010.

——. A Tributação da Energia Elétrica e a Seletividade do ICMS. In: *Revista Dialética de Direito Tributário*. n. 62. São Paulo: Dialética, 2000.

MAFFEZZONI, Frederico. *Il Principio di Capacità Contributiva Nel Diritto Finanziario*. Torino: Unione Tipografico Editrice Torinese, 1970.

MARTUL-ORTEGA, Perfecto Yebra. I Fini Extrafiscali DellÍmposta. In: AMATUCCI, Andréa. *Trattato di Diritto Tributário*. 1° Vol. Milano: Cedan, 2001.

MAZZUOLI, Valério de Oliveiro. *Curso de Direito Internacional Público*. 3.ed. São Paulo: Revista dos Tribunais, 2009.

MELO, José Eduardo Soares de. *ICMS: Teoria e Prática*. 3.ed. São Paulo: Dialética, 1998.

——. IPI. In: MARTINS, Ives Gandra da Silva (Coord.). *Curso de Direito Tributário*. 9.ed. São Paulo: Saraiva, 2007.

——. *IPI – Teoria e Prática*. São Paulo: Malheiros, 2009.

MENDES, Gilmar Ferreira. *Direitos Fundamentais e Controle de Constitucionalidade*. São Paulo: Instituto Brasileiro de Direito Constitucional, 1998.

MENDES, Guilherme Adolfo dos Santos. *Extrafiscalidade: análise semiótica*. 2009. Tese, Faculdade de Direito do Largo São Francisco, Universidade de São Paulo – USP, São Paulo, 2009.

MICHELI, Gian Antonio. *Corso di Diritto Tributario*. Torino: Unione Tipografico-Editrice Torinese, 1970.

——. *Curso de Direito Tributário*. Traduzido por: Marco Aurelio Greco e Pedro Luciano Marrey Jr. São Paulo: Revista dos Tribunais, 1978.

——. *Corso di Diritto Tributario*. 8. ed. Torino: Unione Tipografico-Editrice Torinese, 1994.

MIRANDA, Jorge. *Manual de Direito Constitucional*. Tomo IV. Direitos Fundamentais. 3.ed. Coimbra: Coimbra, 2000.

MIRANDA, Pontes de. *Democracia, liberdade, igualdade*: os três caminhos. São Paulo: José Olympio, 1945.

MORAES, Bernardo Ribeiro de. *Compêndio de Direito Tributário*. Rio de Janeiro: Forense, 1987.

MOSCHETTI, Francesco. *Il Principio Della Capacitá Contributiva*. Padova: Cedam, 1973.

——. *Profili Generali*. Trattato di Diritto Tributário. Padova: Cedam, 1994.

MURPHY, Lian; NAGEL, Thomas. *O Mito da Propriedade*. São Paulo: Martins Pontes, 2005.

NOGUEIRA, Ruy Barbosa. *Curso de Direito Tributário*. 13.ed. Saraiva: São Paulo, 1994.

PALMA, Clotilde Celorico IVA *e Jurisprudência Comunitária – Análise de Acórdãos do TJUE*. Documento eletrônico. Disponível em: <http://www.oa.pt/upl/%7B966b6849-4532-4709-830b-b69d6ce1ecbc%7D.pdf>. Acesso em: 31 de março de 2011.

PARAGUAI. *Constituição*. Documento eletrônico. Disponível em: <http://www.oas.org/juridico/mla/sp/pry/sp_pry-int-text-const.pdf>. Acesso em: 01 de março de 2012.

PAULSEN, Leandro. *Direito Tributário: Constituição e Código Tributário à Luz da Doutrina e da Jurisprudência*. 9. ed. Porto Alegre: Livraria do Advogado, Esmafe, 2007.

PÉREZ LUÑO, Antonio Enrique. *Derechos Humanos, Estado de Derecho y Constitucion*. 6.ed. Madrid: Tecnos, 1999.

——. *Dimensiones de la Igualdad*. 2.ed. Madrid: Dykinson, 2007.

PERLINGIERI, Pietro. *Il Diritto Civile Nella Legalità Costituzionale*. Napoli: Edizioni Scientifiche Italian, 1991.

PIRES, Adilson Rodrigues. O Processo de Inclusão Social Sob a Ótica do Direito Tributário. In: TÔRRES, Heleno, (Org.). *Princípios de Direito Financeiro e Tributário – Estudos em Homenagem ao Professor Ricardo Lobo Torres*. Rio de Janeiro: Renovar, 2003.

PORTUGAL. *Constituição*. Documento eletrônico. Disponível em: <http://www.parlamento.pt/Legislacao/Paginas/ConstituicaoRepublicaPortuguesa.aspx>. Acesso em: 01 de março de 2012.

——. *Decreto-Lei nº 102/2008, de 20 de junho de 2008*. Documento eletrônico. Disponível em: <http://info.portaldasfinancas.gov.pt/pt/informacao_fiscal/codigos_tributarios/civa_rep.htm>. Acesso em: 31 de março de 2011.

——. *Decreto-Lei nº 398/98*, de 17 de dezembro de 1998 – DR nº 290/98 SÉRIE I-A.

RAMOS, Rui Manuel Gens de Moura. *Das Comunidades à União Européia*: Estudos de Direito Comunitário. 2. ed. Coimbra: 1999.

RAPHAEL, D. Daiches. Equality and Equity. In: *Philosophy*. Vol. 21. Nº 79. Cambridge: Cambridge University Press, 1946.

RAWLS, John. *A Theory of Justice*. Cambridge: The Belknap Press of Harvard University Press, 1999.

RIBEIRO, José Joaquim. *Lições de Finanças Públicas*. 5.ed. Coimbra: Coimbra, 1997.

RIO GRANDE DO SUL. *Lei 8.820/89*. Documento eletrônico. Disponível em: <http://www.legislacao.sefaz.rs.gov.br/Site/Search.aspx?&CodArea=3&CodGroup=61>. Acesso em: 01 de março de 2012.

——. *Decreto 37.699/97*. Documento Eletrônico. Disponível em: <http://www.legislacao.sefaz.rs.gov.br/Site/Search.aspx?&CodArea=3&CodGroup=61>. Acesso em: 01 de março de 2012.

ROUSSEAU, Jean Jacques. *Du Contrat Social ou Principes du Droit Politique*. Livre II. Chap XI. Paris: Garnier, 1954.

Essencialidade Tributária

——. *Discurso sobre a Origem e os Fundamentos da Desigualdade entre os Homens*. Discurso sobre as Ciências e as Artes. Volume II. Traduzido por: Lourdes Santos Machado. São Paulo: Nova Cultural, 1997.

SANTOS, Antonio Carlos dos. Sobre a "Fraude Carrossel" em IVA: Nem tudo que Luz é Oiro. In: CORREIA, Arlindo et al. *Vinte Anos de Imposto Sobre o Valor Acrescentado em Portugal*. Portugal: Almedina, 2008.

SÃO PAULO. *Lei nº 6.374/1989*. Documento eletrônico. Disponível em: <http://info.fazenda.sp.gov.br/NXT/gateway.dll?f=templates&fn=default.htm&vid=sefaz_tributaria:vtribut> Acesso em: 01 de março de 2012.

SARLET, Ingo Wolfgang. *Dignidade da Pessoa Humana e Direitos Fundamentais na Constituição Federal de 1988*. 6. ed. Porto Alegre: Livraria do Advogado, 2008.

——. *A Eficácia dos Direitos Fundamentais*. 10. ed. Porto Alegre: Livraria do Advogado, 2009.

SEN, Amartya. *A Idéia de Justiça*. Traduzido por: Denise Bottmann, Ricardo Doninelli Mendes. São Paulo: Companhia das letras, 2011.

STARCK, Christian. A dignidade humana como garantia constitucional: o exemplo da Lei Fundamental Alemã. Traduzido por: Rita Dostal Zanini. In: SARLET, Ingo Wolfgang (Org.). *Dimensões da Dignidade. Ensaios de Filosofia do Direito e Direito Constitucional*. 2. ed. Porto Alegre: Livraria do Advogado, 2009.

SCHIAVOLIN, Roberto. *Il Collegamento Soggettivo. Trattato di Diritto Tributário*. Vol I. Tomo I. Padova: Cedam, 1994.

SERRANO, Carmelo Losano. *Exenciones Tributarias y Derechos Adquiridos*. Madrid: Tecnos, 1988.

SILVA, José Afonso da. *Curso de Direito Constitucional Positivo*. 20. ed. São Paulo: Malheiros, 2002.

——. *Aplicabilidade das Normas Constitucionais*. 6.ed. São Paulo: Malheiros, 2004.

SOUZA, Rubens Gomes de. *Estudos de Direito Tributário*. Saraiva: São Paulo, 1950.

——. *Compêndio de Legislação Tributária*. Rio de Janeiro: Edições Financeiras S.A., 1952.

SUÍÇA. *Constituição*. Documento eletrônico. Disponível em: <http://www.basiclaw.net/Appendices/switzerland__constitution.htm>. Acesso em: 01 de março de 2012.

TABOADA, Carlos Palao. El Principio de Capacidad Contributiva Como Criterio de Justicia Tributaria: Aplicación a Los Impuestos Directos e Indirectos. In: TÔRRES, Heleno Taveira (Coord.). *Tratado de Direito Constitucional Tributário: Estudos em Homenagem a Paulo de Barros Carvalho*. São Paulo: Saraiva, 2005.

TEIXEIRA. António Fernando Dias. *A Natureza das Comunidades Europeias: Estudo Político Jurídico*. Coimbra: Almedina, 1993.

TESAURO, Francesco. *Istituzioni Di Diritto Tributario*. Vol. 2. Parte Speciale. Torino: Unione Tipografico-Editrice Torinese, 1993.

TILBERY, Henry. O Conceito de Essencialidade como Critério de Tributação. In: NOGUEIRA, Ruy Barbosa (Coord.). *Estudos Tributários*. São Paulo: Resenha Tributária, 1974.

TIPKE, Klaus; YAMASHITA, Douglas. *Justiça Fiscal e Princípio da Capacidade Contributiva*. São Paulo: Malheiros, 2002.

——; LANG, Joachim. *Direito Tributário*. Traduzido por: Luiz Dória Furquim. Porto Alegre: Sergio Antônio Fabris, 2008.

TÔRRES, Heleno. *Pluritributação Internacional Sobre as Rendas de Empresas*. São Paulo: Revista dos Tribunais, 1997.

——. *Direito Tributário e Direito Privado*: Autonomia Privada: Simulação: Elusão Tributária. São Paulo: Revista dos Tribunais, 2003.

——. *Direito Constitucional Tributário e Segurança Jurídica*: metódica da segurança jurídica do sistema constitucional tributário. São Paulo: Revista dos Tribunais, 2011.

TORRES, Ricardo Lobo. O IPI e o Princípio da Seletividade. In: *Revista Dialética de Direito Tributário*. nº 18. São Paulo: Dialética, 1997.

——. Direitos Humanos e Direito Comunitário. In: TÔRRES, Heleno Taveira (Org.). *Direito Tributário Internacional Aplicado*. Vol. II. São Paulo: Quartier Latin, 2004.

——. *Tratado de Direito Constitucional, Financeiro e Tributário*. 3. ed. Rio de Janeiro: Renovar, 2005.

——. *Curso de Direito Financeiro e Tributário*. 12.ed. Rio de Janeiro: Renovar, 2005.

TRIBUNAL DE JUSTIÇA DO RIO GRANDE DO SUL. Disponível em: <http://www1.tjrs.jus.br/site/>. Acesso em: 01 de março de 2012.

——. Embargos Infringentes nº 70040410730. Décimo Primeiro Grupo Cível, Rel. Desembargadora Mara Larsen Chechi. DJ de 26/10/2011.

TRIBUNAL DE JUSTIÇA DO RIO DE JANEIRO. Disponível em: <http://portaltj.tjrj.jus.br/web/guest;jsessionid=FC7BE174857EFA3AA98DCFADA8F287AB.node11>. Acesso em: 01 de março de 2012.

——. *Argüição de Inconstitucionalidade nº 2008.017.00021*. Órgão Especial. Rel. Desembargador José Mota Filho. Julgado em 20/10/2008.

——. *Arguição de Inconstitucionalidade nº 27/2005*. Órgão Especial. Rel. Desembargador Roberto Wider. Julgado em 27/03/2006.

UCKMAR, Victor. *Princípios Comuns de Direito Constitucional Tributário*. Traduzido por: Marco Aurélio Greco. São Paulo: Revista dos Tribunais, 1976.

UNIÃO EUROPEIA. *Carta dos Direitos Fundamentais da União Europeia*. Documento eletrônico. Disponível em: <http://www.europarl.europa.eu/charter/pdf/text_pt.pdf>. Acesso em 01 de março de 2012.

——. *Diretiva 2005/92/CE do Conselho*, de 12 de dezembro de 2005. Documento eletrônico. Disponível em: <http://eur-lex.europa.eu/smartapi/cgi/sga_doc?smartapi!celexplus!prod!DocNumber&lg=pt&type_doc=Directive&an_doc=2005&nu_doc=92>. Acesso em: 24 de março de 2011.

——. *Diretiva 2006/112/CE do Conselho de 28 de novembro de 2006*. Documento eletrônico. Disponível em: <http://eur-lex.europa.eu/LexUriServ/LexUriServ.do?uri=CONSLEG:2006L0112:20100115:PT:PDF>. Acesso em: 24/03/2011.

——. *Tratado da Comunidade Europeia*. Documento Eletrônico disponível em: <http://www.ecb.int/ecb/legal/pdf/ce32120061229pt00010331.pdf>. Acesso em: 01 de Marco de 2012.

——. *Tratado da União Europeia*. Documento Eletrônico disponível em: <http://www.ecb.int/ecb/legal/pdf/ce32120061229pt00010331.pdf>. Acesso em: 01 de Marco de 2012.

VALCARCEL, Ernesto Lejeune. *L'Eguaglianza*. Trattato di Diritto Tributário. Vol I. Tomo I. Padova: Cedam, 1994.

VASQUES, Sérgio. Origem e Finalidade dos Impostos Especiais de Consumo. In: *Revista Fórum de Direito Tributário*. nº 17. Belo Horizonte: Fórum, 2005.

——. *O Princípio da Equivalência como Critério de Igualdade Tributária*. Coimbra: Almedina, 2008.

VELLOSO, Andrei Pitten. A Teoria da Igualdade Tributária e o Controle de Proporcionalidade das desigualdades de Tratamento. In: *Revista Tributária e de Finanças Públicas*. v. 15. n. 16. São Paulo: Revista dos Tribunais, 2000.

——. *O Princípio da Isonomia Tributária*: da Teoria da Igualdade ao Controle das Desigualdades Impositivas. Porto Alegre: Livraria do Advogado, 2010.

VENEZUELA. *Constituição*. Documento eletrônico. Disponível em: <http://www.analitica.com/bitblio/anc/constitucion1999.asp>. Acesso em: 01 de março de 2012.

VIEIRA DE ANDRADE, José Carlos. *Os direitos fundamentais na Constituição Portuguesa de 1976*. 3.ed. Coimbra: Almedina, 2006.

VOGEL, Klaus; WALDHOFF, Christian. Germany. In: MEUSEN, Gerard TK (Ed.). *The Principle of Equality in European Taxation*. Boston: Kluwer Law International, 1999.

WESTEN. Peter. Speaking Of Equality: An analysis of the rhetorical force of equality in moral and legal discourse. Princeton: Princeton University Press, 1990.

XAVIER, Alberto. A Tributação do IPI sobre Cigarros. In: *Revista Dialética de Direito Tributário* nº 118. São Paulo: Dialética, 2005.

Essencialidade Tributária

Impressão:
Evangraf
Rua Waldomiro Schapke, 77 - POA/RS
Fone: (51) 3336.2466 - (51) 3336.0422
E-mail: evangraf.adm@terra.com.br